CAPITALISMO EM CONFRONTO

PHILIP KOTLER

CAPITALISMO EM CONFRONTO

Tradução de
CLAUDIA GERPE DUARTE

1ª edição

RIO DE JANEIRO – 2015

CIP-BRASIL. CATALOGAÇÃO NA PUBLICAÇÃO
SINDICATO NACIONAL DOS EDITORES DE LIVROS, RJ

K88c
Kotler, Philip, 1931-
Capitalismo em confronto / Philip Kotler; tradução Claudia Gerpe Duarte. – 1ª. ed. – Rio de Janeiro: Best Business, 2015.
14 × 21cm.

Tradução de: Confronting Capitalism
Inclui índice
ISBN 978-85-68905-06-7

1. Capitalismo. 2. Economia. 3. Política econômica. 4. Crise econômica. I. Título.

15-25520

CDD: 330.122
CDU: 330.142.1

Capitalismo em confronto, de autoria de Philip Kotler.
Texto revisado conforme o Acordo Ortográfico da Língua Portuguesa.
Primeira edição impressa em novembro de 2015.
Título original norte-americano:
CONFRONTING CAPITALISM

Copyright © 2015 Philip Kotler.
Copyright da tradução © 2015 by Best Business/Editora Best Seller Ltda.
Publicado pela AMACOM, uma divisão da American Management Association, International, Nova York. Todos os direitos reservados.

Proibida a reprodução, no todo ou em parte, sem autorização prévia por escrito da editora, sejam quais forem os meios empregados.

Design de capa: Rafael Nobre e Igor Arume | Babilônia Cultura Editorial.

Direitos exclusivos de publicação em língua portuguesa para o Brasil adquiridos pela Best Business um selo da Editora Best Seller Ltda. Rua Argentina 171 – 20921-380 – Rio de Janeiro, RJ – Tel.: 2585-2000 que se reserva a propriedade literária desta tradução.

Impresso no Brasil

ISBN 978-85-68905-06-7

Seja um leitor preferencial Record.
Cadastre-se e receba informações sobre nossos lançamentos e nossas promoções.

Atendimento e venda direta ao leitor: sac@record.com.br ou (21) 2585-2002.
Escreva para o editor: bestbusiness@record.com.br

Sumário

Introdução: a criação de um capitalismo de alto desempenho • 7

1. A persistência da pobreza • 27
2. A desigualdade de renda em ascensão • 43
3. Trabalhadores sitiados • 89
4. A geração de empregos face à crescente automatização • 110
5. As empresas não estão cobrindo seus "custos sociais" • 130
6. A exploração do meio ambiente • 142
7. Os ciclos econômicos e a instabilidade econômica • 156
8. Os riscos do autointeresse limitado • 183
9. O ônus do endividamento e a regulamentação financeira • 197
10. Como a política corrompe a economia • 224
11. A orientação no curto prazo do capitalismo • 243
12. Resultados questionáveis do marketing • 252
13. Estabelecendo a taxa de crescimento correta do PIB • 264
14. Criando felicidade além de produtos • 279

Epílogo • 297

Notas • 299

Índice remissivo • 319

Introdução:
a criação de um capitalismo
de alto desempenho

A diferença entre o que estamos fazendo e o que somos capazes de fazer resolveria todos os problemas do mundo.

MAHATMA GANDHI

Há um grande número de livros sobre capitalismo — a maioria o defende, vários o criticam e muitos apenas tentam explicá-lo. Por que alguém iria escrever outro livro sobre capitalismo?

Tenho cinco motivos para fazê-lo.

Primeiro, quero entendê-lo. Minha família, meus amigos e conhecidos em todo o mundo vivem em uma economia de mercado que funciona a partir de um sistema chamado capitalismo. Eles me dizem que desejam compreendê-lo melhor.

Segundo, acredito que o capitalismo seja melhor do que qualquer outro sistema. No entanto, também acredito que apresente *14 grandes deficiências*. Eu queria examinar essas deficiências e suas ramificações.

Terceiro, pretendo examinar e propor soluções para cada uma dessas deficiências, o que ajudaria a fazer com que o capitalismo tivesse um desempenho superior e beneficiasse mais pessoas.

Quarto, muitos leitores desejam um livro mais sucinto sobre capitalismo para começar a pensar no assunto. A obra de Thomas Piketty, *Capital no século XXI*, que tem mais ou menos 500 páginas, vendeu mais de 200 mil exemplares, porém a maioria das pessoas que o adquiriu leu apenas os dois primeiros capítulos. Nesta era movimentada, precisamos de relatos mais concisos dos sistemas sociais e econômicos que afetam profundamente nossa vida. Piketty se concentrou apenas na desigualdade de renda, que é uma das 14 deficiências do capitalismo que precisam ser examinadas.

Quinto, acredito que a formação que tenho me ofereça a oportunidade de desenvolver algumas constatações especiais sobre o funcionamento do capitalismo. Sou um economista de formação clássica e estudei sob a orientação de três grandes economistas ganhadores do Prêmio Nobel com ideias opostas, a saber, professor Milton Friedman, da Universidade de Chicago, que representava o pensamento do livre-mercado, e os professores Paul Samuelson e Robert Solow, do MIT, que representavam o pensamento keynesiano. Minha meta era aplicar as teorias macro e microeconômica para compreender as tomadas de decisão de empresas voltadas para a obtenção de uma fatia em mercados altamente competitivos. Sinto que os economistas negligenciaram o papel e o poder do marketing de moldar e influenciar os mercados. O marketing é um dos conceitos fundamentais em uma sociedade capitalista. Na condição de economista de mercado com orientação behaviorista, concentro a atenção no funcionamento dos cinco protagonistas mais relevantes em uma economia de mercado: as empresas comerciais, as organizações sem fins lucrativos, as financeiras, as unidades familiares e o governo. O capitalismo, a gestão e o marketing precisam ser unidos em uma estrutura abrangente para que possamos entender os eventos e os impactos do mercado. Espero que este livro alcance essa meta.

Atualmente, você vê na mídia outras ideias que propõem formas aprimoradas de capitalismo, como: Capitalismo Compassivo, Capitalismo Inclusivo, Capitalismo Humanitário, Capitalismo Humanista, Capitalismo Saudável e Neocapitalismo. Todas elas são tentativas de aprimorar tanto a imagem quanto o funcionamento do sistema. Há uma ampla faixa de opinião pública que sugere que as pessoas querem acabar com o "Capitalismo Cowboy" — aquela categoria em que toda e qualquer coisa é válida na perseguição do lucro. Elas querem salvar o capitalismo de si mesmo, já que esse sistema continua a desiludir e privar de direitos muitos cidadãos.

Em 2014, a Harvard Business School conduziu uma pesquisa de opinião entre seus ex-alunos e relatou o seguinte: "Os Estados Unidos são competitivos desde que as empresas que operam aqui façam duas coisas: sejam vencedoras nos mercados mundiais e elevem o padrão de vida do norte-americano típico. A economia do país está se saindo bem no primeiro tópico, mas fracassando no segundo." Recentemente, o professor de Harvard Michael Porter declarou: "Este é um momento crítico para nossa nação. Os líderes empresariais e os formuladores de políticas precisam de uma estratégia para colocar nosso país rumo a uma prosperidade amplamente compartilhada." O professor Jan Rivkin acrescentou: "As empresas podem escapar das fraquezas do ambiente de negócios norte-americano se mudando para o exterior, mas os trabalhadores não podem fazer isso."[1]

O capitalismo ainda está se transformando. Hoje, vivemos em uma época de capitalismo globalizado. Embora ele tenha melhorado em comparação à era do início do século XX, em que as condições de trabalho extremamente rigorosas eram a norma, ainda temos estabelecimentos com péssimas condições de trabalho e trabalhadores migrantes que vivem com um salário precário em muitas partes do mundo. O capitalismo vem melhorando, mas ainda há certa distância a ser percorrida.

As pessoas tendem a pensar nesse sistema como composto por grandes organizações corporativas multinacionais e financeiras. Alguns chamam isso de Capitalismo Corporativo. No entanto, não devemos nos esquecer de que muitos empreendimentos nas economias desenvolvidas são companhias de um único dono, microempresas familiares e pequenos negócios que contam com entre cinco e dez funcionários. (Nas economias menos desenvolvidas, eles formam até 90% da economia.) Esperamos que consigam adotar práticas comerciais modernas, melhorar a produtividade e desenvolver seus negócios.

A maioria dos países optou por administrar a totalidade ou parte de sua economia de mercado usando conceitos capitalistas. A economia de mercado está dividida em cinco mercados específicos: (1) empresas; (2) empresas sem fins lucrativos; (3) financeiras; (4) governo; e (5) unidades familiares. Os países diferem na maneira como tratam esses cinco tipos. A China não tem um livre-mercado financeiro, mas conta com um mercado de negócios privado. Os Estados Unidos têm um grande mercado no governo, ao passo que, na Irlanda, o governo é um consumidor pouco expressivo.

Os Estados Unidos possuem um mercado de crédito de unidades familiares bastante grande, algo que muitos países não têm, e também contam com um grande mercado de organizações sem fins lucrativos, pouco comum em outros locais.

Algumas nações, como a Índia, preferem descrever sua economia de mercado como socialista, e não capitalista. A China afirma que seu sistema é o socialismo, mas, na verdade, trata-se de uma economia de mercado com características chinesas. Antigamente, a Suécia dizia que operava uma "economia mista", mas agora chama seu sistema de "economia do bem-estar social".

Esse termo sugere que a economia de mercado tenta equilibrar o empreendimento privado com o propósito social. Os países nórdicos são um excelente exemplo. Eles querem que suas empresas comerciais paguem salários dignos e ofereçam boas condições de trabalho a seus funcionários e também à família destes. Eles atribuem grande valor à educação e à saúde para todos. Suas empresas concedem um longo período de férias e de licença-maternidade. As corporações não podem demitir funcionários sem justa causa e precisam indenizar os que forem dispensados. Essas economias de mercado têm sido chamadas de "capitalismo consciente" ou "capitalismo sentimental".

O Partido Trabalhista da Grã-Bretanha também adota o ponto de vista do "bem-estar público". Seu novo líder, Ed Miliband, recomendou as seguintes políticas na conferência anual do partido, realizada em setembro de 2014: aumentar o salário mínimo e reverter a alíquota das pessoas da faixa superior do imposto de renda para os antigos 50%, bem como instituir "um novo imposto sobre as 'mansões'; congelamento nos preços da energia elétrica; impostos especiais sobre os fundos hedge e as empresas de cigarro; impostos adicionais sobre as bonificações dos banqueiros; e ainda outro aumento no imposto que os bancos pagam de acordo com o tamanho de seu balanço patrimonial".[2] Isso oferece uma imagem das medidas de reforma que os críticos do "livre-mercado" desejam colocar em prática para melhorar as condições dos trabalhadores típicos.

Os países estritamente socialistas tendem a ir mais além no controle da atividade da economia. Os líderes de Cuba, Venezuela, Bolívia e Equador preferem as empresas operadas pelo Estado e tendem a ser anticapitalistas. Eles descartam o motivo do lucro e afirmam que o governo é capaz de administrar os negócios com eficiência. Concentram-se em elevar o padrão de vida dos pobres e esforçam-se para desenvolver um bom sistema de educação e saúde. Entretanto, com muita frequência, perdem o apoio de pessoas dentro e fora do país que têm capital para investir. Isso limita sua capacidade de aumentar o produto interno bruto, e o risco é que sua postura anticapitalista empobreça uma parcela maior de seu povo. No aspecto político, eles preferem fazer importações de países com a mesma ideologia, e seus cidadãos acabam não tendo muita escolha em relação aos produtos. Os críticos acreditam que nesses países há menos concorrência, menos liberdade e menos escolha por parte do consumidor.

Os cidadãos de um país enfrentam uma escolha entre três tipos de sistemas econômicos. Em um dos extremos, está o "capitalismo desregulado". No meio, temos o "capitalismo sentimental". No outro extremo, encontra-se o "socialismo rigoroso". Minha escolha, caro leitor, está no meio.

Em diferentes países, os cidadãos variam em sua capacidade de abrir e ser donos de seu próprio negócio. O grau de facilidade em abrir um negócio, desenvolvê-lo e lidar com as regulamentações e licenças difere de país para país. Muitos nunca concretizam o pleno poder do capitalismo de melhorar a vida de seus cidadãos porque exigem um excesso de licenças ou regulamentações, sem mencionar as difundidas corrupção e criminalidade em alguns casos. Precisamos claramente moderar os impostos e os ônus sobre o capitalismo para que ele seja capaz de fazer seus milagres.

O SUCESSO DO CAPITALISMO

Hoje, o capitalismo reina supremo. Mas ele esteve em guerra com outro sistema, o comunismo, durante mais de setenta anos — de 1917 a 1989. No dia 9 de novembro de 1989, o Muro de Berlim começou a ser derrubado. Simbolicamente, esse evento representou a desintegração da União das Repúblicas Socialistas Soviéticas (URSS). A economia na União Soviética era completamente estatizada e operava em uma sucessão de planos de cinco anos que definia a quantidade de comida, aço, bens de consumo, bens de capital, rodovias, redes elétricas, sistemas de tratamento de resíduos e outros itens de valor material que seriam produzidos. Era uma economia de comando e controle.

Supostamente, a União Soviética deveria proporcionar um paraíso aos operários. No entanto, em vez disso, os cidadãos soviéticos enfrentavam longas filas e a constante falta de pão, carne e batata. Suas máquinas de lavar roupa, bem como os aparelhos de rádio e de televisão, eram de má qualidade, quase não havia inovações, e a produtividade dos trabalhadores era incrivelmente baixa. Eis como os operários soviéticos avaliavam sua situação: "Eles fingem que nos pagam. Nós fingimos que trabalhamos."

Além disso, o comunismo assumiu as características de uma tirania com pouca liberdade de expressão e nenhum jornal independente, com os dissidentes sendo enviados para a prisão. O principal jornal da URSS se chamava *Pravda*, que significa "Verdade" em russo — uma irônica piada e desgraça nacional. Alguns acadêmicos e historiadores estimam que o número de pessoas assassinadas durante o regime de Joseph Stalin, o ditador que governou a União Soviética de 1922 até sua morte, em 1953, tenha ficado entre 20 e 60 milhões.[3]

O comunismo soviético finalmente desmoronou, a União Soviética se desintegrou em vários países independentes, e a Rússia teve de determinar sua própria sorte. Cada um desses novos países precisou desenvolver sua versão de sistema econômico, baseando-se, predominantemente, em sua herança comunista.

A China também adotou esse regime, governado pelo presidente Mao Tsé-Tung, com a criação da República Popular em 1949. Seu pior período tirânico ocorreu durante a Revolução Cultural, que teve início em 1966 e durou dez anos, até a morte de Mao, em 1976. Reformas econômicas foram finalmente introduzidas em 1978. Hoje, entre as principais economias do mundo, a China é a que apresenta o mais rápido crescimento. Em outubro de 2014, o país se tornou a maior economia e o maior exportador e importador de produtos do mundo.

A China se tornou a fábrica do mundo. No intervalo de tempo mais breve de sua história, um número de chineses nunca antes alcançado deixou de ser pobre. Hoje em dia, o país informa possuir 350 milhões de milionários, o que equivaleria a uma classe média numericamente superior à encontrada nos Estados Unidos. A ironia é que a China ainda vê a si mesma como dentro de um sistema comunista, mas seu desempenho milagroso somente ocorreu depois de haver adotado o que pode ser chamado de "capitalismo autoritário".

A opinião corrente é que praticamente todas as nações têm uma economia de mercado com orientação capitalista. Capitalistas defensores do *laissez-faire*, como Milton Friedman e Allan Meltzer, argumentariam o seguinte: "O capitalismo venceu. Ele se tornou uma história de sucesso ao melhorar a vida das pessoas. E foi capaz de proporcionar mais *crescimento* e *liberdade* do que qualquer outro sistema".[4] No entanto, precisamos compreender que existem diversas versões da teoria e da prática capitalista.

O QUE É O CAPITALISMO?

O capitalismo compreende um sistema jurídico constitucional baseado em três conceitos fundamentais: *propriedade privada*, *contratos* e *o primado da lei*. As pessoas têm o direito de possuir propriedade privada e são livres para fazer contratos com outras a respeito da utilização de produtos, serviços e propriedade. Os contratos são respeitados e regidos pelo primado da lei. Observe que todos os países, até mesmo aqueles em que há tiranias, afirmam ter um sistema jurídico. Mas, em muitos casos, o sistema está permeado de privilégios, interesse partidários, corrupção e ineficiência.

O capitalismo parte do princípio de que existe um governo constitucional com os poderes legislativo, executivo e judicial e também com o de aplicar o primado da lei. O poder soberano pode fazer cumprir as leis e respaldá-las com o poder penal.

O capitalismo também começa com a ideia de que alguns membros da sociedade possuem capital na forma de dinheiro, propriedade, equipamentos e bens. Esses proprietários de capital são livres para começar qualquer negócio. Podem pedir empréstimos a bancos ou a outras pessoas que acreditem em sua ideia comercial. Alguns desses novos negócios prosperarão e gerarão novos empregos. Outros, contudo, passarão por dificuldades. Mas a ideia básica é que existe liberdade para começar e operar um negócio. Os proprietários são livres para promover seus produtos e buscar clientes. Se eles atraírem um número suficiente de pessoas que fiquem satisfeitas e recomendem seus produtos e serviços a outras, estarão a caminho do crescimento e dos lucros.

Quando os criadores de negócios enfrentam relativamente poucos empecilhos, afirmamos que se trata do capitalismo de livre-mercado. Esse é um sistema, em grande medida, autorregulador desprovido de um excesso de regulamentações ou subsídios por parte do governo. As empresas são bem-sucedidas quando conseguem atrair, manter e aumentar o número de clientes. Estes, por sua vez, decidem quais empresas têm sucesso. Muita coisa depende da habilidade da empresa de conhecer bem seu público-alvo, monitorar suas necessidades e expectativas, que estão em constante transformação, e gerar valor novo e contínuo para lhes oferecer.

À medida que as empresas ficam maiores, geralmente se beneficiam das *economias de escala*: os custos unitários diminuem porque os custos fixos estão distribuídos por mais unidades de produção. Com os custos mais baixos do que os concorrentes menores e uma marca mais forte, é possível aumentar sua fatia de mercado. Não raro, elas crescem comprando concorrentes menores que carecem de escala.

Também podem crescer explorando *economias de escopo*, ou seja, expandindo o número de itens e categorias de produto com que lidam. Se uma empresa de produtos ao consumidor vende seu produto para supermercados, ela seria favorecida se vendesse alguns adicionais aos mesmos supermercados. Dessa maneira, ganharia economias de escopo devido aos custos mais baixos de transação por produto com os supermercados. Assim, a Procter & Gamble, que vende mais de cem diferentes produtos para os supermercados, tem a clara vantagem de poder sobre as empresas que vendem apenas um produto para esses estabelecimentos.

A combinação das economias de escala e escopo conduziu ao crescimento de gigantescas companhias multinacionais. As duzentas maiores corporações industriais — multinacionais como Wal-Mart, Royal Dutch Shell, Toyota e Samsung Electronics — são responsáveis por 2% do produto interno bruto (PIB) do mundo.[5] Várias indústrias operam como oligopólios, nos quais algumas grandes empresas são responsáveis pela principal fatia de mercado em uma categoria de produto. Desse modo, há um número limitado de grandes fabricantes de aeronaves — a Boeing e a Airbus (na verdade, um duopólio) — e um número limitado de companhias aéreas em um país — United, American e Delta nos Estados Unidos. Os Estados Unidos permanecem como uma nação que reúne um número enorme de pequenas empresas (com uma receita de US$0 a US$10 milhões anuais ou empregando menos de cinquenta pessoas) e 197 mil empresas de tamanho médio (com uma receita de US$10 milhões a US$1 bilhão anuais), mas o país também tem oligopólios que geram grande percentual de sua receita no exterior, talvez se aproximando de uma parcela de 50% do PIB dos Estados Unidos.

A economia norte-americana está cada vez mais sendo dirigida por uma "mão visível" e não pela "mão invisível" de Adam Smith. Grandes setores da economia são guiados por algumas poderosas companhias. A questão é se a mão visível dirige esses setores com o "autointeresse esclarecido" de Smith ou apenas com "autointeresse". (A questão da justiça social será examinada mais tarde.)

Em nossa economia de mercado, as empresas conhecem seus concorrentes. Se elas não são líderes de seu setor, aspiram a seguir a líder ou a competir com ela em busca de mais lucro e crescimento. Hoje em dia a concorrência é hipercompetitiva. Durante a recessão, muitas empresas vão à falência, e seus ativos frequentemente são comprados pelos concorrentes que sobrevivem. A intensa competição mantém os preços baixos (na ausência de uma atividade conspiratória) e mantém a qualidade e a inovação elevadas — três características altamente desejáveis em uma economia capitalista. O ingresso de concorrentes estrangeiros com custos ainda mais baixos também mantém as empresas nacionais em alerta contínuo para que não sejam esmagadas e, assim, percam seus clientes domésticos.

No melhor dos casos, o capitalismo é acionado por individualismo, ambição, espírito competitivo, colaboração e bons sistemas de gestão.

O capitalismo é um sistema no qual as empresas buscam necessidades latentes ou pendentes que possam satisfazer e ter lucro enquanto o fazem. O lucro é sua recompensa por deixar clientes satisfeitos. As empresas bem-sucedidas podem usar o lucro para pagar os proprietários e investidores, pagar mais aos outros *stakeholders* ou reter o lucro para tornar a empresa ainda maior.

A principal questão relacionada ao capitalismo é a seguinte: quanto ele deve ser livre das regulamentações e gastos do governo? Em um dos extremos, temos aqueles que sustentam que as intervenções e regulamentações do governo devem ser mínimas (*laissez-faire*). Essa é a posição defendida por Friedrich Hayek e Milton Friedman, cujos textos influenciaram Ronald Reagan e Margaret Thatcher, levando-os a promover a posição neoliberal, que é bastante sincronizada com a economia clássica da influência mínima do governo, baixas alíquotas de impostos, desregulamentação, livre-comércio, mercados abertos e privatização.

No extremo oposto, temos a visão do bem-estar social, que sustenta que o governo deve desempenhar papel regulatório ativo, papel de bem-estar social e papel interventivo durante as crises econômicas. No que diz respeito ao papel do governo, os países capitalistas diferem de um extremo a outro, com tudo o que existe no meio.

OS CRÍTICOS DO CAPITALISMO

O capitalismo tem sua parcela de críticos eminentes. O famoso economista britânico John Maynard Keynes se perguntava se, algum dia, o capitalismo poderia beneficiar alguém. Ele disse o seguinte: "O capitalismo é a extraordinária convicção de que os homens mais sórdidos, com os motivos mais sórdidos, de alguma maneira atuarão em benefício de todos." Nesse ínterim, o líder britânico Winston Churchill encarava o capitalismo como um sistema melhor do que o socialismo. Eis a avaliação dele: "O defeito inerente ao capitalismo é o da divisão desigual dos benefícios; a virtude inerente ao socialismo é a divisão igual das aflições."

Os defensores do capitalismo frequentemente agem como se esse sistema fosse a Cidade Reluzente Construída sobre o Monte* que todas as pessoas devem venerar e admirar, mas ele tem muitas deficiências. Apesar das conquistas do capitalismo ao elevar o padrão de vida de um grande número de pessoas ao redor do mundo, os críticos continuam a apontar problemas específicos, como empresas que não pagam salários dignos, que não cobrem completamente os custos sociais, que menosprezam o meio ambiente e pagam demais a algumas pessoas à custa da maioria.

Outros críticos têm como alvo especificamente o capitalismo do *laissez-faire* ou clientelista. Jerry Mander, autor de *The Capitalism Papers: Fatal Flaws of an Obsolete System* [*Uma análise do capitalismo: falhas fatais de um sistema obsoleto*, em tradução livre], acredita que o capitalismo destrói nosso ambiente, nossas comunidades, nosso bem-estar e até mesmo nossa condição humana. Naomi Klein, no livro *A doutrina do choque: a ascensão do capitalismo de desastre*, acha que o *laissez-faire* ou Capitalismo Cowboy destrói a classe média; torna os ricos mais ricos e os pobres mais pobres; reduz o crescimento econômico; elimina o movimento sindical; introduz a privatização e a desregulamentação, além de reduzir os gastos com o bem-estar social; concede favores especiais às grandes multinacionais e cria uma forma de capitalismo marcada pela instabilidade e por frequentes ciclos de crescimento e queda. Klein acredita que o capitalismo é dirigido por um complexo governamental/comercial/financeiro/militar concebido para negar ajuda aos trabalhadores e aos pobres.

Ao examinar o ingresso do capitalismo em diferentes países como Chile, Argentina, Rússia, Polônia e outros,

---

*Frase da Parábola do Sal e da Luz do Sermão da Montanha de Jesus que se tornou popular entre os políticos norte-americanos. (*N. da T.*)

Klein documenta o que a privatização está fazendo. Como os governos municipais, estaduais e federais estão com deficiência de caixa, acabam por vender funções normais do governo a empresas privadas. Muitas comunidades norte-americanas têm a coleta de lixo, o tratamento de água e o recolhimento de impostos do taxímetro sob um sistema privatizado. Escolas e hospitais também estão sendo privatizados. Klein descreve como a privatização levou os gêneros alimentícios a preços mais elevados, ao aumento exponencial do número de pessoas carentes e a um declínio nos direitos humanos. Ela afirma que, com frequência, a privatização é acompanhada pela utilização de menos trabalhadores ou pelo pagamento de salários mais baixos, e não pelo aumento da eficiência de outras maneiras, o que rotula de "capitalismo do desastre". Klein e outros críticos ressaltam que os Estados Unidos têm a maior taxa de divórcio do mundo, taxas de mortalidade materna e infantil elevadíssimas, uma taxa extremamente alta de pobreza na infância, a maior taxa de obesidade adulta e de encarceramento e a segunda maior de homicídios.

Em *O Capital*, Karl Marx foi implacável em sua crítica ao capitalismo. Ele encarava os trabalhadores como escravos assalariados sem nenhuma chance de melhorar sua condição. Para Marx, a economia capitalista era composta por duas classes: a dos que possuíam propriedades e a dos proletários, que não as possuíam. Os possuidores empregavam os que não tinham propriedades, pagavam a eles o mínimo possível e os mantinham praticamente em um regime de escravidão, trabalhando por longas horas e, em alguns casos, sete dias por semana. O exército de reserva dos desempregados assegurava pressão contínua por baixos salários. A retórica anticapitalista que teve origem nos textos de Marx e Friedrich Engels perdura até os dias atuais na mente de alguns críticos.

Muita coisa melhorou no capitalismo moderno. Veja como as práticas contemporâneas de gestão empresarial aprimoraram a eficiência e a produtividade. Pense nas numerosas tecnologias que o capitalismo movido pela inovação criou para uma vida melhor. Considere o número de leis e regulamentações voltadas à redução ou à correção dos possíveis abusos contra os consumidores e os negócios.

No entanto, um livro com o interessante título *How Much Have Global Problems Cost the World?*[26] [*Quanto os problemas globais custaram ao mundo?*, em tradução livre] examina e avalia os custos efetivos, entre 1900 e 2050, de problemas como poluição do ar, conflito armado, mudança climática, ecossistemas/biodiversidade, educação, desigualdade de gênero, saúde humana, subnutrição, barreiras comerciais e água/saneamento. O capitalismo não deve ser responsabilizado por todos esses problemas. Embora as avaliações possam ser questionadas, o ponto de vista de que esses problemas impuseram um custo muito elevado, que quase sempre excedeu o custo de remediá-los ou removê-los, é bem defendido.

AS 14 DEFICIÊNCIAS DO CAPITALISMO

A seguir, apresento o que considero as 14 importantes deficiências do capitalismo que precisam ser abordadas e remediadas na medida do possível. Acredito que o capitalismo:

1. Propõe poucas soluções, ou praticamente nenhuma, para a pobreza persistente.
2. Gera crescente nível de desigualdade de renda e riqueza.

3. Deixa de pagar um salário digno a bilhões de trabalhadores.
4. Poderá não propiciar quantidade suficiente de empregos humanos, em face da crescente automatização.
5. Não cobra das empresas os custos sociais totais de suas atividades.
6. Explora o meio ambiente e os recursos naturais na ausência de regulamentação.
7. Cria ciclos econômicos e instabilidade na economia.
8. Enfatiza o individualismo e o autointeresse à custa da comunidade e do povo.
9. Estimula o débito elevado do consumidor e conduz a uma economia cada vez mais impulsionada pelas finanças do que pelos produtos.
10. Permite que os políticos e os interesses comerciais colaborem para subverter os interesses econômicos da maioria dos cidadãos.
11. Favorece o planejamento de lucros no curto prazo em detrimento do planejamento de investimentos no longo prazo.
12. Deveria ter regulamentações relacionadas à qualidade dos produtos, à segurança, à veracidade da propaganda e ao comportamento anticompetitivo.
13. Tende a se concentrar estritamente no crescimento do PIB.
14. Deve incluir os valores sociais e a felicidade na equação de mercado.

Meu objetivo é examinar e propor possíveis soluções para cada uma dessas deficiências e suas forças e causas subjacentes. De modo esperançoso, o capitalismo pode se esforçar mais para reduzir a pobreza. Igualmente, pode impedir que a desigualdade de renda se torne ainda mais grave. Da mesma forma, pode ser mais criterioso e tomar mais cuidado com seu impacto no ambiente. E assim por diante.

Este livro discute como o capitalismo funciona tanto nos Estados Unidos quanto em outros países. À medida que mais países atingirem um nível elevado de desenvolvimento econômico, seus problemas e soluções ficarão mais parecidos com os existentes nos Estados Unidos. É importante que os cidadãos de cada nação façam as mesmas perguntas a respeito das deficiências do capitalismo em seu país. Que papel esse sistema desempenha? Como a forma de capitalismo em seu país se relaciona com a forma de democracia vigente? Quais são as principais deficiências que ele apresenta onde você vive? Quais são as ferramentas e soluções disponíveis que vão melhorar o desempenho do capitalismo nesse local?

O grande compositor Igor Stravinsky certa vez declarou: "Não existe nenhum problema sem solução." Se uma pessoa ou um grupo deseja realmente algo, a própria existência do problema também garante a existência de uma solução em algum lugar. Nós persistimos e acabamos com a escravidão, estabelecemos o direito de voto das mulheres, legislamos os direitos dos homossexuais, e assim por diante. Victor Hugo expressou muito bem essa ideia: "Existe algo mais forte do que todos os exércitos do mundo, que é uma ideia cuja hora chegou."

Não estou em busca de uma alternativa para o capitalismo. Lembre-se da famosa defesa da democracia de Winston Churchill: "A democracia é a pior forma de governo, à exceção de todas as outras que foram experimentadas ao longo do tempo."[7] Aceito a possibilidade de que o capitalismo possa ser um meio insatisfatório de dirigir uma economia, a não ser por todas as outras formas que já foram experimentadas e fracassaram.

Ao mesmo tempo, é verdade que o capitalismo que surgiu no Ocidente está assediado por muitos problemas. O Ocidente está perdendo seu poder e sua influência relativos no mundo, encontrando-se permeado por um lento crescimento econômico, por uma elevada taxa de desemprego, por enormes déficits governamentais, por um pesado endividamento público, por baixos índices de poupança, por uma ética de trabalho declinante, pelo uso desenfreado de drogas e pelo aumento da criminalidade.

Não acredito, como alguns, que o declínio adicional do Ocidente seja inevitável. Permaneço otimista no que diz respeito à ideia de que os países do mundo procuram melhorar a vida de seu povo. Muitas empresas e outros grupos estão agindo para tentar criar um capitalismo mais forte que atenda melhor aos consumidores, trabalhadores e cidadãos, e que também melhore o ambiente, em vez de destruí-lo ou negligenciá-lo.

Como exemplo, avalie o movimento de reforma capitalista denominado Capitalismo Consciente (www.consciouscapitalism.com), que inclui os CEOs de empresas como Whole Foods, Panera Bread, The Container Company e outras. Esse movimento estabelece quatro princípios:

1. As empresas devem abraçar um *propósito maior* do que apenas lucros para seu negócio.
2. As empresas devem procurar beneficiar não apenas os investidores mas também todos os *stakeholders* envolvidos na prosperidade compartilhada.
3. Os líderes empresariais precisam estar comprometidos com as *responsabilidades comunitárias* de sua empresa.

4. A *cultura* da empresa deve conferir grande valor à confiança, autenticidade, dedicação, transparência, integridade, aprendizado e ao empoderamento.

Há um outro movimento que se chama Movimento da Nova Economia. Seu propósito é colocar mais negócios e capital nas mãos dos 99% do que nas mãos do 1%. Esse movimento oferece um modelo diferente daquele do Capitalismo Corporativo: trata-se de empresas de propriedade dos funcionários e administradas por eles. Gar Alperovitz, um dos líderes do movimento, descreve a gama de organizações regidas pela propriedade e operação cooperativas:

> Na realidade, mais de 130 milhões de norte-americanos já pertencem a uma ou outra forma de cooperativa — especialmente a forma mais amplamente conhecida: a cooperativa de crédito. Do mesmo modo, existem cerca de 2 mil empresas de serviços de utilidade pública de propriedade das municipalidades, das quais várias são líderes ecológicas... Mais de 10 milhões de norte-americanos hoje também trabalham em cerca de 11 mil empresas de propriedade dos funcionários (empresas ESOP*)[8]

Movimentos como a Nova Economia e o Capitalismo Consciente estão concebendo novos modelos de capitalismo que visam a aumentar a propriedade e a participação dos cidadãos, além de proporcionar mais benefícios aos *stakeholders*. Eles estão buscando um capitalismo mais esclarecido e construtivo.

Nos próximos capítulos, vamos examinar as 14 deficiências do capitalismo e suas possíveis soluções.

---
*Sigla de Employee Stock Ownership Plan. (*N. da T.*)

1. A persistência da pobreza

Seguramente, nenhuma sociedade pode ser florescente e feliz se a grande maioria de seus membros for pobre e miserável.

ADAM SMITH, *A riqueza das nações*

A pobreza é um dos problemas mais recalcitrantes e vergonhosos com que a humanidade já teve de lidar. Hoje, cerca de 5 bilhões das 7 bilhões de pessoas que habitam a Terra são pobres ou extremamente pobres. Elas passam fome. Elas não têm tempo nem energia para se instruir. São suscetíveis a doenças porque têm muito pouco ou nenhum acesso aos cuidados com a saúde. Com frequência, têm mais filhos do que são capazes de sustentar, o que perpetua a classe da pobreza e essa cultura. A condição desesperançada dessas pessoas direciona alguns dos pobres para uma vida de criminalidade, drogas e conflito armado, o que significa que o custo da pobreza excede em alto grau o custo que os pobres propriamente ditos suportam. A pobreza derrama seu veneno sobre o restante da humanidade.

Até o século XIX, os pobres recebiam pouca atenção. A pobreza era considerada inevitável. Os governos e os reformadores sociais idealistas pouco podiam fazer a esse respeito. A Revolução Industrial agravou o problema ao atrair camponeses pobres que iam para as cidades em busca de trabalho, o que levou ao surgimento de cortiços e abrigos de indigentes. Hoje em dia, os três piores cortiços do mundo são Dharavi, em Mumbai, Orangi, no Paquistão e Kibera, em Nairóbi.

O drama dos pobres se tornou mais visível no século XIX, com a publicação do romance *Oliver Twist*, de Charles Dickens, em 1838. A obra dramatizou com muita clareza as condições de vida e a exploração sofrida pelos pobres. Por volta da virada do século, pesquisadores criteriosos e preocupados, como Beatrice e Sidney Webb, no Reino Unido, começaram a contar o número de pessoas pobres e escrever a respeito de seus problemas.

O conceito de criar programas antipobreza teve início no século XIX e continua até hoje, quando um sexto da população mundial recebe menos de US$1 por dia. (Outros 2 bilhões dos 7 bilhões de habitantes do planeta recebem menos de US$2 por dia.) Em meados da década de 1960, o presidente norte-americano Lyndon Johnson declarou uma "guerra incondicional" à pobreza. Ele ajudou a aprovar leis que visavam a reduzir o nível de pobreza nos Estados Unidos, entre elas a do Medicaid, o seguro-desemprego, o Head Start* e muitos outros programas.

---

*O programa Head Start, do Departamento de Saúde e Serviços Humanos dos Estados Unidos, promove escolaridade e oferece serviços de educação, saúde, nutrição e intervenção parental a crianças e famílias de baixa renda. (*N. da T.*)

Em 1975, o "crédito fiscal para o rendimento do trabalho",* que restitui aos trabalhadores pobres parte de sua renda e do imposto de renda retido na fonte, recebeu força de lei. O EITC tem tido uma média de US$3 mil para famílias com um filho e até US$6 mil para famílias com três ou mais filhos.

Finalmente, no ano 2000, as Nações Unidas delinearam seu plano multilateral para a redução da pobreza mundial. A organização elaborou as Metas de Desenvolvimento do Milênio (MDM), que são especificamente oito, com 18 objetivos concomitantes, concebidas para reduzir, de forma significativa, os níveis de pobreza até 2015. A primeira meta era reduzir à metade, entre 1990 e 2015, a proporção de pessoas cuja renda fosse inferior a US$1 por dia. As outras metas traçadas foram: alcançar a educação primária universal; promover a igualdade de gênero; reduzir a mortalidade infantil; melhorar a saúde materna; combater o HIV/AIDS, a malária e outras doenças; assegurar a sustentabilidade ambiental e estabelecer uma parceria internacional de desenvolvimento. As metas são ambiciosas e não é provável que todas sejam alcançadas, tendo em vista a Grande Recessão de 2008 que elevou o custo dos alimentos e da energia, além do incessante conflito armado no mundo. Hoje, os líderes mundiais continuam insistindo para que a ONU adote medidas mais audaciosas contra a extrema pobreza, a fome e as doenças, e que, em 2015, aprovem o próximo conjunto de metas antipobreza.

---

*"Earned income tax credit", sigla EITC. (*N. da T.*)

AS CAUSAS DA POBREZA

Especialistas apresentaram diferentes teorias sobre as causas da pobreza, defendendo medidas distintas para sanar o problema. Podemos estabelecer uma diferenciação entre aqueles que encaram a pobreza como decorrente de uma única causa básica e os que enxergam a ação de muitos fatores envolvidos.

A teoria mais simples é que foram os pobres que atraíram essa condição para si mesmos. Muitos não se interessaram em aprender nada na escola, abandonaram os estudos cedo, aceitaram trabalhos que não requeriam nenhuma qualificação especial, gastaram parte de sua renda em bebida, drogas e no jogo, casaram-se precocemente e tiveram mais filhos do que eram capazes de sustentar. Seus filhos continuaram com a mesma indiferença no que diz respeito à educação e ao desenvolvimento de habilidades. Não raro, o casamento se dissolveu. Alguns dos que ficaram desempregados preferiram viver com pagamentos de transferência como Medicaid, subsídios de moradia, vales-alimentação ou auxílio financeiro por incapacidade a aceitar um trabalho com baixa remuneração. A solução é encontrar maneiras de modificar a atitude e o comportamento deles ou simplesmente deixá-los em seu estado de indigência. No entanto, existem amplas evidências de que a maioria das pessoas pobres estaria pronta e disposta a escapar de sua condição destituída se conseguisse arranjar um emprego e ter um lugar digno para morar.

Outra teoria defende que a pobreza resulta do fato de os pobres terem um número excessivo de filhos. Cada filho adicional torna a família pobre ainda mais pobre. O argumento também prega que a terra tem uma "capacidade biótica" limitada de recursos e alimentos, o que impede a ocorrência de um padrão de vida digno para 7 bilhões de pessoas, que dirá para os 9 milhões projetados para 2050.[1] A erosão do solo nos últimos quarenta anos tornou improdutivos 30% da terra cultivável do mundo. Hoje, a agricultura utiliza 70% da água doce do mundo. O calor e a seca causados pelo aquecimento climático reduzem a produção das safras em 2% a cada dez anos. O problema, portanto, envolve o modo de cultivar uma quantidade maior de alimentos em uma área cultivável menor com menos água.

De acordo com essa teoria, a pobreza continua a ser um problema por causa da superpopulação. Essa é uma versão da proposição de Thomas Malthus, no século XVIII, de que, cedo ou tarde, a taxa de crescimento populacional excederá a taxa de crescimento do suprimento de alimentos, resultando em fome, guerra e na continuação da pobreza.[2] A versão moderna dessa perspectiva foi publicada em 1972, em *The Limits to Growth* [*Limites para o crescimento*, em tradução livre], por Donella H. e Dennis L. Meadows (com Jørgen Randers e William W. Behrens III).[3] Neste caso, a solução apresentada é que boa parte da pobreza declinaria se as famílias pobres limitassem o número de filhos de maneira voluntária ou por determinação legal. A China representa este último caso, já que, de modo geral, permite que as famílias só tenham um filho. Embora a política do "filho único" tenha hoje várias exceções, estima-se que, entre 1979 e 2009, aproximadamente 200 milhões de nascimentos tenham sido evitados na China. Sem dúvida, esse foi um dos elementos que mais contribuíram para a impressionante redução do número de famílias que vivem na pobreza nesse país.

Uma terceira teoria defende que a pobreza persiste porque os pobres não possuem capital ou propriedades fungíveis que lhes permitam pegar dinheiro emprestado. Eles carecem de ativos negociáveis. Essa teoria foi apresentada pelo altamente respeitado, embora polêmico, economista peruano Hernando de Soto no livro *O mistério do capital: por que o capitalismo dá certo nos países desenvolvidos e falha no resto do mundo*. De Soto argumenta que a fonte efetiva da riqueza é a propriedade real, junto com a existência dos direitos de propriedade bem-definidos e socialmente aceitos. A propriedade é um bem que pode ser usado na obtenção de um empréstimo ou hipoteca, ou ainda na obtenção de seguros, na aquisição de ações e outros bens que tornam o capitalismo extremamente eficaz na produção de crescimento econômico e prosperidade. No entanto, declara também que o capitalismo não funciona nas comunidades e nos países pobres porque as instituições financeiras não reconhecem os bens de quem é pobre.

Os pobres têm muitos bens (terra, casas, negócios), mas estes estão tipicamente na esfera informal, fora dos padrões legais estabelecidos. O sistema jurídico não se adaptou a essa realidade. Os custos necessários para torná-los legítimos (obter uma escritura adequada para uma casa, registrar um negócio etc.) são de tal maneira proibitivos no que diz respeito ao dinheiro e ao tempo necessários que eles acabam se tornando "capital morto". Os pobres não podem usar seus bens para obter crédito e adquirir as ferramentas capitalistas normais que possibilitam a mobilidade ascendente. Como esses bens não são reconhecidos, cria-se um estilo de vida extralegal dentro desses círculos sociais informais. Para Hernando de Soto, a solução eficaz é pressionar o sistema jurídico a permitir a monetização desses bens para que o capital morto adquira vida.

Outra teoria ainda põe a culpa da pobreza na ganância da elite governante. Ela começa traçando uma distinção entre *crescimento econômico* e *desenvolvimento econômico*. É possível ter crescimento econômico sem desenvolvimento econômico. O primeiro é uma condição necessária, porém não suficiente, para o segundo. Crescimento econômico significa simplesmente que o bolo (medido pelo PIB) ficou maior, mas nada diz a respeito ao modo como ele é dividido.

O desenvolvimento econômico difere por se interessar em determinar se o padrão de vida da pessoa típica aumentou e se a pessoa tem mais liberdade de escolha. O desenvolvimento econômico pode ser medido pelo Índice de Desenvolvimento Humano. O IDH leva em conta as taxas de alfabetização, a igualdade de gênero e a expectativa de vida, que afetam a produtividade e podem conduzir ao crescimento econômico. Este, por sua vez, implica o aumento da renda real da maioria das famílias. O desenvolvimento econômico busca liberar as pessoas dos baixos padrões de vida e se esforça para proporcionar aos cidadãos emprego e moradia adequados. Procura ainda melhorar vidas sem comprometer as necessidades das gerações futuras. Por outro lado, o crescimento econômico não enfoca a questão do esgotamento dos recursos naturais, da poluição e do aquecimento global.

A diferença entre crescimento econômico e desenvolvimento econômico é bem ilustrada por Angola, o país africano no qual o PIB cresceu 20%, mas a pobreza aumentou substancialmente. Grande parte do PIB mais elevado seguiu para o bolso das elites governantes, bem como de seus parentes e amigos. A própria filha do presidente de Angola era bilionária, mas nada fez para criar valor para seu país. Em contrapartida, Bill Gates construiu um negócio chamado Microsoft que fez dele multibilionário, mas pelo menos a empresa contribuiu para o desenvolvimento da economia dos Estados Unidos e para a geração de empregos.

O último governante do Egito, Hosni Mubarak, tinha uma fortuna estimada em US$42 bilhões. Muitos ministros dos países africanos são bilionários. De onde veio esse dinheiro? Grande parte dele da ajuda externa destinada a auxiliar o desenvolvimento econômico, do qual uma parcela generosa foi parar no bolso da elite governante.

A maioria dos países africanos afirma que a profunda e persistente pobreza da África se deve aos anos de colonialismo e imperialismo ocidental. Essa é mais uma desculpa que os ditadores no continente propagam para permanecer no poder. A verdadeira causa da pobreza nesse continente é a má governança que se seguiu à independência, e não o colonialismo. Os países africanos cometeram dois erros depois de alcançar a independência. Primeiro, praticamente todos estabeleceram um sistema de governo unipartidário com um presidente vitalício. Isso, por si só, fez com que grande parte da riqueza fosse para a família estendida do presidente e para seus amigos, levando a maioria dos outros grupos a ser excluída tanto do governo quanto do compartilhamento dos benefícios.

Segundo, quase todos os países africanos instituíram um sistema econômico socialista, e não capitalista, em que muitas empresas estatais administravam os serviços de utilidade pública, produziam aço, petróleo e outros produtos básicos, e conduziam o comércio e as negociações da nação. Em contrapartida, a Coreia do Sul emergiu depois da Segunda Guerra Mundial como um país pobre, comparável às economias africanas, mas se tornou capitalista e, hoje, é um país rico no qual os cidadãos têm renda e participação elevadas.

Por que o continente africano está assolado pelas guerras civis? Porque muitos países são governados por um ditador cuja família fica com a maioria das "coisas boas". Alguns grupos que são excluídos da governança decidem se libertar e criar um Estado separado. Enquanto a democracia e a imprensa livre estiverem ausentes, a desordem e a violência estarão presentes. A única resposta é abrir o sistema político. Além disso, esses países precisam retomar a ideia do sistema de livre-iniciativa que existia anteriormente — quando as pessoas (especialmente as mulheres) levavam produtos agrícolas para o mercado e compravam e vendiam livremente, e não de organizações econômicas amparadas no Estado.

Sem considerar essas grandes teorias de causa singular, a maioria dos especialistas reconhece a pobreza como resultado de muitas causas inter-relacionadas, as quais precisam ser abordadas de maneira integrada. Consideremos as opiniões de Paul Collier no livro *The Bottom Billion*.[4] [*O bilhão da base*, em tradução livre] De acordo com Collier, o bilhão de pessoas na base da sociedade vivem em "países aprisionados em armadilhas". Ele identifica quatro elementos que fazem com que os países caiam nas armadilhas:

1. *Guerra Civil.* Atualmente, grande parte do bilhão da base vive ou está vivendo uma guerra civil. As guerras resultam dos países que têm um grande número de rapazes desempregados e sem instrução, e em que desequilíbrios étnicos também estão presentes.
2. *A "maldição dos recursos naturais".* Quase um terço desses países depende da exportação de algumas matérias-primas. Tipicamente, carecem das habilidades necessárias para adicionar valor a esses recursos naturais. Os governos tendem a ser corruptos e não há eleições democráticas.

3. *Países sem acesso ao litoral.* Praticamente um terço desses países não tem acesso ao litoral e se encontram em desvantagem econômica, além de ser cercado por "maus vizinhos".
4. *Governança ineficiente.* Cerca de três quartos desses países são governados por líderes autocráticos ou corruptos.

SOLUÇÕES PARA A POBREZA

Cada condição contributiva requer uma solução específica. Collier defende intervenções militares legítimas nas áreas que estão sendo devastadas por guerra civil. Os países com grande quantidade de recursos naturais deveriam desenvolver habilidades que elevassem o valor de suas exportações em vez de simplesmente exportar matérias-primas aos preços de mercado internacionais. Quanto aos países sem acesso ao litoral, precisam trabalhar com os vizinhos cuja economia tenha uma base portuária para construir estradas que lhes deem acesso aos portos. A má governança é o problema mais difícil de ser resolvido. Durante os anos em que esteve no poder, Robert Mugabe destruiu o Zimbábue, enquanto o restante do mundo permaneceu impotentemente inerte.

A principal recomendação de Collier para o combate à pobreza consiste em "restringir o alvo e ampliar os instrumentos". Restringir o alvo significa focalizar apenas o bilhão de pessoas no mundo (70% das quais vivem na África) que se encontra em países que estão em crise. Ampliar os instrumentos significa mudar o foco de simplesmente fornecer ajuda para oferecer um conjunto de planos de ação: melhor assistência, intervenção militar ocasional, concessões internacionais e uma política comercial mais inteligente.

E que tal a ajuda externa como solução parcial para os problemas dos pobres? Dois especialistas têm opiniões acentuadamente diferentes a respeito da eficácia da ajuda externa. Jeffrey Sachs, autor de *O fim da pobreza*, deseja que o Ocidente seja mais generoso e ofereça ajuda externa mais substancial aos países pobres.[5] Por outro lado, William Easterly, em *The White Man's Burden* [*O fardo do homem branco*, em tradução livre], apresenta fortes argumentos contra a ajuda externa.[6] Ele descreve Sachs como um desses grandes "planejadores de cima para baixo" que nunca fica constrangido com os numerosos fracassos da ajuda externa. Alguns estimam que apenas 15% da ajuda externa chegue aos pobres que a merecem em decorrência das elevadas despesas administrativas e da corrupção. O "planejamento de cima para baixo" das agências de assistência humanitária deixa de fornecer informações sobre as variações das necessidades locais de remédios e alimentos. A ajuda externa também gera uma dependência que impede que os países busquem suas próprias soluções.

A ajuda externa prejudica as empresas privadas do país que produzem ou vendem os mesmos artigos que vem de fora. Easterly encara o trabalho das grandes burocracias de ajuda externa e suas vastas despesas e intervenções como, em grande medida, um fracasso. Ao mesmo tempo, reconhece algumas boas ações dessas grandes agências de auxílio externo, especialmente quando elas se concentram em necessidades particulares — como a perfuração e manutenção de poços locais, a construção e manutenção de estradas ou redes de esgotos, ou distribuição de medicamentos e alimentos em lugares específicos nos quais se fazem necessários.

O principal problema do planejamento de cima para baixo é que as grandes agências nos níveis internacional e nacional precisam tomar decisões sobre a alocação de dinheiro para as diferentes ferramentas de mitigação da pobreza. Elas tomam sua decisão estabelecendo prioridades que refletem as condições globais do país. No entanto, as prioridades podem variar de aldeia para aldeia, e também de cidade para cidade. Isso significa que algumas comunidades recebem mais dinheiro para gastar em causas que não são importantes —, enquanto outras comunidades recebem menos do que precisam para gastar.

Isso torna desejável adicionar uma "abordagem de planejamento de baixo para cima" que mobilize todas as comunidades para desenvolver suas propostas e programas de necessidade, que, então, são passados para cima. Os programas precisam atender a determinados critérios, como examinar o que desenvolveria a comunidade no longo prazo e explicar a lógica do programa. A necessidade é "levar a montanha para o vale". Em *A riqueza na base da pirâmide*, o falecido C. K. Prahalad descreve, de modo eloquente, como a inovação local e a assistência financeira aos pobres podem incentivar os indigentes a ajudar a si mesmos a escapar da pobreza.[7]

COMENTÁRIO SOBRE A POBREZA NOS ESTADOS UNIDOS

E a pobreza nos Estados Unidos? Durante a presidência de Bill Clinton (1993-2001), a pobreza no país esteve, em média, na casa dos 11%.[8] Em 2008, essa taxa foi de 13,2%. Seguiu-se a Grande Recessão e, em novembro de 2012, a taxa de pobreza norte-americana subiu para 16%, de acordo com o Departamento de Recenseamento dos Estados Unidos, com mais de 43,6 milhões de pessoas vivendo em nível de pobreza, inclusive quase 20% das crianças norte-americanas.[9]

Tavis Smiley e Cornel West vão mais adiante e afirmam que um de cada dois norte-americanos vive na pobreza ou praticamente nela. Eles definem "praticamente na pobreza" como a situação de pessoas que vivem de contracheque em contracheque. Nesses casos, qualquer interrupção do contracheque semanal tem o potencial de levá-las à pobreza.[10] Eles acreditam que tornamos os pobres invisíveis para nós.

Certa vez, o presidente Ronald Reagan comentou o seguinte: "Travamos uma guerra contra a pobreza. A pobreza venceu." E, nos Estados Unidos, continua vencendo, trinta anos depois.

Outras nações desenvolvidas tiveram melhor desempenho. Os Estados Unidos estão classificados em 28º lugar entre todos os países, e seu nível de pobreza é mais elevado até mesmo do que o encontrado na Rússia, na Polônia e na Coreia do Sul.[11]

Uma família de quatro pessoas é considerada pobre se sua renda familiar estiver abaixo de US$23.850 anuais. Cerca de um terço dos norte-americanos vivencia uma pobreza eventual, e cerca de 20% deles a vivenciam o tempo todo. A taxa de pobreza difere em função de raça, idade, nível educacional, além de fatores econômicos, sociais e demográficos. A taxa é mais elevada entre os menores afro-americanos. O problema é exacerbado pelo elevado ônus do endividamento, pelo aumento do preço do petróleo, pelo colapso dos preços no mercado imobiliário e pela desindustrialização resultante do fato de os empregos nos

Estados Unidos terem se mudado para o exterior, migrando para a China e outros países.

Existe um debate a respeito de os pobres de hoje estarem ou não realmente sofrendo, dado que uma família pode ter um carro, uma televisão com tela plana, telefones celulares e um computador conectado à internet. Os céticos assinalam que a Wal-Mart e outras empresas varejistas baixaram o preço de roupas, televisões, bicicletas, computadores e muitos outros bens de consumo. No entanto, essa observação não leva em conta os custos mais elevados de educação, assistência médica, creches, energia elétrica, gasolina e assim por diante. Muitas famílias pobres mal conseguem fazer com que o contracheque dure até o fim do mês e dependem fortemente de empréstimos no dia do pagamento (a uma taxa de juros muito mais alta) para pagar as contas. Elas têm um elevado ônus de endividamento e, não raro, precisam reduzir as compras de alimentos na metade do mês, abster-se de outras coisas e empenhar alguns bens para sobreviver por certo período.

Claramente, a condição de vida do pobre norte-americano é sustentada pelos vales-alimentação (que tiveram início no governo de Franklin Roosevelt), pelo Medicaid, pelos certificados de moradia, pagamentos da assistência social, Previdência Social, assistência jurídica aos pobres, programas Head Start, que ajudam crianças de lares de baixa renda, desde o nascimento até os 5 anos de idade, a se prepararem para a escola, subsídios Pell, que possibilitam a ida de estudantes de baixa renda para a faculdade, e outros programas do governo. Há crescente pressão para que o salário mínimo seja aumentado, para que mais empregos em fábricas e de outros tipos sejam criados, para aumentar o treinamento e a qualificação dos trabalhadores e para elevar os impostos das pessoas ricas para pagar pelo conjunto de programas antipobreza. Tavis Smiley e Cornel West apresentam essas e outras ideias, como criar mais creches nos locais de trabalho, um programa de conjuntos habitacionais para os sem-teto e sindicatos mais fortes.[12] Ninguém sabe como essas propostas para a redução da pobreza serão utilizadas por um Congresso dividido — na verdade, polarizado.

Tendo em vista todas essas abordagens para ajudar os pobres, recomendo o seguinte:

- As melhores soluções envolverão mais do que recursos do governo e das ONGs; também envolverão o setor privado, que trabalhará em conjunto com agências do governo e organizações da sociedade civil.
- Grande parte do trabalho de ajuda aos pobres consiste em utilizar ferramentas para entender, influenciar e auxiliá-los a participar do desenvolvimento de suas próprias soluções.
- Temos de associar o grande quadro nacional do problema da pobreza às condições específicas encontradas em cada situação local.
- Devemos usar as ferramentas de marketing social, planejamento, implementação, monitoramento e controle. O marketing social visa a mudar ou apoiar comportamentos que conduzam a bons resultados para as pessoas e a sociedade. Acredito que o marketing social como ferramenta tenha estado ausente em todo o trabalho anterior voltado à ajuda aos pobres.

- Precisamos examinar cuidadosamente se faria mais sentido para os governos nacionais garantir a todos certa renda mínima e acabar com os numerosos programas do tipo Guerra à Pobreza, que atuam apenas como paliativos reduzindo a hemorragia.

2. A desigualdade de renda em ascensão

Nossa economia só voltará a ser o que era se voltar a ser justa.

JOSEPH STIGLITZ, *O preço da desigualdade*

O problema da pobreza que examinamos no Capítulo 1 está estreitamente relacionado a um problema mais amplo — a saber, o crescente hiato na divisão de renda entre os ricos, a classe média e os pobres. Uma das principais preocupações do capitalismo é se é inevitável conduzir a grandes e crescentes diferenças na renda e na riqueza pessoais. Na vigência do capitalismo, os pobres permanecerão pobres e os ricos adquirirão uma crescente parcela da renda e da riqueza?

A esplêndida ideia do capitalismo é que aqueles que têm capital o aplicarão para criar mais riqueza, o que, por sua vez, conduzirá ao aumento de empregos e renda para todos. Não apenas os ricos serão beneficiados, como também sua riqueza "gotejará para baixo".* Todos serão beneficiados. Nos últimos tempos, contudo, a riqueza tem estado mais propensa a "gotejar para cima". Um PIB crescente não mais implica a redução da pobreza. Os ricos se tornam mais abastados, e os outros não desfrutam de muitos benefícios, quando desfrutam de algum. Os ricos usam seus lobistas no Congresso para redigir leis com brechas que beneficiam os que já são abastados. A Grande Política se alinhou com as Grandes Empresas. Muitas pessoas ricas pagam impostos mais baixos do que aquelas que têm salários normais. Warren Buffett e Mitt Romney pagam menos impostos do que suas secretárias, porque os ganhos de capital são tributados com uma alíquota inferior. A diferença é que Warren Buffett não acha que isso esteja certo. O bilionário Buffett afirma que ele e os outros super-ricos são insuficientemente tributados.

Aqueles que defendem os super-ricos apresentam muitos argumentos para não tributá-los. Um deles é que a economia atinge um "nível ótimo de Pareto" no qual ninguém pode ficar em melhor situação sem que alguém fique em pior situação.[1] Vilfredo Pareto argumentou que tirar US$1 de um milionário e dá-lo a alguém que esteja passando fome para que compre comida não significa que tenhamos aumentado a satisfação no sistema socioeconômico como um todo. Como a satisfação é um estado subjetivo, o milionário poderia extrair satisfação igual ou maior daquele dólar do que a pessoa que o gastou com comida. O "ótimo de Pareto" é outra defesa para que os ricos permaneçam intocados e os pobres continuem pobres. Não é à toa que a economia foi chamada de "ciência deprimente".

---

*Trata-se da conhecida teoria "trickle down". (N. da T.)

Buffett se uniu a Bill Gates para persuadir as pessoas mais ricas do mundo e suas famílias a assinarem uma Promessa de Doação* para dedicar a maior parte de sua fortuna à filantropia a fim de melhorar a vida das pessoas.[2] Até agora, 132 pessoas se comprometeram a fazer isso, e suas promessas individuais estão publicadas em um website para que todos possam ver. Essa abordagem organizada, destinada a convencer as pessoas a, voluntariamente, doarem uma parcela de sua riqueza não tem precedentes e, com certeza, está destinada a fazer um grande bem.[3]

Além disso, um crescente grupo denominado Patriotic Millionaires, nos Estados Unidos, fez lobby no Congresso para aumentar os impostos dos ricos e acabar com as brechas tributárias. Eles defendem que nenhum milionário deveria pagar uma alíquota de imposto menor do que a classe média norte-americana. Acreditam em imposto progressivo sobre os ricos, a fim de levantar dinheiro para melhorar a educação, a saúde e a infraestrutura do país.[4]

ENTRA EM CENA THOMAS PIKETTY

Thomas Piketty, economista francês especializado em distribuição de renda, argumenta no livro *Capital no século XXI* que a desigualdade inevitavelmente se agravará na vigência do capitalismo de mercado.[5] Afirma que aqueles que possuem capital se tornarão cada vez mais dominantes em relação aos que apenas recebem salário. Para Piketty, a questão fundamental é se a taxa de retorno do capital será

---

*Giving Pledge no original. O site é http://givingpledge.org/index.html. (*N. da T.*)

maior ou menor do que a taxa de crescimento da economia mundial. Piketty afirma que, nas seis décadas que transcorreram entre 1914 e 1973, a taxa de crescimento econômico excedeu a taxa de retorno do capital e conduziu à melhora na vida dos trabalhadores. Esse foi o período em que tiveram lugar duas guerras mundiais e a Grande Depressão, que destruíram grande parte do capital.[6] Ele o encara como um período histórico singular, que, provavelmente, não se repetirá. Nos quarenta anos que se seguiram a 1973, a taxa de retorno do capital excedeu a taxa do crescimento econômico, o qual desacelerou. O autor afirma que, quanto mais elevada for a taxa de retorno do capital em comparação à taxa de crescimento da economia, maior será a desigualdade. Assegura ainda que essa é a condição mais natural do capitalismo, conduzindo a uma crescente desigualdade.

Piketty considera que, hoje em dia, a riqueza está crescendo mais rápido do que a renda. Na década de 1970, o coeficiente de riqueza para a renda era de cerca de 250%; hoje é de aproximadamente 500%. A renda desacelerou por causa do crescimento mais vagaroso da produtividade e do lento crescimento econômico. A riqueza cresceu devido à paz relativa e aos grandes ganhos de capital.[7]

A inevitável consequência é que os ricos se tornam dominantes. Eles definem sua própria remuneração ou os conselhos diretores das empresas remuneram com muita generosidade. Ao contratar um novo CEO, cada conselho diretor acredita que deve pagar a ele um valor igual ou superior ao que as empresas concorrentes estão pagando, em vez de calcular a remuneração desse profissional em função da receita da empresa, do preço de suas ações ou de algum outro parâmetro. Em muitos setores, existe mais um conluio do que uma verdadeira concorrência. Os ricos acham que sua remuneração descreve seu valor e se apoiam na riqueza e na influência política para derrotar medidas democráticas destinadas a restringi-los ou tributá-los de modo suficiente. Por conseguinte, a democracia está correndo o risco de ser destruída pelo capitalismo. A não ser que a riqueza sofra maior tributação e a verdadeira concorrência seja promovida por meio de uma regulamentação mais intensa, a democracia estará sendo corrompida.[8]

COMO A RENDA É DISTRIBUÍDA?

Vamos examinar mais de perto os níveis imensamente diferentes de renda e riqueza em diversos países. Medidos com base na renda mediana (que é um indicador melhor do que renda a média), a Austrália lidera a lista, com US$220 mil anuais, seguida de Luxemburgo, Bélgica, França, Itália, Reino Unido e Japão. Os Estados Unidos estão bem abaixo na lista desse indicador, com uma riqueza mediana de apenas US$45 mil. Os demais países vão descendo na lista até o mais pobre dos pobres.

A Oxfam é uma instituição beneficente concentrada em combater a pobreza e fortalecer as pessoas pobres ao redor do mundo. Em 2014, divulgou um relatório que apresenta o surpreendente fato de que as 85 pessoas mais ricas do mundo acumulam um capital maior do que os 3,5 bilhões de pessoas mais pobres.[9] "Nossas estimativas revelam que a metade inferior da população mundial possui apenas 1% da riqueza global, ao passo que 10% dos adultos mais ricos são donos de 86% de toda a riqueza, e o 1% superior é responsável por 46% do total", afirma o relatório. Isso significa que hoje estamos vivendo em uma era de distribuição de riqueza semelhante à dos faraós do antigo Egito ou da corte real de Luís XIV antes da Revolução Francesa.

Cerca de 1% da população dos Estados Unidos tem uma renda extremamente elevada e possui grande riqueza. Vamos chamar essas pessoas de *super-ricos*. Esse grupo é composto, em grande medida, por executivos e dirigentes; muitos procedem do mundo das finanças. Em 2012, a unidade familiar média dos 90% inferiores da distribuição de renda recebia cerca de US$30.997 anuais, ao passo que a unidade familiar média do 1% superior ganhava US$1.264.065 e a do 0,1% superior recebia cerca de US$6.373.782.[10] Em 2012, US$16,7 bilhões foram pagos aos quarenta principais administradores e negociadores de fundos hedge, ou seja, o equivalente ao salário de 400 mil trabalhadores comuns.[11] Esse contraste realça a remuneração excessiva de poucos.

Abaixo dos super-ricos estão os *abastados*, que representam cerca de 5% da população. Eles desfrutam de uma renda discricionária bem além da necessária para a aquisição de alimentos básicos, vestuário e moradia. Podem tirar férias dispendiosas, almoçar e jantar em restaurantes caros, enviar os filhos para faculdades de alto nível e investir no aumento de capital para a riqueza e os fundos fiduciários pessoais.

Abaixo dos abastados, encontra-se a *classe média*. O capitalismo criou a classe média! Antigamente, existiam apenas os ricos e os pobres trabalhadores. Os membros da classe média têm empregos estáveis, casas agradáveis, podem comer fora e comprar aparelhos elétricos e eletrônicos de última geração. Ao mesmo tempo, precisam tomar cuidado com seus gastos. Em geral, a renda familiar requer que tanto o pai quanto a mãe trabalhem fora de casa, e estes estão tendo cada vez mais dificuldade em enviar os filhos para faculdades caras e em poupar dinheiro suficiente para sustentar os pais que estão envelhecendo, bem como a si mesmos no caso de terem despesas médicas muito elevadas. Eles esperam que o valor de sua aposentadoria e de seu imóvel se mantenha.

A classe média está se tornando um mito para muitas pessoas desde a Grande Recessão. Temos, agora, ex-profissionais liberais que hoje são repositores de supermercado e aposentados cuja poupança praticamente desapareceu. O Pew Research Center diz que a classe média caiu de 54% para 44% da população dos Estados Unidos.[12] Pesquisas apontam que a mobilidade ascendente está diminuindo nos Estados Unidos e se encontra mais baixa do que a da Grã-Bretanha, da França e de uma série de outros países do Ocidente. Tendo em vista a baixa qualidade da educação pública norte-americana e a diminuição da acessibilidade à educação superior, entrar na classe média está ficando cada vez mais difícil. Quando os jovens vão para a escola e têm sua capacidade avaliada, seu caminho na vida foi determinado pela família e pelas circunstâncias econômicas nas quais nasceram.

Abaixo da classe média, temos a *classe trabalhadora*, cujo emprego possibilita apenas que seus membros ganhem o suficiente para pagar as contas e ter o bastante para comprar comida e roupas, além de pagar pela moradia. Quando são casados, os parceiros trabalham. Muitas unidades familiares são compostas apenas por um dos pais ou por uma pessoa solteira, alguns, inclusive, recebendo apenas o salário mínimo.

Abaixo da classe trabalhadora, estão os *pobres*, que não teriam o suficiente para comida e abrigo se não fossem os vales-alimentação, o crédito fiscal para o rendimento do trabalho (EITC), os subsídios de moradia e o Medicaid.

O Departamento de Recenseamento dos Estados Unidos relatou que, em 2012, 15% dos norte-americanos, ou 46,5 milhões de pessoas, são pobres. Uma em cada quatro crianças norte-americanas é pobre. Alguns argumentam que os pobres de hoje estão em situação muito melhor do que os de antigamente, devido ao Medicaid, ao seguro-desemprego, aos vales-alimentação e a outros benefícios. Eles provavelmente têm um aparelho de televisão, água corrente na torneira e um banheiro em casa. "Ser pobre", sem dúvida, é um conceito móvel, mas, mesmo assim, isso não compensa o fato de que muitos pobres passam fome, carecem regularmente de atendimento médico, não podem arcar com os custos da instrução superior nem contratar um advogado caso venham a precisar de um.

O problema da desigualdade e da justiça social ocorre quando há uma grande distância entre a receita dos pobres e da classe trabalhadora e a dos abastados e super-ricos. Tenha em mente que os pobres compõem o maior grupo populacional do mundo. Jeffrey Sachs estima que 5 bilhões das 7 bilhões de pessoas que vivem atualmente no planeta são pobres.[13] Algo está errado na sociedade humana ou na natureza humana quando 5 bilhões de pessoas não têm alimentação, vestuário e habitação adequados, enquanto 2 bilhões desfrutam de uma vida adequada ou, até mesmo, abundante.

E o que dizer sobre os super-ricos? A economista do trabalho Sylvia Alegretto estima que, em 2007, os seis membros da família Walton, segundo a Forbes 400, tinham um patrimônio líquido igual ao dos 30% inferiores de todos os norte-americanos — ou seja, dos 100 milhões de norte-americanos que estão na base.[14] Eles nada fizeram para criar sua riqueza, sendo, simplesmente, os beneficiários da genialidade de Sam Walton, que fundou o Wal-Mart. Será que Sam Walton devia ter sido tributado com uma alíquota muito superior que impedisse a acumulação dessa grande riqueza? Será que Sam teria trabalhado tão arduamente se tivesse sido tributado por essa alíquota superior? Essas são perguntas difíceis que não têm respostas simples.

Vamos examinar outros fatos interessantes. Eis uma lista da renda líquida anual dos cinco CEOs mais bem pagos em 2013, o que inclui salário, bonificações, ações e opções de compra de ações:[15]

1. Larry Ellison, Oracle — US$78,4 milhões ou US$37.692 por hora)[16]
2. Robert A. Iger, Walt Disney — US$34,3 milhões
3. Rupert Murdoch, 21st Century Fox — US$26,1 milhões
4. David M. Cote, Honeywell International — US$25,4 milhões
5. David N. Farr, Emerson Electric — US$25.3 milhões

A remuneração mediana dos CEOs é de US$10 milhões anuais (sem considerar exceções como Tim Cook, da Apple, que recebeu US$378 milhões em 2011). Michael Dorff atacou todo o sistema de remuneração elevada dos CEOs. Ele diz que, no período entre o final da década de 1940 e o final da década de 1960, os CEOs recebiam salários. Depois, a remuneração associada ao desempenho entrou no sistema com base no argumento não comprovado de que os CEOs trabalhariam mais arduamente se recebessem um pagamento por seu desempenho. Dorff argumenta que o pagamento pelo desempenho pode conduzir ao planejamento em curto prazo e a um comportamento de risco. Isso resultou em um aumento drástico dos lucros indo dos acionistas para os CEOs. Dorff defende a ideia de que os CEOs devem voltar a receber um salário fixo.[17]

A remuneração dos CEOs empalidece em comparação àquela recebida pelos administradores de fundos hedge mais bem pagos. Eis os rendimentos anuais, em 2011, dos três principais administradores de fundos hedge:[18]

1. Ray Dalio, Bridgewater Associates — US$3,9 bilhões
2. Carl Icahn, Icahn Capital Management — US$2,5 bilhões
3. James Simons, Renaissance Technologies — US$2,1 bilhões

Paul Krugman assinalou que os 21 principais sócios solidários de fundos hedge receberam, em conjunto, um total de US$21 bilhões em 2013.[19] O sistema de remuneração dos fundos hedge não requer alguma correção?

Agora, vamos examinar os pacotes de indenização por rescisão. Jack Welch, da General Electric, recebeu um pacote de despedida de US$417 milhões do conselho de administração da GE quando se aposentou. William McGuire deixou o UnitedHealth Group — no meio de um escândalo de opção de compra de ações — com um pacote de indenização de US$286 milhões. Esses pacotes de indenização são justos para os acionistas e funcionários?

As empresas de capital aberto também são generosas ao remunerar os membros de seu conselho de administração. Há muitos anos, eu recebia cerca de US$25 mil para comparecer a reuniões individuais do conselho, que, em geral, eram quatro por ano. Em 2013, a remuneração média anual total por diretor (excluindo o presidente independente do conselho administrativo) era de US$245.842, consistente de doações de ações, alternativas de compra de ações, pagamentos avulsos em dinheiro e outros tipos de remuneração.[20]

Nem todo CEO é ganancioso. Muitos dos que administram as principais empresas ficam satisfeitos em receber remunerações inferiores a US$6 milhões anuais. Edward S. Lampert, da Sears (US$4,6 milhões), A. G. Lafley, da P&G (US$2 milhões) e Steve Ballmer, anteriormente da Microsoft (US$1,2 milhão), por exemplo.[21] Considerando-se que esses executivos têm as qualificações necessárias para administrar grandes empresas, por que os outros estão recebendo uma remuneração tão elevada?

Uma das explicações para o pagamento exagerado dos CEOs é o vício da ganância. Eles sabem que nunca passarão fome e que podem adquirir quaisquer bens materiais que desejem: aviões particulares, iates e várias mansões. Sam Polk, que acumulou uma vasta renda, escreveu a respeito de como um dia ele recuperou sua vida ao superar um desejo compulsivo de riqueza. Seu impulso maníaco de "ter mais" deixou de fazer sentido para ele.[22]

Vamos fazer uma simples pergunta hipotética. Suponhamos que Larry Ellison, CEO da Oracle, percebesse, de repente, que sua renda anual de US$78,4 milhões é excessiva. Ele, então, decide que pode viver muito bem com então US$3,4 milhões e deseja conceder aos seus funcionários da Oracle um salário mais elevado para que possam pagar parte da dívida que têm nos cartões de crédito, tendo em vista que o trabalhador médio apresentava uma dívida desse tipo de US$15 mil em 2012. Ellison decide, então, dar um presente único de US$10 mil para 7.500 de seus funcionários para aliviá-los. Larry Ellison terá tornado 7.500 famílias mais felizes sem sacrificar praticamente nada no estilo de vida de sua própria família. Mas os leitores poderão perguntar, alternativamente, por que o excesso de renda não é distribuído pelos acionistas como dividendos. Os acionistas da Oracle pagaram o CEO em excesso?

Se as empresas pagassem menos aos CEOs excessivamente remunerados, isso faria com que tivessem um desempenho fraco? Provavelmente, existe um número suficiente de administradores esforçados e capazes que se sentiriam motivados e satisfeitos em receber 50 vezes, em vez de 200 vezes, o salário médio.

Claramente as pessoas têm diferentes atitudes ao avaliarem se é certo ou errado que existam enormes diferenças de renda e riqueza. Eis algumas opiniões recorrentes:

"Só me preocupo com o fato de eu ter oportunidades iguais, e não com as diferenças de renda."

"Sempre haverá diferenças extremas de renda. É a sobrevivência dos mais aptos."

"As rendas elevadas resultam principalmente de diferenças na capacidade que conduzem a diferenças na renda."

"As rendas elevadas acontecem quando temos os pais certos. Quando nascemos em uma família rica, seremos criados com mais vantagens, frequentaremos as melhores faculdades e teremos excelentes empregos, em parte por causa dos contatos de nossos pais."

"Os super-ricos manipularam o sistema para que fiquemos satisfeitos, alimentando-nos com guloseimas como a televisão e outras distrações para que não reparemos na roubalheira deles."

"A partir do ponto de vista da justiça social, acho que os ricos deveriam ser tributados com alíquotas proporcionalmente mais elevadas do que as do assalariado comum."

Consigo imaginar um sistema de distribuição de renda que seria pior do que o atual. Seria se todo mundo estivesse limitado a receber os mesmos rendimentos, independentemente de idade, tamanho da família, capacidade, esforço e outros fatores. As pessoas não teriam nenhum incentivo para trabalhar ou inovar. O sistema atual, de extrema disparidade de renda e riqueza, sempre existiu ao longo da maior parte da história. Os lugares eram governados por um líder tribal, um rei ou uma rainha, que, junto com seus partidários próximos e cortesãos, acumulavam grande riqueza. A classe média era praticamente inexistente. Havia uma classe camponesa ou trabalhadora, e a maioria dos trabalhadores braçais era formada por servos ou escravos que viviam em um nível que mal poderia ser considerado de subsistência.

Hoje, contudo, não apenas com os jornais, o rádio e a televisão, mas também com o Google, o Facebook, o YouTube e outras mídias digitais, mais pessoas estão tomando conhecimento das vastas diferenças entre os rendimentos da unidade familiar média norte-americana (US$51 mil anuais) e os dos super-ricos. Um artigo do *New York Times*, por exemplo, revelou que, em 2012, o 1% superior recebeu mais de um quinto da renda recebida pelos norte-americanos. Os 10% superiores receberam mais da metade da renda total do país em 2012.[23] Esse tipo de imensa desigualdade de renda não passa despercebido.

O avanço dos ricos foi substancial. Em 2012, a renda das pessoas do 14% superior subiu quase 20% em comparação a um aumento de 1% para os 99% restantes. A renda mediana das unidades familiares situadas nos 5% superiores é de US$318.052. A renda desses norte-americanos com rendimentos mais elevados se recuperou completamente de uma queda ocorrida depois da crise financeira, em comparação ao declínio de 8% no caso das unidades familiares medianas norte-americanas.[24] A proporção das pessoas que recebem os rendimentos mais elevados está próxima do seu nível mais elevado em um século.[25]

OS RISCOS DA DESIGUALDADE

Existe uma crescente preocupação a respeito do aumento da desigualdade de renda. Um certo nível de desigualdade é necessário para estimular o crescimento. No entanto, a maioria dos economistas concorda que uma desigualdade de renda elevada e crescente reduzirá a taxa de crescimento econômico. As pessoas com renda mais baixa frequentemente têm saúde mais fraca e menor produtividade. O aumento da desigualdade desgasta os vínculos sociais e pode conduzir ao conflito de classes. O nível elevado de desemprego entre os jovens pode desencadear protestos sociais. Os jovens representaram uma força fundamental nas rebeliões da Primavera Árabe e nos protestos de

Occupy Wall Street.* Eles veem uma torta econômica que está encolhendo e recebem uma fatia cada vez menor. A ampliação da desigualdade de renda levanta questões a respeito da justiça social e da "luta de classes". O presidente Obama declarou que a desigualdade é "o desafio que define a nossa era".

A desigualdade de renda não é percebida apenas pelos pobres e pela classe trabalhadora, mas também por vários membros da classe média. Muitos gerentes da classe média se perguntam por que a alta administração é tão regiamente remunerada enquanto eles ganham US$100 mil por ano ou até menos. Alguns CEOs de empresas menores que recebem de US$1 milhão a US$5 milhões por ano e têm capacidade para administrar companhias muito maiores questionam as enormes quantias de US$10 milhões a US$80 milhões anuais pagas a outros executivos.

Mesmo quando a desigualdade de renda é excessivamente elevada, pode ser reduzida pela redistribuição dos pagamentos. Os economistas usam o índice de Gini como uma medida da desigualdade de renda. Esse índice varia de 0, que representa uma igualdade perfeita, a 100, em que toda a renda flui para uma única pessoa. O índice de Gini da Alemanha antes de qualquer redistribuição é 55. No entanto, os programas de redistribuição são fortes no país, e o índice cai para 30 depois que a redistribuição é levada em conta. Em contrapartida, os Estados Unidos têm um índice de Gini mais baixo, 47, antes da redistribuição. Entretanto, têm um impulso de redistribuição mais fraco, que reduz seu índice de Gini para 37.

---

*Movimento de protesto contra a desigualdade, a corrupção e a indevida influência das empresas ocorrido nos Estados Unidos em 2011. (*N. do E.*)

Uma pesquisa envolvendo acadêmicos da Harvard Business School e da Universidade Duke indagou norte-americanos em que país prefeririam morar. Foi mostrada a eles a distribuição de renda do país A e do país B (mas não foram informados de que os países eram, na verdade, a Suécia e os Estados Unidos). Cerca de 90% dos entrevistados responderam que prefeririam morar em um país com a distribuição de renda com a pós-redistribuição da Suécia![26] O país europeu usa a redistribuição para reduzir o índice de Gini de 45 para 22[27]. No entanto, existem algumas evidências de que o excesso de redistribuição pode reduzir o crescimento. Alguns afirmam que a lenta taxa de crescimento da Europa se deve a seus elevados custos sociais.

O Papa Francisco, da Igreja Católica Romana, se queixou da "tirania do capitalismo irrestrito". Ele disse aos ricos o seguinte: "Eu lhes peço que assegurem que a humanidade seja servida pela riqueza, e não governada por ela."[28] Em sua mensagem de 1º de janeiro de 2014, ele declarou que enormes salários e bonificações são sintomas de uma economia baseada na ganância e na desigualdade, e recomendou que as nações diminuíssem o abismo da riqueza. Outros se perguntaram se a maior tomada de riscos financeiros do "Capitalismo de Cassino" tornará melhor a vida das pessoas comuns ou apenas encherá os cofres dos ricos. Começamos a desconfiar do mantra de crescimento, que diz que "a maré ascendente ergue todos os barcos". Observamos o elevado egresso de trabalhadores da força de trabalho que desistiram de procurar emprego como se os salários fossem baixos demais para valer a pena o esforço. O governo nem mesmo os computa mais no rol dos desempregados.

Sob o ponto de vista da economia, podemos afirmar que a elevada concentração de renda e riqueza conduz a um nível reduzido da demanda do consumo, dando seguimento, desse modo, à intranquilidade econômica. Os membros da classe trabalhadora e da classe média satisfazem suas necessidades usando cartões de crédito para acumular mais dívidas do que podem pagar, traçando, assim, as condições para uma futura alta e consequente colapso. Como os consumidores não têm rendimentos suficientes, as empresas ficam cautelosas e mantêm sua produção e contratações em um nível baixo.

A estrutura social é adicionalmente prejudicada porque tanto o pai quanto a mãe precisam trabalhar, tendo, portanto, menos tempo para dedicar aos filhos. O estresse causado pelo dinheiro causa o divórcio e o crescente número de unidades familiares compostas apenas por um dos pais. Antes de 2008, os pais da classe trabalhadora se viam tentados a comprar um imóvel onerado por uma substancial hipoteca, na expectativa de que o respectivo valor aumentasse. Tudo isso terminou em uma terrível bolha, com o preço das propriedades caindo e a execução de hipotecas em que algumas pessoas simplesmente desistiram de seus imóveis. Isso significava que seus filhos com idade universitária só poderiam ir para a faculdade se contratassem empréstimos estudantis substanciais. A dívida dos empréstimos estudantis subiu para mais de US$1 trilhão. Estamos descobrindo que os custos com a educação e os cuidados com a saúde estão aumentando a uma taxa que excede a do crescimento da renda e da riqueza das classes média e trabalhadora.

Eu afirmaria que a crescente disparidade da renda não apenas é um desastre para os pobres, como também uma ameaça para os ricos. A pobreza gera famílias destruídas, crime e organizações criminosas, mendigos, prostituição, imigração em massa, movimentos de protesto social e estados falidos.[29] Basta ir a algumas cidades na América Latina ou na África do Sul, onde os elevados índices de criminalidade obrigam os ricos a viver em condomínios fechados, em casas com muros muito altos ou até mesmo a contratar sua própria milícia.

Com muita frequência, a discussão assume a forma de uma condenação dos "pobres ociosos" ou dos "ricos sem coração". Mas a maioria dos trabalhadores não é composta por "pobres ociosos", nem a maioria dos endinheirados, por "ricos sem coração". Isso significa lidar com estereótipos em vez de abordar os verdadeiros problemas.

Umas das indicações de que algumas pessoas ricas estão ficando preocupadas com a crescente desigualdade de renda é a Conferência sobre Capitalismo Inclusivo, ocorrida no dia 27 de maio de 2014, à qual compareceram Bill Clinton, o Príncipe Charles, Christine Lagarde e outros membros da elite que controla um terço da riqueza mundial.[30] O objetivo da conferência foi "discutir a necessidade de uma forma de capitalismo socialmente mais responsável que beneficie todas as pessoas" e que esteja menos propensa a produzir desastres econômicos como a Grande Recessão.

A elite não deseja enfrentar um levante mundial dos desprivilegiados contra o capitalismo. Dominic Barton, da McKinsey, dirigindo-se aos seus colegas da elite presentes à conferência, advertiu que "existe a crescente preocupação de que, se as questões fundamentais reveladas na crise continuarem a não ser abordadas e o sistema tiver um novo colapso, o contrato social entre o sistema capitalista e a coletividade de cidadãos venha, verdadeiramente, a se romper, com resultados imprevisíveis porém seriamente prejudiciais". Ao refletir sobre as soluções, o grupo de elite desejava obter soluções práticas. Barton esperava que o governo se abstivesse de interferir nas empresas de maneiras que ele chamou de "improdutivas". "Considero imperativo para nós restaurar a confiança no capitalismo e nos livres mercados", disse ele.[31]

O grupo de elite não desejava ver "mais regulamentações" e o "maior envolvimento do Estado" na economia, tampouco buscava punição para as partes responsáveis. No final, o grupo decidiu investir em uma campanha de relações públicas "para influenciar a opinião política e empresarial".[32]

Essa é uma resposta um tanto fraca para um problema tão grave. O fato é que o capitalismo deixou de produzir uma "era de ouro" para a vasta maioria da população mundial. A Conferência sobre o Capitalismo Inclusivo propôs ideias, como mais treinamento no trabalho e mais parcerias com pequenas e médias empresas. Mas as pessoas presentes à conferência se recusaram a examinar todo um leque de soluções mais básicas para reduzir as crescentes diferenças na renda e na riqueza.

MEDIDAS PARA REDUZIR AS GRANDES DIFERENÇAS DE RENDA

Precisamos reconhecer que boa parte da grande desigualdade de renda provém da globalização, da tecnologia e das diferenças na educação, e não podemos fazer muita coisa a respeito disso, a não ser modificar a política tributária do governo. A globalização significa que as empresas deslocam a produção para países com custos trabalhistas mais baixos. A tecnologia ajuda as empresas a substituir o trabalho por capital quando o primeiro se torna excessivamente dispendioso. E as diferenças educacionais explicam, em boa parte, a grande disparidade de salários dentro de um país.

No entanto, existem várias medidas que podem ser adotadas para reduzir as grandes diferenças de renda.

Aumentar o salário mínimo

Uma das soluções é aumentar o salário dos trabalhadores, estabelecendo um salário mínimo mais elevado. Nos Estados Unidos, existe crescente pressão para que o salário mínimo nacional seja aumentado, o qual se encontra há muito tempo em US$7,25 por hora. Treze estados já elevaram o salário mínimo local para um valor superior a esse. O estado de Washington ajustou o seu para US$9,32. O Partido Democrata defende o aumento do salário mínimo para US$10,10 em 2016 e, a partir de então, indexá-lo de acordo com a inflação. A Alemanha e a Grã-Bretanha aumentaram seu salário mínimo para o equivalente a US$11,30 por hora, enquanto o da Dinamarca é de US$20,30. Em 2014, a Suíça, que não tem um salário mínimo legal, rejeitou uma proposta para fixá-lo em US$25 por hora, que seria o mais elevado do mundo. (Curiosamente, 90% dos trabalhadores suíços já ganham um salário superior a esse.)

Na minha opinião, o salário mínimo dos Estados Unidos é uma desgraça. No entanto, aqueles que se opõem ao aumento citam duas possíveis consequências indesejáveis. A primeira é que algumas pequenas empresas, que mal conseguem ter lucro pagando aos seus funcionários US$7,25 por hora, provavelmente fecharão as portas caso tenham de pagar um salário mínimo mais elevado. A segunda é que os empregadores buscarão outros meios de substituir o trabalho por capital. Essas duas consequências poderão ter o efeito de reduzir o número de empregos, porém pagar mais para aqueles que continuarem empregados.

Terei mais a dizer a respeito do aumento do salário mínimo no Capítulo 3.

Tornar o sistema tributário mais progressivo

Estamos vivendo em uma época na qual a extrema disparidade de renda é manchete diária. A questão civil mais importante com que a nação se depara pode ser a estagnação da classe média e o número crescente de pessoas pobres.

Em 2014, o Congresso dos Estados Unidos optou por não renovar os benefícios do desemprego por mais um ano para os que estão nessa situação há muito tempo, embora o governo não tenha se esforçado o suficiente para criar empregos para essas pessoas. Além disso, o programa de vales-alimentação está sendo reduzido, o que resulta em uma diminuição média de 7% em benefícios para cerca de 45 milhões de pessoas. Como resultado, ouvimos falar em mães solteiras — que antes recebiam benefícios de desemprego mas não recebem mais — que agora souberam que os vales-alimentação serão reduzidos, de modo que terão de procurar os dispensários de sopa para os pobres, a fim de alimentar sua família.

É compreensível que estejamos ouvindo novos brados para que os impostos sobre os ricos sejam aumentados. Bill de Blasio, prefeito de Nova York, propôs que os "muito ricos" sofressem uma tributação levemente maior para que a pré-escola universal* em horário integral e os programas

---
*Em inglês, universal preschool é um movimento internacional para permitir o acesso de todas as crianças à pré-escola. (N. do E.)

extraescolares pudessem ser oferecidos às crianças menos favorecidas. "Aqueles que ganham entre US$500 mil e US$1 milhão por ano pagariam um imposto adicional médio de US$973 por ano. Isso é menos do que US$3 por dia — mais ou menos o custo de um café com leite de soja no Starbucks."[33]

Isso conduz à ideia mais ampla de um sistema tributário progressivo, que fixaria alíquotas de imposto mais elevadas para as faixas de renda mais elevadas. O sistema tributário dos Estados Unidos já é progressivo. Eis as alíquotas de impostos em 2013.

Alíquota de imposto	Renda tributável (em dólares)
10%	0 a 17.850
15%	mais de 17.850 a 72.500
25%	mais de 72.500 a 146.400
28%	mais de 146.400 a 223.050
33%	mais de 223.050 a 398.350
35%	mais de 398.350 a 450.000
39,6%	mais de 450.000

É possível levantar a seguinte questão: a alíquota máxima de 39,6% é elevada o suficiente no caso dos ricos, tendo em vista o nível crescente de desigualdade de renda?

Leve em consideração que, em 1939, a alíquota superior de imposto nos Estados Unidos era de 75%. Subiu para 91% durante a Segunda Guerra Mundial para rendimentos superiores a US$200 mil, o que era uma renda elevada naquela época. Em 1964, a alíquota máxima foi reduzida para 70%. A partir de 1981, o presidente Reagan conseguiu diminuir a alíquota máxima de 70% para 50% e, subsequentemente, para 38,5%. (Reagan é elogiado pela direita como um presidente que reduziu os impostos, mas, na verdade, ele os aumentou onze vezes.) Durante o mandato do presidente Clinton (1993-2001), a alíquota marginal superior foi elevada para 39,6%. Ao longo da presidência de George W. Bush, a alíquota máxima foi reduzida para 35%. Estava previsto que suas intensas reduções tributárias expirassem no final de 2010, mas se tornaram permanentes. Muitas pessoas acreditam que as reduções tributárias da era Bush como um todo foram o principal responsável pelo déficit da década seguinte, reduzindo as receitas em cerca de US$1,8 trilhão entre 2002 e 2009. Durante o confronto do abismo fiscal de 2008-2011, a alíquota de imposto superior foi novamente aumentada para 39,6%.

Fechar os paraísos fiscais no exterior

Os lucros auferidos pelas empresas norte-americanas estão sujeitos a uma alíquota tributária de 35%. Obviamente, as empresas desejam reduzir os impostos, se possível. Para esse fim, recorrem a três métodos.

O primeiro é fundar uma empresa subsidiária nas Bermudas, nas Ilhas Cayman ou na Irlanda. Uma empresa norte-americana que fabrique uma impressora por US$10 mil em Chicago poderia vendê-la a uma gráfica em Miami por US$12 mil. Ela teria de pagar um imposto de 35% sobre o lucro de US$2 mil — ou seja, US$700. Em vez disso, poderia vender a impressora à sua subsidiária nas Bermudas por US$10 mil sem ter nenhum lucro. Em seguida, essa subsidiária poderia vender a impressora à gráfica de Miami por US$12 mil, auferindo um lucro de US$2 mil nas ilhas. Mas as Bermudas não tributam os lucros (ou tributam substancialmente menos do que os Estados Unidos). Dessa maneira, o governo norte-americano terá perdido US$700 em impostos apenas nessa transação. Estima-se que 362 das empresas da Fortune 500 operem subsidiárias nos paraísos fiscais. O governo está perdendo uma grande arrecadação fiscal corporativa, o que obriga o povo a pagar mais impostos ou enfrentar redução do bem-estar social, da educação e dos benefícios de saúde.

O segundo esquema para evitar impostos é chamado de "inversão". Se uma empresa norte-americana puder provar que outra empresa no exterior possui determinado percentual de suas ações, essa empresa não precisa pagar impostos sobre esse percentual. Por exemplo, a Walgreens poderia comprar uma rede de farmácias irlandesa e pagar por ela emitindo mais ações da empresa. A Walgreens da Irlanda teria de pagar impostos ao governo, os quais são consideravelmente inferiores aos norte-americanos.

O governo dos Estados Unidos precisa ainda se preocupar com uma terceira possibilidade na qual uma corporação começa a pensar em transferir sua sede para fora do país. A empresa de consultoria Accenture começou como uma empresa norte-americana, mudou-se para as Ilhas Cayman, abriu o capital em 2002 e depois se mudou para a Irlanda, por causa dos impostos menores desse país.[34] A Eaton Corporation mudou sua sede de Cleveland para Dublin, economizando US$160 milhões por ano em impostos. Até agora, cerca de sessenta empresas norte-americanas "nunca estiveram aqui" ou têm usado a inversão para evitar os impostos do país. Além de reduzir substancialmente os impostos, essas empresas são menos oneradas pelo incessante crescimento das regulamentações do governo dos Estados Unidos, que hoje ocupam 169.301 páginas.[35]

Gabriel Zucman, professor de economia da London School of Economics e pupilo de Thomas Piketty, escreveu um pequeno livro sobre sonegação fiscal intitulado *The Missing Wealth of Nations* [*A riqueza perdida das nações*, em tradução livre]. De acordo com o *New York Times*, Zucman estimou que US$7,6 trilhões, ou 8% da riqueza financeira pessoal do mundo, residem em paraísos fiscais como dinheiro oculto.[36] Se esse dinheiro pudesse ser taxado, mais de US$200 bilhões anuais poderiam ser adicionados às receitas tributárias.

Zucman foi além e estimou que 20% de todo o lucro corporativo dos Estados Unidos são enviados ao exterior, tendo como resultado o fato de que essas corporações conseguem pagar uma alíquota de imposto de 15% em vez da alíquota atual oficial de 35%. As corporações norte-americanas acumularam US$1,95 trilhão fora dos Estados Unidos.[37] As empresas não pagam impostos do país sobre lucros auferidos no exterior desde que o dinheiro permaneça fora, frequentemente nas Bermudas, Irlanda, Luxemburgo, Holanda e Suíça. Em 2013, a Apple auferiu US$54,4 bilhões no exterior, a IBM, US$52,3 bilhões, e a Microsoft, US$76,4 bilhões. Algumas propostas têm sido apresentadas para reduzir a alíquota do imposto corporativo para 25% ou menos, ou para alterar o código tributário e exigir que esses lucros sejam investidos em bancos situados nos Estados Unidos.

Zucman recomendou que os Estados Unidos e outras nações preparem um registro internacional da riqueza pessoal e corporativa (assim como existe um registro internacional do acervo imobiliário) e obriguem os bancos a divulgar suas informações. Em 2010, os Estados Unidos aprovaram a Lei de Conformidade Tributária de Contas no Exterior (Foreign Account Tax Compliance Act) para possibilitar que a Receita Federal* pressione os bancos estrangeiros a fornecerem informações sobre as contas de residentes e corporações do país. Em 2012, os Estados Unidos aplicaram uma multa de US$1,9 bilhões ao HSBC, um banco britânico, por má fiscalização da lavagem de dinheiro. Multas também foram aplicadas ao Barclays, ao ING e ao Standard Chartered.

Em 2010, a Câmara Republicana, sob a influência do Tea Party,** reduziu o orçamento da Receita Federal dos Estados Unidos em 14%, o que resultou em forte redução de pessoal, menor fiscalização da lei e um serviço mais fraco ao contribuinte. Enquanto em 2010 a Receita Federal era capaz de fazer auditoria em 30% das declarações de rendimentos, em 2013 auditou apenas 24% delas. Isso significa que o governo auferiu uma receita menor que, de outra forma, poderia ter sido usada para construir estradas, despoluir o ar e a água, melhorar os cuidados com a saúde e realizar outras tarefas essenciais do governo.[38]

Em resumo, a alíquota máxima dos Estados Unidos para um casal, que era muito elevada durante a Segunda Guerra Mundial, caiu subsequentemente de 70% para 50%, foi para 38,5% e depois para 35% antes de subir novamente para o nível atual de 39,5%. Os republicamos exerceram uma pressão sistemática para que os impostos fossem reduzidos, especialmente no caso dos ricos, com base na teoria de que as pessoas precisam de forte incentivo para trabalhar mais.

Uma filosofia tributária inteiramente diferente vigora nos países escandinavos, nos quais a alíquota máxima de imposto é de 70% na Suécia e de 72% na Dinamarca. Esses

---

*Internal Revenue Service, sigla IRS. (N. da T.)
**Movimento social e político criado no Estados Unidos em 2009, descrito como populista, ligado ao libertarianismo e à direita. (N. da T.)

países cuidam da educação e da saúde de seus cidadãos desde o nascimento até a morte. A chance de ocorrer falência devido a uma calamidade médica em uma família escandinava é muito pequena, logo elas não precisam poupar tanto para sua aposentadoria.

Em 2014, durante o mandato do presidente François Hollande, a França estabeleceu a maior alíquota marginal, de 75% para as pessoas com rendimentos anuais superiores a €1 milhão. A justificativa é que €1 milhão por ano é salário suficiente para qualquer pessoa e que, acima disso, o Estado deve reter 75%. É claro que essa medida provocou protestos na comunidade empresarial, e alguns times de futebol franceses até mesmo ameaçaram deixar o país.

Eu adicionaria duas características opcionais que poderiam aumentar a aceitação desse nível de 75%. Como primeira opção, o dinheiro recolhido poderia ser colocado em um fundo separado do governo para ajudar a melhorar a educação de estudantes pobres. Como segunda opção, o dinheiro poderia ir para uma fundação sem fins lucrativos que apoiasse várias causas sociais, e cada família poderia até mesmo especificar a categoria de causas que deseja apoiar.

O Fundo Monetário Internacional (FMI) está voltado agora para a desigualdade de renda. Christine Lagarde, diretora-gerente do FMI, está levando em conta esse tópico ao tomar decisões sobre programas de financiamento para os países-membros. Um documento de trabalho de 2014 do órgão incluía que "a desigualdade de renda pode ser uma preocupação macroeconômica para as autoridades do país, e o fundo deve, portanto, compreender os efeitos macroeconômicos dessa desigualdade".[39]

O que uma alíquota de imposto mais elevada faria com relação ao incentivo dos ricos de trabalhar e auferir renda?

Os conservadores advertem que CEOs, financistas, atletas e artistas de cinema talentosos trabalhariam menos, e nós sofreríamos com um nível mais baixo de talento e produção nesses setores. Afirmam ainda que, se as pessoas que ganham muito trabalhassem menos e criassem menos negócios, o número de empregos diminuiria, o desemprego aumentaria e a renda média cairia. Acrescentam que a filantropia necessária declinaria, e o investimento no longo prazo em infraestrutura cessaria. Eles criticam a "luta de classes", que "faria com que todos ficassem mais pobres". Por que, então, tributaríamos os ricos em mais do que 39,6%?

É claro que não existe nenhuma evidência que respalde esse argumento. Quando o governo dos Estados Unidos aplicou elevadas alíquotas marginais aos ricos, tivemos, com frequência, tanto alto nível de emprego quanto rendas elevadas. Houve mais períodos de prosperidade nos Estados Unidos nos governos com tendência esquerdista do Partido Democrata do que nos governos com tendência direitista do Partido Republicano. Não podemos partir do princípio de que todas as pessoas que auferem rendas elevadas irão se comportar e reagir da mesma maneira. Lembro-me de uma conversa que tive com o CEO de uma grande empresa de cereais que me confidenciou que estava se divertindo tanto ao administrar a companhia que teria, de bom grado, aceitado fazer o que fazia ganhando US$1 por ano. O prefeito Michael Bloomberg, que, por um período de 12 anos, levou a cidade de Nova York a um elevado nível de prosperidade, insistiu em receber um salário de apenas US$1 por ano porque ele tinha todo o dinheiro necessário para se sentir satisfeito.

Acredito que tanto os executivos corporativos quanto os empresários sejam basicamente motivados por três aspectos: poder, independência e criatividade. Não creio que eventuais aumentos na alíquota de imposto marginal causariam grande impacto descendente no PIB, mas isso é discutível. A teoria econômica sugere uma perspectiva sobre esse assunto. A lei dos rendimentos decrescentes prega que incrementos adicionais de renda tendem a produzir rendimentos ou satisfação decrescentes. A lei aventa que o aumento do bem-estar de um trabalhador ao ganhar US$10 mil adicionais é maior do que a redução do bem-estar de um milionário ao perder US$10 mil. Uma pesquisa realizada indica que o bem-estar aumenta à medida que a renda vai se aproximando de US$75 mil por ano, mas que, depois disso, os aumentos de renda não produzem sistematicamente níveis mais elevados de felicidade pessoal.[40] Podemos pressupor que seja mais fácil para uma pessoa rica do que para uma pessoa pobre desistir dos últimos US$10 mil.

Elevar a alíquota de imposto aplicada aos ricos pode ser uma tarefa quase impossível quando levamos em conta que isso teria de ser aprovado pelo Congresso. Os políticos são eleitos por sua capacidade de levantar dinheiro. Um novo deputado precisa levantar US$500 mil por ano apenas para dar ao Partido Republicano, sem considerar o que precisa levantar para administrar sua própria campanha. A maior parte do dinheiro vem daqueles que são ricos, e não de pequenas contribuições das classes média e trabalhadora. Os políticos praticamente não têm alternativa a não ser bajular os ricos e votar a favor do que eles querem. E os ricos, de modo geral, não querem pagar impostos mais elevados.

Considerando que os ricos estão obtendo uma parcela maior do PIB, isso significa que menos dinheiro está disponível para os pobres e até mesmo para a classe trabalhadora. Essa falta de poder de compra nas mãos do cidadão comum, por sua vez, retarda o crescimento econômico e conduz ao ulterior e maior empobrecimento dos pobres. Isso foi, em parte, o que originou o movimento Occupy Wall Street, que começou com cerca de 75 pessoas fazendo uma manifestação em um pequeno parque de Manhattan e evoluiu para dezenas de milhares de pessoas protestando em centenas de cidades em oitenta países, ao longo de um único mês. Podemos esperar mais movimentos de protesto e conflitos políticos no futuro. No passado, as pessoas que participavam desse tipo de manifestações eram rotuladas de "comunistas", e os ricos davam um jeito de fazer com que elas fossem perseguidas ou presas. Não vejo como impostos substancialmente mais elevados possam ser aprovados politicamente sem evocar outro período de Temor Vermelho e a acusação republicana de que os Democratas estão começando uma "luta de classes".

Colocar um limite na razão entre a remuneração dos altos executivos e a dos trabalhadores

Em 2010, o Congresso aprovou um regulamento exigindo que as empresas de capital aberto divulguem a razão entre a remuneração do CEO e a remuneração média na empresa. O objetivo era ajudar os acionistas e comparar as práticas de remuneração entre as empresas. O presidente Obama apresentou uma proposta específica para refrear a remuneração elevada dos executivos. Ele defendeu a ideia de que a remuneração dos executivos deveria estar relacionada com o salário mínimo federal.

Na ocasião, seu salário de US$400 mil anuais era equivalente a 27 vezes o salário mínimo federal de US$7,25 por hora. Se o salário mínimo subisse para US$10,10, o salário dele equivaleria a 20 vezes o salário mínimo. Obama propôs que as empresas que negociavam com o governo federal não deveriam pagar a seus altos executivos uma remuneração que fosse superior a 20 vezes a remuneração do trabalhador (20 para 1). Isso significaria que o governo não faria mais negócios com a Oracle (1.284 para 1), com a General Electric (491 para 1) e com a AT&T (339 para 1). Embora, hoje em dia, essa proposta fosse impraticável, ela capta a semente da ideia de limitar a remuneração excessivamente elevada nos setores federal e privado.[41] O estado de Rhode Island está considerando não comprar mais de empresas que paguem a seus executivos mais de 32 vezes o salário do trabalhador de menor remuneração.

Outra ideia seria permitir que as empresas pagassem o que quisessem a seus CEOs — mas depois tributassem as corporações de 50 a 70% sobre o pagamento líquido que excedesse determinada razão entre a remuneração do CEO e a remuneração mediana dos trabalhadores.

A Comissão Europeia está incentivando ativamente os países-membros a avaliar políticas que limitem a remuneração. Cada empresa de capital aberto é aconselhada a levar em consideração a razão entre a remuneração dos altos executivos e a do funcionário médio. As empresas devem levar em conta o impacto da remuneração dos altos executivos sobre a sustentabilidade no longo prazo da empresa. A União Europeia está pensando em proibir que as bonificações dos banqueiros sejam superiores a duas vezes o nível da remuneração fixa, especialmente depois de tomar conhecimento das substanciais bonificações concedidas por alguns dos principais bancos europeus.[42]

Fechar as brechas fiscais

Existem muitas brechas e deduções que, em conjunto, valem mais de US$1 trilhão e que beneficiam predominantemente os ricos. As brechas fiscais não são ilegais, mas representam uma clara vantagem para os norte-americanos ricos, sem oferecer nenhuma vantagem compensatória para os pobres. Essas brechas, ao lado da desregulamentação de Wall Street, tornaram os ricos mais ricos e a Grande Recessão inevitável. Também fizeram com que o governo deixasse de receber muitos bilhões de dólares que, de outra maneira, poderiam ter ajudado a reduzir o grande déficit anual dos Estados Unidos. Ralph Nader, o principal crítico norte-americano do consumismo, declara que gostaria de ver todos os rendimentos, desde os salários até os dividendos, ganhos de capital e aluguéis, igualmente tributados para eliminar as brechas. Eis as três principais brechas fiscais.[43]

1. *Alíquota de imposto sobre ganhos de capital.* As pessoas que investem em valores mobiliários durante mais de um ano e depois os vendem eram antigamente tributadas em 15%, e não por sua alíquota normal de imposto de renda. A alíquota de imposto sobre ganhos de capital foi elevada para 20% e mais 3,8% temporários (ou 23,8%). O propósito dessa lei tributária é incentivar os investidores a permanecer com os valores mobiliários nos quais acreditam, em vez de mudar frequentemente de posição. O problema é que quase todas as pessoas ricas basicamente colocam seu dinheiro em papéis que são mantidos por mais de um ano, de modo que sua alíquota de

imposto sobre ganhos de capital é de 20 a 23,8%. Isso contrasta com os assalariados, cuja renda é tributada em até 35%. Quando Mitt Romney se candidatou à presidência, em 2012, foi divulgado que ele havia recebido US$13,7 milhões em 2011, mas pagara apenas 14,1% de imposto de renda. O financista Warren Buffett declarou que se sentia envergonhado por pagar apenas 15% de imposto de renda, uma alíquota substancialmente inferior à que sua secretária pagava.[44] Buffett vem defendendo uma alíquota mais elevada para as pessoas das faixas de renda superiores que se beneficiam ao pagar impostos com alíquotas mais baixas sobre os investimentos de capital do que aquelas aplicadas aos rendimentos regulares. Estima-se que essa brecha tenha custado ao Tesouro dos Estados Unidos US$457 bilhões entre 2011 e 2015.

Existe também uma iniciativa para acabar com o tratamento de ganhos de capital nos casos de "taxa de performance". Essa é uma parcela de quaisquer lucros que os sócios solidários de participações privadas e fundos hedge recebem como remuneração, embora não tenham contribuído com nenhum capital inicial. Esse método de remuneração busca motivar o sócio solidário (ou seja, o gestor do fundo) a trabalhar para melhorar o desempenho do fundo. Tradicionalmente, o valor da taxa de performance gira em torno de 20% do lucro anual do fundo. Embora todos os fundos tendam a ter uma pequena taxa de administração, ela se destina apenas a cobrir os custos de administração do fundo, exceto remunerar o gestor. A taxa de performance se destina a atuar como a principal fonte de renda do sócio solidário.[45]

A crítica é que aplicar um imposto de ganhos de capital de apenas 15% ou 20% à taxa de performance é outro exemplo de um tratamento preferencial do imposto de renda que beneficia os muito ricos. O sócio solidário de um fundo hedge deveria pagar um imposto comum sobre sua renda porque essa é uma recompensa por seu trabalho de administrar o fundo, e não pelo capital que tem.

2. *Dedução dos juros da hipoteca residencial.* Qualquer pessoa que compre um imóvel com hipoteca pode deduzir os pagamentos de juros em sua declaração de imposto de renda. O propósito dessa dedução é incentivar a propriedade imobiliária com base na ideia de que, se as pessoas possuírem imóveis (em vez de alugá-los), criarão mais raízes em suas comunidades e cuidarão melhor delas. (Repare que a maioria das outras nações industrializadas não oferece essa dedução e, mesmo assim, as pessoas compram imóveis.) Estima-se que essa brecha tenha custado ao Tesouro dos Estados Unidos US$464 bilhões entre 2011 e 2015. Ela equivale ao fato de os não proprietários de imóveis (ou seja, os inquilinos) subsidiarem os proprietários de imóveis. Um proprietário com renda superior a US$200 mil por ano obtém um benefício tributário anual de mais de US$2.200. Ele obtém outro benefício tributário de hipoteca caso possua uma segunda propriedade, o que, basica-

mente, favorece as pessoas ricas, que são aquelas com maior probabilidade de ter um segundo imóvel. Além disso, a maioria desses imóveis das pessoas com renda elevada se situa na Califórnia e no Nordeste do país, oferecendo, portanto, um benefício que é geograficamente desigual.

3. *Tributação sobre rendimentos no exterior das empresas norte-americanas.* As empresas que operam internacionalmente conseguem evitar o imposto sobre rendimentos recebidos no exterior desde que não os tragam para os Estados Unidos. Em 2013, as mil principais empresas do país informaram US$2,1 trilhões nesses rendimentos.[46] Empresas como Apple, GE, Pfizer, Merck e outras mantêm seu dinheiro em paraísos fiscais no exterior. Se elas trouxessem esse dinheiro para os Estados Unidos, a alíquota de imposto efetiva seria de 35%. Como elas não o fazem, seus acionistas não recebem nenhum benefício desse dinheiro na forma de dividendos, e a empresa tampouco pode usar essa renda para comprar de volta suas ações. A Apple, por exemplo, está (ironicamente) até mesmo pensando em levantar dinheiro emitindo títulos para pagar dividendos mais elevados a seus acionistas ou comprar de volta suas ações. Enquanto isso, o Tesouro dos Estados Unidos se abstém de tributar a renda da Apple no exterior. Isso nos faz pensar se não seria melhor que o governo reduzisse a alíquota de imposto sobre a renda corporativa auferida no exterior para 10% ou 20% se as empresas trouxessem de volta boa parte desse dinheiro para investir no país.

O problema pode estar se tornando ainda pior. Algumas empresas estão pensando em se reincorporar em outro país onde a alíquota de imposto corporativo seja mais baixa. Por exemplo, a Pfizer — a maior empresa farmacêutica dos Estados Unidos — está planejando comprar a AstraZeneca, outra empresa da indústria farmacêutica, e reincorporar a empresa combinada no Reino Unido. Essa medida é chamada de "inversão". Cinquenta companhias norte-americanas usaram a inversão para evitar pagar impostos nos Estados Unidos nos últimos trinta anos, e vinte delas fizeram a mesma coisa nos últimos dois anos. O país está agindo para evitar essa brecha, especialmente para as companhias cuja receita seja superior a 80%.[47]

Melhorar os programas de pagamentos de transferência

Os pagamentos de transferência representam dinheiro que é dado pelo governo a seus cidadãos. Entre os exemplos estão alguns tipos de créditos fiscais, Previdência Social, seguro-desemprego, bem-estar social e pagamentos de incapacidade ou invalidez. Aqui estão duas áreas em que os pagamentos de transferência poderiam se tornar mais equitativos:

- *Fortalecer o crédito fiscal para o rendimento do trabalho.* Os Estados Unidos administram um grande programa de transferência de dinheiro para ajudar os pobres, o qual custou US$61 bilhões em 2010. Esse programa fornece até US$3.305 por ano a famílias trabalhadoras com um filho e até US$6.143 para aquelas com três ou mais filhos. O programa não foi estendido para ajudar as pessoas sem filhos com uma renda muito baixa. A ampliação do crédito fiscal poderia tornar possível acabar com os vales-alimentação e um conjunto de diversos tipos de auxílio destinados a proporcionar uma vida digna a todos.

- *Aplicar uma "investigação da situação econômica" antes de efetuar pagamentos de transferência.* Lembro-me de uma pessoa rica que se queixou de estar recebendo um cheque da Previdência Social de US$3.500 todos os meses. Embora legalmente essa pessoa tenha direito a tal quantia por causa da sua longa história de depósitos no fundo de Previdência Social, afirma que não deveria estar recebendo esse valor. Os pagamentos de transferência federais não deveriam ser feitos a pessoas que têm uma boa renda ou uma riqueza substancial. Um número excessivo de pessoas que estão desempregadas e não são efetivamente incapacitadas solicita e recebe benefícios de incapacidade. Os pagamentos da Previdência Social deveriam estar sujeitos a uma investigação da situação econômica dos solicitantes.

MEDIDAS PARA A REDUÇÃO DAS GRANDES DIFERENÇAS NA RIQUEZA

Precisamos abordar um problema diferente — a saber, as grandes diferenças na distribuição da riqueza, e não apenas na distribuição da renda. O 1% superior das pessoas que recebem rendimentos têm um ganho líquido de 25% da renda total em um ano. Mas o 1% das unidades familiares mais ricas detêm 40% da riqueza da nação[48]. E 10% dos lares mais ricos detêm 70% da riqueza do país. A revista *Forbes* relatou que havia 1.211 bilionários em 2011, um aumento de 20% com relação aos 982 em 2010. Ao investir essa fortuna, os super-ricos aumentam ainda mais a altamente distorcida distribuição de riqueza.

De acordo com o relatório de 2014 da Russell Sage Foundation, a riqueza da unidade familiar mediana nos Estados Unidos caiu substancialmente nos últimos anos.[49] A riqueza da unidade familiar consiste no valor do imóvel, da poupança e das ações e títulos de um indivíduo, menos a dívida da unidade familiar mediana no país. A riqueza da unidade familiar mediana em 2003 era de US$87.992, subiu em 2007 para US$98.872, caiu em 2009 para US$70.801 e, em 2013, caiu para US$56.335. É possível ver como um grande problema poderá facilmente destruir a riqueza de US$56.335 de uma unidade familiar mediana norte-americana.

Por que a elevada concentração de riqueza é um problema? Basicamente, isso contraria os princípios de uma sociedade democrática, em que cada pessoa qualificada deveria ter um voto. Hoje em dia, no entanto, as famílias abastadas têm influência desproporcional no resultado das eleições. Os super-ricos se comportam mais como oligarcas devido à sua capacidade de influenciar a política pública. Estamos vivendo em uma democracia ou em uma plutocracia?

Além disso, deve-se reconhecer que a maioria das pessoas mais ricas de hoje são ricas por herança, e não devido à sua contribuição. No entanto, são capazes de fornecer aos candidatos conservadores grandes somas para as campanhas eleitorais. O *Huffington Post* informou que o bilionário

Charles Koch se comprometeu a doar US$40 milhões para remover Barack Obama do cargo nas eleições presidenciais de 2012, enquanto seu irmão David Koch se comprometeu a doar US$20 milhões.[50]

A Suprema Corte decidiu, no caso Citizens United, que uma corporação poderia ser chamada de "pessoa" e, sob a proteção da "liberdade de expressão", criar ou doar quantias substanciais para novas organizações sem fins lucrativos, a fim de propagar pontos de vista conservadores. A opinião das famílias e corporações ricas, que fazem grandes doações a candidatos conservadores, tem muito mais peso para influenciar aqueles que se tornam nossos legisladores e a maneira como irão votar. As famílias da classe trabalhadora carecem do dinheiro para influenciar pessoalmente as eleições e podem contar apenas com seus sindicatos, que estão encolhendo, para exercer alguma influência contrária. A moral da história é que grandes extremos de renda e riqueza podem diminuir ou destruir o poder das pessoas de votar nos melhores candidatos.

O que pode ser feito para reduzir a grande concentração de riqueza? Em primeiro lugar, temos de aumentar os impostos de transmissão do espólio para os herdeiros. Hoje, o espólio de uma pessoa super-rica é isento de imposto sobre os primeiros US$5 milhões deixados para cada herdeiro. A alíquota de imposto sobre o restante do espólio é de 55%. Essa alíquota pode ser ainda aumentada para reduzir a concentração da riqueza. Warren Buffett sabiamente observou que "uma pessoa muito rica deve ser capaz de deixar para seus filhos o suficiente para que façam qualquer coisa, mas não o bastante para que não façam nada". Esse comentário capta o espírito de quanto dinheiro a pessoa deve deixar para seus herdeiros.

Os planos de remuneração estabelecidos pelas empresas para seus principais executivos é outra área a ser reformada. Buffett estava do lado certo nessa questão, mas mudou abruptamente de opinião quando teve de lidar com o plano da remuneração executiva da Coca-Cola. Buffett possui mais de 9% das ações da Coca-Cola e é seu maior investidor. Outro acionista da Coca-Cola declarou que "a companhia supõe que o plano de 2014 venha a conceder uma combinação de 60% de opções, 40% de ações plenamente valorizadas, resultando na emissão de 340 milhões de ações da Coca-Cola", que transferiria cerca de US$13 bilhões dos acionistas para a direção executiva. Esse acionista encarou isso como uma "apropriação ultrajante".[51]

No passado, Buffett se manifestou contra a remuneração exagerada dos executivos. Em uma reunião de 2009, por exemplo, Buffett declarou que esperava que os investidores institucionais "falassem abertamente dos casos mais clamorosos".[52] No entanto, nesse caso, Buffett decidiu se abster de votar contra o novo plano de remuneração da Coca-Cola por não querer desanimar os membros da direção executiva da empresa, por quem nutria um grande respeito. Isso aconteceu apesar de Buffett ter declarado, certa vez, que as opções de compra de ações equivaliam a "distribuir de graça bilhetes da loteria" e que deveriam ser minimizadas.[53] Muitas pessoas ficaram desapontadas com o fato de Buffett não ter tido a coragem de pôr em prática suas convicções.

Enormes bonificações pagas aos altos executivos também distorcem a concentração desigual da riqueza. Essas bonificações, com frequência, estão terrivelmente em desequilíbrio com a efetiva contribuição desses executivos para os lucros da empresa. No entanto, alguns deles recusaram as bonificações a que tinham direito. Virginia Rometty,

CEO da IBM, receberia uma bonificação de US$8 milhões com base no desempenho da companhia e decidiu não aceitá-la. O CEO da Barclays, Antony Jenkins, recusou sua bonificação de US$2,8 milhões pelo segundo ano consecutivo, dizendo o seguinte: "Não seria correto aceitá-la". Do mesmo modo, Stephen Hester, do Royal Bank of Scotland, recusou suas bonificações anuais de desempenho.[54] Poderíamos dizer que essas pessoas têm um senso razoável do que é justo e adequado.

Embora tenham tantas vantagens que as ajudam a aumentar sua fortuna, muitas pessoas abastadas ficam ressentidas com as propostas de aumento dos impostos. O investidor bilionário Tom Perkins, da empresa de capital de risco Kleiner Perkins Caufield & Byers, lamentou a crítica pública do "1%" e a comparou aos ataques nazistas aos judeus. Stephen Schwarzman, do Blackstone Group, declarou que a eliminação das brechas fiscais "equivalia à invasão da Polônia por Hitler em 1939". Esses plutocratas reagem com um misto de paranoia e megalomania, em vez de refletir a respeito do problema que a excessiva riqueza representa para a economia como um todo.[55] Além disso, suas metáforas são afrontosamente inadequadas.

Existe toda uma indústria envolvida em ajudar os super-ricos a reter sua riqueza além do último membro vivo da família, continuando, inclusive, até os netos de seus netos. O estado da Dakota do Sul criou os "fundos fiduciários de dinastias" para ajudar as famílias ricas a escaparem para sempre dos impostos sobre o patrimônio. Em janeiro de 2013, o Congresso permitiu que famílias constituíssem um fundo fiduciário de US$5 milhões que teria sigilo absoluto. Advogados inventaram estratégias mais complicadas ainda para proteger fortunas muito maiores.[56]

Novamente, isso levanta a possibilidade de os impostos mais elevados sobre o patrimônio conduzirem a mais sonegação e também levarem as pessoas talentosas a trabalharem menos ou ameaçarem deixar o país. Eu argumentaria que existem muitas pessoas talentosas conscientes de seus deveres cívicos esperando para galgar os degraus da riqueza e assumir seu lugar. O principal problema, claro, é quem iria receber a riqueza redistribuída? Será ela, em última análise, usada pelo governo para aumentar os salários e os empregos? Ou será utilizada em mais gastos com a defesa e processos burocráticos?

Precisamos examinar também outras fontes de riqueza e verificar se precisam ser um pouco podadas. Por exemplo, o país talvez seja excessivamente generoso em seus subsídios para aqueles que procuram petróleo. A Exxon Mobil teve uma renda líquida de US$30 bilhões em 2012. Os conselhos diretores das empresas talvez sejam generosos demais nos pacotes de remuneração que configuram para os CEOs. Há relativamente pouco tempo, o pagamento líquido do CEO médio era de 20 a 40 vezes o dos rendimentos do trabalhador médio. Hoje em dia, um CEO médio nos Estados Unidos pode ter uma remuneração líquida que equivale a 300 vezes a do trabalhador médio de sua empresa. Se o CEO recebe isso, pense, então, no que deve ser pago aos vice-presidentes da empresa. Isso significa que o custo de administrar uma grande companhia norte-americana é enorme em relação ao de suas concorrentes estrangeiras. Por exemplo, em geral, a remuneração líquida de um CEO japonês é de cerca de 100 vezes a do trabalhador médio.

Há alguma maneira realista de limitar o acúmulo de riqueza? O economista francês Thomas Piketty afirma que a desigualdade de riqueza continua a crescer porque, nesse período, "a taxa de retorno sobre o capital... é maior do que a taxa de crescimento da economia".[57] Ele considera o fato de a renda proveniente do capital continuar a exceder a renda proveniente de salários um fenômeno mundial. Sua solução preferida é "um imposto global sobre a riqueza aliado a alíquotas de imposto mais elevadas sobre os maiores rendimentos". A riqueza, ou o capital, incluiria os bens reais: terra, casas, recursos naturais, prédios comerciais, fábricas, máquinas, software, patentes, ações e títulos. As unidades familiares teriam de declarar seu patrimônio líquido às autoridades fiscais e pagar o imposto de 1% (no caso de unidades familiares com um patrimônio líquido entre US$1 milhão e US$5 milhões) e de 2% (no caso de patrimônios líquidos superiores a US$5 milhões). Piketty acrescenta que um imposto progressivo ainda mais acentuado de 5% ou 10% sobre a riqueza superior a €1 bilhão ajudaria a dissolver essas fortunas. Nos Estados Unidos, isso significaria que as 16 mil pessoas (o centésimo superior de 1%) que têm um patrimônio líquido combinado de US$6 trilhões pagariam impostos substanciais e, esperançosamente, o dinheiro seria usado para melhorar a educação e a saúde da população.

Piketty reconhece que sua proposta fascinante traz alguns problemas. Em primeiro lugar, os ricos gritariam que isso reduziria os incentivos e a inovação. (Piketty não acredita que a inovação venha a ser prejudicada.) Segundo, essa proposta jamais seria apresentada, ou aprovada, porque os políticos dependem excessivamente da riqueza para serem reeleitos. Terceiro, os ricos transfeririam sua riqueza para outros países nos quais esse imposto sobre a riqueza não existisse. (Eles a transfeririam para a Espanha, por exemplo, que tributa a riqueza com uma alíquota de 2,5% dos bens.) Todos os países teriam de aprovar esse imposto sobre a riqueza, o que, claramente, é uma ideia utópica. Piketty é realista, mas apresenta sua proposta como um padrão com relação ao qual outras propostas para reprimir o crescimento da desigualdade da riqueza poderão ser julgadas.

O economista Branko Milanovic, do Banco Mundial, fez o seguinte comentário a respeito de *O capital no século XXI*, de Piketty: "Estamos na presença de um dos livros decisivos no pensamento econômico." Paul Krugman declarou que "será o mais importante livro de economia do ano — e talvez até da década".[58] Krugman acredita que o livro de Piketty tem o potencial de criar uma mudança fundamental nas atitudes do público no que diz respeito à crescente desigualdade da riqueza.[59] A publicidade que o livro vem recebendo está conscientizando as pessoas de que nem toda grande riqueza resulta de meritocracia, segundo a qual a grande riqueza é conquistada e merecida. Boa parte da renda dos ricos não está chegando a eles sob a alegação de serem "geradores de empregos". Grande parte da renda deles provém dos bens que eles possuem ou de sua herança.

O livro de Piketty está deixando os mais abastados preocupados porque eles não conseguiram derrubar suas premissas. Eles recorrem a insultos, dizendo que o livro é "marxista", "coletivista" ou "stalinista". Os ricos estão batendo politicamente em retirada e usarão seu dinheiro para confundir o público o máximo possível com relação às verdadeiras questões. Um mistério que não foi solucionado é como é possível que um número tão grande de norte-americanos que são pobres, da classe trabalhadora ou até mesmo da classe média identifique seus interesses com os do partido político cuja base é defender os interesses dos super-ricos.

O verdadeiro desafio é convencer os mais abastados de que pagar impostos mais elevados beneficiaria tanto a eles quanto ao público em geral. É possível usar argumentos de que as estradas e a infraestrutura serão melhoradas, de que os trabalhadores terão mais dinheiro para gastar nos negócios de propriedade dos ricos e de que o público pensará que o sistema tributário é mais justo e estará disposto a aceder mais prontamente. Se o governo conseguir demonstrar que suas operações são eficientes e que o dinheiro procedente dos impostos está sendo aplicado nas causas corretas, as pessoas se mostrarão mais dispostas a pagar sua cota justa de impostos. No final, é melhor avançar rumo a um orçamento que preconize a preservação das brechas fiscais, a redução dos impostos e a diminuição dos investimentos em educação, saúde e infraestrutura ou desenvolver um sistema que arrecade mais dinheiro por meio de um sistema tributário justo e eficiente e que o use para melhorar a vida das pessoas?

Claramente, existe um conjunto de soluções interessantes para reduzir as acentuadas diferenças entre os rendimentos dos super-ricos e os dos outros grupos — soluções que provavelmente não prejudicarão nem os incentivos nem a produtividade. Não se trata de um problema razoável de economia. É a maneira como a política interfere na economia e permite que os mais endinheirados e seus porta-vozes confundam os cidadãos comuns no que diz respeito ao que reside no verdadeiro interesse deles e no interesse do país no longo prazo.

Vamos retornar à nossa questão inicial a respeito de o capitalismo estar ou não intrinsecamente destinado a produzir pouco para os pobres e a trazer rendimentos e riquezas imensos para os poucos. Essa pode muito bem ser a tendência do livre-mercado ou do capitalismo desregulado.

Mas, se for esse o caso, o capitalismo conteria as sementes de sua própria destruição. Por quê? O capitalismo depende de que os consumidores tenham dinheiro suficiente para adquirir os bens e serviços que a máquina econômica capitalista produz. Sem elevar a renda real no bolso da maioria dos cidadãos, o resultado são estoques excessivos de mercadorias, a desaceleração do investimento e da produção, e o aumento da taxa de desemprego. A quantidade de pessoas desempregadas poderá chegar ao ponto de inspirar um levante e um ataque não apenas contra os ricos, mas também contra o próprio capitalismo.

Em última análise, o capitalismo será julgado com base no grau em que melhora a vida de seus cidadãos. Um bom modo para começar seria com um regime tributário mais justo sobre a riqueza.

3. Trabalhadores sitiados

Tenha um coração que nunca endurece, uma calma que nunca se cansa e um toque que nunca magoa.

CHARLES DICKENS

O capitalismo foi bom para a classe trabalhadora? Essa pergunta era fundamental na batalha entre capitalismo e comunismo. O sistema comunista sustentava que os trabalhadores eram explorados no capitalismo. Os defensores do capitalismo diziam que os trabalhadores no mundo inteiro tinham uma vida melhor por causa dele.

Karl Marx desenvolveu a teoria do valor-trabalho — ou seja, todo valor era proveniente do tempo e do esforço do trabalhador na produção e na distribuição. Até mesmo o capital que é usado na produção representa o trabalho anterior da mão de obra. Marx descreve o capitalismo como possuidor de uma estrutura institucional em que uma pequena minoria, os capitalistas, tem o monopólio dos meios de produção. Os trabalhadores só conseguem sobreviver se trabalharem para os capitalistas, e o Estado reforça essa desigualdade de poder. Existe um *exército de reserva de trabalhadores desempregados* que desvaloriza os rendimentos potenciais dos trabalhadores empregados, que são explorados.

A exploração dos trabalhadores era clara durante a Revolução Industrial na Grã-Bretanha. Os mineiros de carvão trabalhavam dez horas por dia, seis dias por semana, voltavam exaustos para casa e morriam cedo. Os operários das fábricas incluíam crianças, que não tinham tempo para ir à escola, trabalhavam nas linhas de montagem, fazendo o mesmo trabalho dia após dia, por um mísero salário.

A exploração dos trabalhadores também era clara nos Estados Unidos, especialmente no caso dos novos imigrantes, que trabalhavam em péssimas condições de trabalho, e dos trabalhadores migratórios, que trabalhavam nas fazendas ganhando centavos. Avalie estes dois livros importantes:

The Jungle (1909) [*A selva*, em tradução livre], de Upton Sinclair
- Sinclair descreveu a dura vida dos imigrantes em Chicago e expôs as violações de saúde e práticas insalubres no setor de empacotamento de carne no início do século XX. O livro retrata a pobreza da classe trabalhadora, a ausência de programas sociais, condições de vida e de trabalho duras e desagradáveis, bem como a desesperança que reinava entre muitos trabalhadores, em contraste com a corrupção profundamente arraigada das pessoas que estavam no poder.

As vinhas da ira (1939), de John Steinbeck
- Uma família esforçada porém pobre perde sua casa para os bancos durante a Grande Depressão da década de 1930 e depois é obrigada a se mudar de Oklahoma devido à longa seca que resultou na Dust Bowl.* Oito membros da família entram no único caminhão que possuem e se dirigem à terra prometida da Califórnia, mas, ao chegarem lá, descobrem que há poucos empregos para colhedores de frutas, que, ainda por cima, pagam uma ninharia. Esse trabalho escasso desaparece com o fim da estação.

Hoje, nos Estados Unidos, a exploração dos trabalhadores ainda existe em áreas de commodities em que migrantes estão empregados. Esses trabalhadores que colhiam tomates na Flórida foram molestados e intimidados por muitas décadas, sem direito a intervalos para descanso, embora a temperatura fosse de 35°C ao sol. Os chefes de grupo frequentemente molestavam as mulheres, exigindo sexo em troca de empregos fixos.[1]

A exploração de trabalhadores é encontrada em muitas partes do mundo. Em 2012, a Organização Internacional do Trabalho (OIT) estimou que aproximadamente 21 milhões de pessoas no mundo estavam vivendo e trabalhando em condições de quase escravidão, incluindo a servidão para pagar as dívidas, o trabalho forçado, o trabalho infantil, o tráfico de pessoas e o tráfico de sexo. Os trabalhadores vão

---

*Nuvens de poeira que varreram comunidades inteiras do Meio-Oeste norte-americano, tendo sido talvez o pior desastre ambiental da história dos Estados Unidos. (*N. da T.*)

para esses lugares a fim de ganhar dinheiro, mas o custo do transporte, do aluguel e da comida faz com que sobre muito pouco, de modo que sua dívida aumenta e eles ficam sem os recursos necessários para voltar para casa.[2]

A exploração do trabalho é uma característica inerente ao capitalismo? Caso seja, é corrigível por políticas públicas que limitem as horas de trabalho e melhorem a segurança, o salário e os benefícios dos trabalhadores? Ou pode ser corrigida pela ação conjunta de empresas esclarecidas que se recusem a usar fornecedores que cometem abusos contra seus trabalhadores? Como um exemplo desta última situação, um consórcio de empresas, entre elas Wal-Mart, McDonald's, Yum Brands, Publix, formou a Coalition of Immokalee Workers, que se recusou a comprar tomates de agricultores que estavam maltratando ou pagando mal seus trabalhadores.

As condições de trabalho geralmente decorrem do fato de os trabalhadores serem abundantes ou escassos. Se forem abundantes, a empresa fixará um salário baixo. Se forem escassos, a empresa pagará salários mais elevados. No entanto, em ambos os casos, o nível do pagamento dificilmente se aproxima de um *salário digno*.

A ORGANIZAÇÃO DOS SINDICATOS

Quando os trabalhadores se sentiram fortemente prejudicados por causa dos baixos salários e das péssimas condições de trabalho, tentaram organizar sindicatos. As empresas em geral combatiam os sindicatos e a ideia dos acordos coletivos, argumentando que os trabalhadores eram livres para ir embora quando quisessem e que os sindicatos violavam seus direitos de propriedade privada. Embora as companhias preferissem que não houvesse sindicatos, algumas aceitaram os modelos "abertos", que não obrigavam os trabalhadores a se filiar ou pagar taxas de afiliação. Os sindicatos tentaram insistir nos modelos "fechados", que exigem que todos os trabalhadores paguem essas taxas, porque isso confere mais dinheiro e potencial humano para lutar contra a direção da empresa e entrar em greve se necessário. O sindicato fechado também evita os "aproveitadores", ou seja, os trabalhadores que se beneficiam de um sindicato sem pagar nenhuma contribuição.

Nos primeiros dias do movimento sindical, houve greves acirradas durante as quais várias empresas contrataram gângsteres para dissolver os piquetes de trabalhadores. A Greve da Pullman, que começou no dia 11 de maio de 1894, mostrou o ódio que podia ocorrer nas relações entre os trabalhadores e a direção de uma empresa. A Pullman Company fabricava vagões ferroviários. Quando a demanda caiu, a companhia despediu muitos trabalhadores e reduziu os salários daqueles que conservaram o emprego, mas não diminuiu os aluguéis na comunidade da Pullman, onde muitos trabalhadores moravam. Quase 4 mil operários de fábrica começaram uma greve ilegal que acabou afetando 250 mil trabalhadores em 27 estados. Tumultos e sabotagem causaram um prejuízo de US$80 milhões e trinta pessoas morreram. Os trabalhadores de muitas indústrias se sentiam explorados, fazendo greves frequentes e, não raro, duradouras, que custavam caro tanto para os trabalhadores quanto para a direção das empresas e para o país como um todo.

As greves eram a grande arma dos sindicatos. Os Estados Unidos aprovaram leis que autorizavam os sindicatos trabalhistas a fazer greves e a ter o direito de firmar acordos coletivos. Os sindicatos lutavam em prol de um "salário digno" e benefícios satisfatórios, entre eles férias, seguro-saúde e horas extras mais bem remuneradas. Também pressionavam os legisladores para que aprovassem a lei do salário mínimo. Em 1955, eles fizeram pressão para conseguir o salário mínimo de US$1 por hora. As empresas consideraram esse valor ultrajante, alegando que destruiria a economia. Os sindicatos, porém, acabaram conseguindo seu objetivo, embora o salário mínimo raramente correspondesse a um valor digno.

A QUESTÃO DOS SALÁRIOS MÍNIMOS

Hoje, o salário mínimo nos Estados Unidos é de US$7,25 por hora e está em vigor desde 2009. Esse valor está substancialmente abaixo de um salário digno! Uma pessoa que ganhe US$7,25 por hora e trabalhe quarenta horas por semana não conseguirá pagar o aluguel médio do apartamento de um quarto em nenhum município do país. Em Seattle, um apartamento desse tipo requereria um salário mínimo de US$17,56 e, em San Mateo County, na Califórnia, teria de ser de US$29,83.[3] É óbvio que o salário mínimo de US$7,25 por hora está calamitosamente inadequado.

O MIT preparou um calculador do salário digno para compreender esses hiatos entre o que os norte-americanos recebem e o que *precisam ganhar* para cobrir necessidades básicas. O salário digno não diz respeito a um estilo de vida da classe média e cobre apenas os custos essenciais de moradia, comida, transporte, creches e saúde. Em 2013, o salário digno era de US$24,84 por hora em Massachusetts e US$16,88 no Mississippi. Esses níveis de salário digno são muito superiores ao salário mínimo atual e permanecem substancialmente acima do nível do novo salário mínimo proposto de US$10,10.[4]

Vamos examinar o que aconteceu com a renda dos trabalhadores depois da década de 1940. De 1940 a 1980, os trabalhadores desfrutaram um substancial aumento em sua renda e qualidade de vida, que certamente contrastou bastante com os anos da Grande Depressão que antecederam a Segunda Guerra Mundial. Nesse período, a grande classe média norte-americana se formou. O elevado nível de prosperidade começou a declinar na década de 1980 e continuou a cair nos 35 anos seguintes, resultando em uma classe média muito menor.

No período de 1990 a 2000, o 1% superior das pessoas que auferem rendimentos aumentou sua parcela da renda nacional de 14 para 22% (um aumento de 50%), enquanto os 99% remanescentes viram sua parcela da renda nacional cair de 86% para 78% (um declínio de 10%). Tendo em vista que 70% de nossa renda nacional provêm de gastos de consumo, essa queda no poder aquisitivo de massa da classe média desacelerou o crescimento da renda nacional.

No período de 2000 a 2006, o Sistema do Federal Reserve, sob a direção de Alan Greenspan, adotou uma atitude *laissez-faire* que impediu qualquer regulamentação do governo sobre o uso de derivativos financeiros, conduzindo à total revogação da Lei Glass-Steagall, o que deixou a comunidade financeira desregulada. Esse e outros fatores estabeleceram as condições que causaram a Grande Recessão de 2007-2011, a qual empobreceu ainda mais muitos trabalhadores, que também perderam suas casas.[5]

O que está acontecendo hoje?

Os trabalhadores estão se organizando para aumentar o salário mínimo. Por exemplo, os funcionários do setor de fast-food estão exigindo um mínimo de US$15 por hora — mais do que o dobro do valor atual. Os democratas do Senado querem elevá-lo para US$10,10 por um período de três anos. Em 2013, Washington, D.C., aprovou uma lei exigindo que a Wal-Mart pagasse a seus trabalhadores um "salário digno" de US$12,50 por hora pelo privilégio de abrir lojas da Wal-Mart na cidade. A empresa, que havia lutado arduamente por isso, ameaçou, então, reconsiderar seu ingresso na área de D.C.

Henry Ford, na década de 1920, era favorável ao aumento dos salários. Ele duplicou o pagamento dos trabalhadores não porque fosse altruísta, mas porque sua força de trabalho padecia de elevada rotatividade e absenteísmo, e ele sentia que seus funcionários tinham de ganhar o bastante para comprar os carros dele.[6] Os capitalistas frequentemente deixam de perceber a ligação entre os baixos salários dos trabalhadores e a falta de uma forte demanda de seus produtos, mas ninguém pode negar as credenciais de Henry Ford como capitalista.

Hoje em dia, alguns republicanos estão começando a apoiar o aumento no salário mínimo. Um republicano conservador, o multimilionário Ron Unz, está defendendo na Califórnia um referendo sobre o salário mínimo em duas etapas: primeiro, para US$10 por hora, em 2015, e depois para US$12 por hora, em 2016. Ele deseja pôr um fim ao que chama de "salários de pobreza". O raciocínio dele é muito claro e objetivo. O argumento é que as empresas, por não pagarem salários mais elevados aos seus funcionários, estão transferindo esse ônus para os contribuintes, que precisam arcar com os custos dos vales-alimentação e outros subsídios para ajudar os trabalhadores a conseguirem sobreviver. Ele estima que, os contribuintes pagaram anualmente US$250 milhões entre 2007 e 2011 para a assistência pública. Se as empresas pagassem uma cota justa, argumenta ele, os contribuintes economizariam US$1 trilhão em cinco anos. Além disso, o aumento no salário dos funcionários seria praticamente todo gasto com bens de consumo, o que incrementaria a economia da Califórnia, e o aumento no preço por empresa seriam mínimos.[7]

A cidade de Seattle aprovou um salário mínimo de US$15 que resultará em um aumento de 61% sobre seu mínimo atual de US$9,32.[8] Portland, Oregon, também aprovou o salário mínimo de US$15. Entre os que são contrários a esses aumentos estão não apenas os proprietários ou gerentes de restaurantes e outros provedores de serviços, como também grupos sem fins lucrativos que acreditam que eles produziriam um índice de desemprego excessivo, especialmente entre os imigrantes e os trabalhadores mais pobres. Defendem um aumento mais modesto nos moldes da proposta de US$10,10, do presidente Obama. Concordo que os salários mínimos devem ser aumentados, mas isso tem de ser feito em uma sequência programada de aumentos mais moderados.

A razão de toda essa pressão é que nem US$7,25, US$10,10, US$12,50 ou mesmo US$15 por hora equivalem a um salário digno. Os trabalhadores com baixos salários, especialmente os que trabalham em restaurantes de fast-food como o McDonald's, costumavam ser principalmente adolescentes ou mulheres em busca de ocupação em tempo parcial para complementar a renda familiar. Hoje em dia, muitos desses trabalhadores são mais velhos, têm mais instrução e toda a sua renda depende desses empregos com baixos salários, que são tragicamente inadequados. As pessoas que anotam os pedidos no McDonald's ou aquelas que trabalham nos caixas do Wal-Mart são os pobres trabalhadores. Muitos dependem de vales-alimentação e do Medicaid, quando conseguem ter acesso a eles.

O movimento em defesa de um salário mínimo tinha inicialmente a intenção de acabar com as péssimas condições de trabalho existentes. Hoje em dia, mais de 90% dos países do mundo contam com leis que regem o salário mínimo. Os níveis salariais variam significativamente em muitas jurisdições, não apenas ao prescreverem determinado valor, mas também ao tratarem de situações especiais, como o da renda que inclui gorjetas. Se o salário mínimo norte-americano tivesse acompanhado o crescimento médio da produtividade, hoje estaria em torno de US$17 por hora. Mas os ganhos de produtividade fluíram principalmente para os lucros, acionistas e executivos, e não para os trabalhadores. Esse fato contradiz a famosa declaração de Milton Friedman, de que o capitalismo distribui os frutos do progresso econômico por todo o povo. Não é verdade que todos os barcos subam com o aumento da produtividade.

Divergências com relação ao aumento do salário mínimo

Entre aqueles que se opõem ao aumento do salário mínimo estão grandes empresas como Wal-Mart, McDonald's e muitos restaurantes que estão pagando o mínimo de US$7,25 por hora. Essas empresas argumentam que os trabalhadores sairiam perdendo se o governo estabelecesse um salário mínimo "alto demais".[9] As empresas não apenas contratariam menos funcionários como também tentariam substituir a mão de obra por máquinas. Foi exatamente isso que aconteceu nas fábricas em que uma crescente quantidade da produção é hoje executada pela automatização e por robôs. O plano traçado para o futuro supermercado é receber dinheiro sem precisar dos caixas.

As empresas afirmam que contratarão menos funcionários se o salário mínimo for aumentado. Os trabalhadores ganhariam mais, porém os que não fossem contratados ficariam em pior situação. Os empresários se queixam de que também terão de aumentar os salários dos trabalhadores mais especializados, o que é chamado de "efeito dominó". As empresas advertem que também terão de aumentar os preços a fim de recuperar o custo e, nesse caso, os salários mínimos mais elevados prejudicarão as famílias, que terão de pagar mais pelos produtos. Esse poderia ser o caso das redes de fast-food, em que as margens de lucro são mínimas, pois teriam de aumentar os preços para cobrir o salário mais elevado. Pequenos estabelecimentos varejistas, como os restaurantes, advertem que talvez tenham de fechar as portas se o salário mínimo for maior. Os fabricantes se queixam de que esse aumento fará com que eles deixem os Estados Unidos e migrem para países onde a mão de obra é mais barata, o que diminuirá o número de empregos no país.

Até meados da década de 1990, havia um forte consenso entre os economistas, tanto conservadores quanto liberais, de que o aumento do salário mínimo provavelmente reduziria o emprego, especialmente entre os trabalhadores mais jovens e pouco especializados. Algumas pessoas propuseram que se estabelecesse um valor para os trabalhadores adolescentes, a fim de que pudessem adquirir experiência, mas isso faria com que as empresas passassem a contratar adolescentes em vez de trabalhadores mais velhos não qualificados.

Estabelecer o salário mínimo efetivo é um jogo de malabarismo que envolve tentar minimizar a perda de empregos e, ao mesmo tempo, preservar a competitividade internacional do país. Muitos fatores precisam ser levados em conta, entre eles o estado da economia, o potencial de inflação, o salário médio predominante, o nível de desemprego e a taxa de crescimento da produtividade.

Os sindicatos argumentam que o salário mínimo é particularmente necessário (1) quando os empregadores entram em conluio para manter os salários baixos; (2) onde existe baixa mobilidade de emprego, como nas cidades cuja economia gira em torno de uma única empresa, ou onde os trabalhadores relutam em deixar sua casa e os amigos e (3) nos lugares em que existem informações de mercado incompletas a respeito de onde poderão ser encontrados empregos com melhor remuneração.

Existem muitos estudos empíricos, de diversas correntes, a respeito do impacto do salário mínimo sobre o emprego, com constatações muito diferentes. O debate prossegue não apenas entre empresas e sindicatos, mas até mesmo entre os economistas. Em 2013, foi realizada uma pesquisa entre economistas acerca de sua opinião a respeito do impacto do salário mínimo sobre o emprego. Cerca de 34% dos entrevistados concordaram com a declaração "Elevar o salário mínimo federal para US$9 por hora tornaria visivelmente mais difícil para os trabalhadores não qualificados conseguirem emprego", ao passo que 32% discordaram dela, e os entrevistados remanescentes declararam não ter certeza ou não ter nenhuma opinião a respeito dessa questão.[10]

O economista Paul Krugman afirma a existência de provas concretas mostrando que estados que aumentaram por conta própria o salário mínimo não ficaram em desvantagem no item emprego em comparação aos estados que não o fizeram. Timothy Egan relata que "pesquisas realizadas em nove cidades e 21 estados que aumentaram o salário mínimo ao longo da última década não encontraram praticamente nenhum efeito no desemprego. As empresas passaram a ter menor rotatividade e maior produtividade por trabalhador, enquanto os preços dos restaurantes aumentaram apenas 2 ou 3%".[11]

Se ocorrem poucos efeitos adversos sobre o emprego, não seria melhor aumentar o salário mínimo em nível nacional? O Instituto de Política Econômica estimou que um aumento no salário mínimo nacional dos atuais US$7,25 para US$10,10 beneficiaria 30 milhões de trabalhadores. E, quando levamos em consideração que os beneficiados provavelmente gastariam toda a renda adicional em bens de consumo, o aumento poderia ter impacto de aceleração na renda e no emprego.[12]

PROPOSTAS ALTERNATIVAS PARA AJUDAR OS TRABALHADORES A OBTER UM SALÁRIO DIGNO

Alguns economistas e comentaristas políticos propuseram medidas alternativas para ajudar os trabalhadores não qualificados a melhorar sua renda. Essas medidas beneficiariam uma população mais vasta de pessoas com baixos salários e distribuiriam de forma mais ampla os custos, em vez de colocar todo o ônus na conta das empresas que têm um grande percentual de trabalhadores nessa situação. As propostas apresentadas incluem tributar mais intensamente os ricos, aumentar a facilidade de formar sindicatos e estabelecer mais programas governamentais de geração de empregos e treinamento no trabalho.

Uma proposta polêmica consiste em estabelecer uma *renda básica*, que fornece a cada cidadão a quantia suficiente para sua subsistência. Às vezes, isso é chamado de "imposto de renda negativo". Trata-se de um pagamento de transferência do governo proveniente da base tributária ampla, sem impor nenhuma perda de eficiência a diferentes grupos empresariais.[13] O argumento é que é mais dispendioso manter pessoas desempregadas do que mantê-las empregadas. Se elas estiverem desempregadas, receberão o seguro-desemprego, vales-alimentação e serviços sociais, o que custaria mais do que o governo pagar a elas para trabalhar em projetos úteis. Existe um número tão grande de projetos de trabalho úteis — corrigir a infraestrutura do país, cuidar dos idosos, ensinar a ler e escrever e assim por diante — que colocar cidadãos para trabalhar por meio de empregos financiados com dinheiro público seria bom para os desempregados e bom para o país.

A *renda mínima garantida* é uma variante que está condicionada a uma investigação da situação econômica e à disposição da pessoa de participar do mercado de trabalho do setor privado ou executar serviços comunitários. Vários argumentos foram apresentados a favor de o governo fornecer a cada cidadão uma renda mínima. Em primeiro lugar, ninguém passaria fome. Segundo, as pessoas poderiam deixar um emprego que detestassem e começar seu próprio negócio. Terceiro, o governo poderia eliminar a atual miscelânea ineficaz de programas (por exemplo, assistência social, vales-alimentação, certificados de moradia e outros) em prol de um sistema mais simples que, de uma só vez, cumpre a função de fornecer uma renda mínima para todos.[14]

Outra abordagem é chamada de *crédito fiscal restituível*, disponível apenas para unidades familiares que tenham recebido alguma renda, em que o governo pode reduzir o imposto devido para zero e adicionar um pagamento líquido para o contribuinte.[15]

Uma abordagem bem diferente (adotada na Alemanha, Itália, Suécia e Dinamarca) é chamada de *codeterminação*, de acordo com a qual o salário mínimo é determinado por um acordo coletivo na empresa ou no setor. Não existe salário mínimo determinado pelo governo.[16]

Uma proposta mais forte do que a codeterminação é defender a criação de mais *Empresas Autodirigidas dos Trabalhadores* (WSDEs — Workers' Self Directed Enterprises). Nesse caso, os trabalhadores possuem ações da companhia, o que é chamado de ESOP — Plano de Propriedade Acionária dos Empregados [Employee Stock Ownership Plan]. Eles participam da administração da empresa e das decisões no que diz respeito ao que é produzido, como é produzido, onde é produzido e como os lucros devem ser usados e distribuídos. Em geral, essas decisões empresariais são tomadas por um proprietário ou por investidores com menos consideração do impacto delas nos trabalhadores.

Algumas pessoas sugeriram levar mais trabalhadores a possuir ações da empresa em que trabalham ou de outras companhias, o que os transformaria em capitalistas que poderiam ter influência nas políticas corporativas. No entanto, esse resultado seria muito demorado porque hoje 1% dos acionistas norte-americanos possui 75% das ações existentes. Além disso, a maioria dos trabalhadores não tem uma poupança que lhes permita investir em ações ou títulos. Eles estão mais propensos a direcionar qualquer quantia adicional para a compra da casa própria do que a investi-la nessas áreas.

Existem ainda sugestões para a criação de um *plano de poupança universal* para a aposentadoria, além da Previdência Social. Os trabalhadores e seus empregadores vêm contribuindo para a Previdência para que os funcionários recebam pagamentos ao se aposentar. No entanto, no futuro, a renda da Previdência Social talvez não seja adequada. Um percentual de trabalhadores decidiu, de maneira independente, criar suas próprias contas de aposentadoria privada além da Previdência Social. Em média, um casal nos Estados Unidos tem uma conta de aposentadoria privada em torno de US$42 mil. Aqueles que defendem um plano de poupança universal sugerem que as empresas contribuam com US$0,50 por hora para cada funcionário em um plano com portabilidade administrado por um fundo de ciclo de vida, com taxas baixas, gerido de maneira privada. O dinheiro seria investido em uma combinação apropriada de ações e títulos. Nesse sentido, os trabalhadores se tornariam capitalistas em certo grau! Estima-se que uma pessoa que começasse a trabalhar aos 22 anos e tivesse um plano desse tipo viesse a se aposentar aos 67 anos com um saldo de US$160 mil, algo substancialmente maior do que o saldo médio atual de US$42 mil. Isso complementaria, de forma generosa, os contracheques da Previdência Social dos trabalhadores e possibilitaria que eles vivessem melhor quando se aposentassem.[17]

A QUESTÃO DA SATISFAÇÃO DO TRABALHADOR NO EMPREGO

Mesmo que os trabalhadores recebessem um salário digno, muitos, ainda assim, estariam insatisfeitos com seus empregos. Esse seria o caso dos empregos que envolvem o trabalho pesado, como os da construção civil; dos empregos perigosos, como os do setor da mineração; e dos empregos que são maçantes, como os de caixa, de repositor de supermercado ou o de colocar uma noz em cada pedaço de chocolate que vem da linha de produção. Mesmo nas profissões liberais, como advocacia ou magistério, existem muitas tarefas maçantes. O desafio que as empresas enfrentam é verificar se podem fazer alguma coisa para tornar o trabalho mais interessante para que seus funcionários fiquem mais felizes. Todo mundo já teve a experiência de fazer compras em uma grande loja como a Wal-Mart ou em uma rede de fast-food como o McDonald's e ver esses locais repletos de pessoas infelizes e pouco prestativas. Essas organizações encaram os trabalhadores, em grande medida, como um custo que precisa ser restringido. A Ikea administra seus 130 mil trabalhadores no mundo inteiro usando um software de gerenciamento da força de trabalho para escalá-los e treiná-los da maneira mais eficiente possível a fim de manter os custos baixos. No entanto, os clientes poderão ter a experiência de encontrar poucas pessoas no andar em que estão a quem possam fazer perguntas ou que se mostrem dispostas a se esforçar um pouco mais para ajudar o cliente.

Todavia, a opinião de que as empresas seriam mais lucrativas se pagassem melhor seus funcionários e os tratassem com mais atenção está se tornando mais difundida. As pessoas que estão mais satisfeitas no emprego se empenhariam mais em descobrir o que os clientes realmente desejam. Elas poderiam até ter permissão para exibir mercadorias e melhorar os mostruários, e acabariam vendendo mais produtos e serviços, o que, por sua vez, faria com que se sentissem mais satisfeitas no emprego. Funcionários de empresas como Costco, Trader Joe's, Nordstrom, Zappos, Lego e outras se sentem mais realizados, o que faz com que eles superem seus concorrentes em desempenho, mesmo que seus salários sejam comparativamente menores.

Examinemos Tony Hsieh, CEO da Zappos, cuja organização é altamente bem-sucedida na venda de sapatos on-line. Ele quer que a Zappos seja um lugar feliz para seus funcionários. Outras empresas estudaram seus métodos.[18] Sua consultoria, chamada "Delivering Happiness at Work" (Satisfação Garantida), consiste em um campo de treinamento de três dias para ensinar empresas a serem mais bem-sucedidas por meio da ciência da felicidade.

Paul Zak, pesquisador de neurociência, aventou a hipótese de que os funcionários que confiam na organização em que trabalham e enxergam um propósito maior em seu trabalho serão mais felizes (Confiança + Propósito = Felicidade). Sua equipe de pesquisa encontrou evidências que confirmam que os funcionários felizes são mais produtivos, mais inovadores e contribuem mais para o resultado final das empresas.[19] Constatações semelhantes foram relatadas por Zeynep Ton, professor de negócios do MIT, que declarou que, "ao contrário da opinião corporativa convencional, tratar muito melhor os empregados do varejo pode tornar todo mundo (inclusive os respectivos empregadores) muito mais rico".[20]

Algumas companhias progressistas vão mais além e querem investir para que seus funcionários tenham uma vida mais saudável. Nos Estados Unidos, o bem-estar no local de trabalho é uma indústria de US$6 bilhões. As empresas oferecem programas para melhorar a saúde e o bem-estar de seus funcionários, na esperança de que isso aumente a produtividade deles, reduza o risco de que contraiam doenças crônicas dispendiosas e faça com que controlem melhor os distúrbios crônicos.[21] Os programas de bem-estar das empresas têm duas partes: o controle do estilo de vida e o controle das doenças. O primeiro programa tenta ajudar os funcionários a ingerir alimentos mais saudáveis, parar de fumar e se exercitar regularmente a fim de evitar obesidade, diabetes, câncer, hipertensão e outros problemas de saúde. Já o segundo auxilia os funcionários que têm uma doença crônica a cuidar melhor de si mesmos, lembrando-lhes dos medicamentos receitados, dos exames laboratoriais e das consultas médicas. Muitos desses programas propiciaram melhor qualidade de vida aos funcionários e sólido retorno financeiro às empresas.

Um fator adicional da satisfação no emprego são as férias e os feriados remunerados. "Muito trabalho e pouca diversão", essa é a receita do desastre. O título de um relatório a respeito das horas de trabalho na China dizia que os chineses estão morrendo no emprego por causa do excesso de trabalho.[22] Os trabalhadores merecem e precisam de férias para renovar sua energia e sua qualidade mental. Os Estados Unidos são a única economia rica no mundo que não exige que os empregadores deem férias e feriados remunerados a seus funcionários.[23] Um em cada quatro norte-americanos não recebe férias ou feriados remunerados. Em contrapartida, na maioria dos países adiantados, as empresas são obrigadas a dar feriados remunerados além dos dias de férias. A União Europeia, por exemplo, garante legalmente aos trabalhadores pelo menos 20 dias de férias remuneradas por ano, e eles também recebem entre 5 e 13 feriados pagos por ano. A falta de férias e feriados remunerados nos Estados Unidos afeta especialmente os trabalhadores com baixa remuneração, os que trabalham em tempo parcial e os funcionários de pequenas empresas.

No capitalismo, as empresas operam para obter um lucro que renderá bom retorno aos proprietários e investidores. As empresas precisam manter seus custos baixos, especialmente os de mão de obra. Se houver uma oferta excessiva de mão de obra, os empresários se aproveitarão disso para pagar os menores salários possíveis, sejam valores dignos ou não. Isso leva os trabalhadores, em muitos casos, a se organizarem em sindicatos a fim de exigir melhor remuneração e obter o apoio do governo para legislar um salário mínimo. As empresas originalmente lutavam contra esses sindicatos e os impediam de se organizar, às vezes até com o apoio da polícia e violência. Mas os sindicatos e as negociações coletivas começaram a prevalecer em muitos países. Infelizmente, alguns trabalhadores desconfiam de que os sindicatos começaram a agir em causa própria e não têm aumentado de modo eficaz a renda da categoria. Hoje em dia, os sindicatos são fracos nos Estados Unidos, o que levanta a questão de por que tantos trabalhadores dos setores de fabricação e serviços se recusam a se sindicalizar. Uma amostra disso ocorreu no início de 2014, com a votação de trabalhadores em uma fábrica da Volkswagen, no Tennessee. O resultado foi que 712 trabalhadores votaram contra e 626 a favor do ingresso no United Auto Workers (UAW), marcando outra derrota para o movimento sindical.

É praticamente certo que esse movimento ajudou os trabalhadores a conquistarem salários mais elevados e mais benefícios, bem como a melhorarem sua qualidade de vida. Atualmente, a exploração dos trabalhadores se encontra em um nível mais baixo do que no passado, na maioria das economias desenvolvidas. Aumentar o salário mínimo é uma ferramenta para elevar a remuneração da maioria dos trabalhadores não qualificados. Alguns economistas também mencionaram outras opções, como renda mínima garantida, créditos fiscais restituíveis ou soluções de codeterminação entre a direção e os trabalhadores.

4. A geração de empregos face à crescente automatização

Em muitos casos, tarefas que costumavam ser executadas por pessoas poderão passar a ser feitas por meio da automatização. Não tenho uma resposta para isso. Esse é um dos problemas mais desconcertantes da sociedade.

JOHN SCULLEY

Queremos avaliar não apenas o bem-estar do trabalhador hoje em dia (ver Capítulo 3), mas também qual será a perspectiva para o bem-estar dele no futuro, examinando especificamente se o capitalismo poderá gerar empregos suficientes para as pessoas em um futuro marcado pela crescente automatização. A Organização Internacional do Trabalho, uma agência das Nações Unidas, estima que o número de pessoas desempregadas no mundo hoje é superior a 200 milhões, e a situação provavelmente ficará pior.[1]

Pense que, na década de 1870, 70% a 80% da população dos Estados Unidos trabalhava na agricultura. Hoje, o percentual da população empregada nessa área é inferior a 2%. Por sorte, o setor industrial aumentou e passou a fornecer empregos suficientes quando o setor agrícola declinou. Em 1973, a indústria era responsável por 22% do produto interno bruto norte-americano (PIB). No entanto, hoje, o setor industrial é responsável por apenas 9% do PIB. À medida que os setores da agricultura e da indústria diminuem, mais empregos precisam ser criados pelo setor de serviços. Este último conseguirá criar empregos suficientes com salários satisfatórios?

O IMPACTO DA TECNOLOGIA

Os primeiros alertas sobre a possibilidade de a tecnologia destruir empregos ocorreram durante a Revolução Industrial na Grã-Bretanha. Entre 1811 e 1817, as companhias na indústria de vestuário introduziram, sistematicamente, máquinas recém-desenvolvidas destinadas a economizar mão de obra, que ameaçavam substituir os artesãos por trabalhadores menos qualificados, com salários menores, deixando os primeiros desempregados. Trabalhadores de Nottingham, então, organizaram um movimento de protesto. Os manifestantes eram chamados de luditas, em alusão a Ned Ludd, um jovem que havia destruído duas máquinas de tecer meias em 1779. O movimento ludita se espalhou pela Inglaterra, envolvendo tecelões de teares manuais que ateavam fogo em fábricas e arruinavam máquinas, e outros grupos que destruíam fábricas de lã e algodão. O governo britânico reprimiu o movimento em 1817. Enquanto isso, artesãos qualificados formaram sociedades para ajudar os trabalhadores e tecelões da seda a lutar contra o desemprego e resistir ao ingresso da mão de obra "estrangeira" em seu ofício.

A tecnologia está acabando com muitos empregos, provavelmente mais rápido do que está criando novos. Ela extinguiu empregos e perturbou vários setores, entre eles o editorial, o musical, o varejista e o fabril. Podemos estar perdendo a corrida contra a máquina. Geoff S. Jones, operário de uma fábrica de automóveis, de 49 anos, acredita que a redução da necessidade de trabalhadores humanos também diminuirá a capacidade dos consumidores de comprar produtos. Eis o que ele escreveu na *MIT Technology Review*:

> Essas consequências conduzirão a algum tipo de colapso econômico se não forem corrigidas — a magnitude da mudança está além da capacidade de sobrevivência do nosso governo e das instituições financeiras. A necessidade corporativa de lucros cada vez maiores vai acelerar a utilização da robótica. Creio que isso seja inevitável e irrefreável. Parece um bom enredo para uma obra séria de ficção científica.[2]

Lembro-me de ter lido, há muitos anos, uma história de ficção científica a respeito de uma economia que se torna de tal maneira automatizada que praticamente não há trabalho para os seres humanos. Tudo o que é produzido está abundantemente disponível. Na realidade, o governo exige que os cidadãos consumam mais do que desejam a fim de manter em funcionamento o equipamento de fabricação. Alguns empregos ainda estão disponíveis e são intensamente disputados pelas pessoas. Estes são de uma geração que cresceu trabalhando, e querem continuar a fazer isso porque não existe nada mais que saibam ou desejem fazer com seu tempo.

Que nível de automatização uma fábrica pode atingir? A ideia da linha de montagem remete a Adam Smith, que afirmava que cada trabalhador deveria fazer apenas uma parte do produto, como a cabeça do alfinete, em vez do alfinete inteiro. Os trabalhadores não seriam mais artesãos que fabricariam o produto inteiro, e sim especialistas em um ato repetitivo.

No início do século XX, Frederick Winslow Taylor foi o precursor do desenvolvimento da "administração científica" para descobrir métodos destinados a aumentar a produção e reduzir a mão de obra. À medida que a produtividade do trabalho é aumentada, menos trabalhadores são necessários para atingir determinado nível de produção. Henry Ford aplicou vários métodos de Taylor ao desenvolvimento de linhas de montagem eficientes na fabricação de automóveis. De acordo com Simon Head, no livro *Mindless: Why Smarter Machines Are Making Dumber Humans* [*Mindless: por que máquinas mais inteligentes estão fazendo humanos mais burros*, em tradução livre], isso equivale a "estupidificar" os trabalhadores, transformando-os em robôs que aprendem a fazer bem apenas uma coisa, ou pelo menos rápido o bastante, para concluí-la antes que o produto avance pela linha de montagem.[3]

Os avanços na tecnologia permitiram que as empresas construíssem máquinas capazes de reproduzir o trabalho executado pelos funcionários. Elas passaram a ser cada vez mais acionadas por programas inteligentes para executar tarefas repetitivas. A direção executiva logo começou a visualizar a fábrica inteira sendo operada por uma única pessoa que observaria os monitores — além de um cachorro, para garantir que essa pessoa não pegaria no sono. Esse esforço da direção de controlar a produção e reduzir a mão de obra não se limitou à fábrica. À medida que o setor de serviços foi crescendo, a direção executiva desenvolveu "sistemas de controle digital cognitivos" para aumentar ou melhorar o rendimento dos serviços nas empresas desse setor. Simon Head analisa como a Cathay Pacific treinou suas comissárias de bordo a sorrir mais e como os professores universitários na Inglaterra são avaliados por indicadores de desempenho essenciais com base em "balanced scorecards", para determinar se devem ser promovidos. A questão é que existe um impulso em direção a robotizar o comportamento humano para torná-lo ainda mais previsível e eficiente.

A automatização pode reduzir o número de empregos no setor varejista? Sem sombra de dúvida! Isso já vem acontecendo. Os clientes que entravam na Jessops, uma loja britânica de câmeras de 78 anos, viam uma tabuleta irônica afixada na porta da frente: "A equipe da Jessops agradece por você comprar na Amazon."

À medida que mais negócios vão se mudando para sites como o da Amazon, muitas lojas vão fechar e se unir às fileiras da antiga rede de livrarias Borders, a Virgin Megastores (França), a rede de lojas de eletrodomésticos e produtos eletrônicos Comet (Grã-Bretanha) e a Tower Records (Estados Unidos). O fato é que, com frequência, os preços das mercadorias são menores nos sites, especialmente quando estão isentos de impostos sobre vendas. Além disso, os sites estão se esforçando arduamente para agilizar a entrega dos produtos para que o tempo de espera não desestimule as compras. Jeff Bezos comprou uma empresa chamada Kiva para fazer a triagem robótica em depósitos e atualmente investe em pequenos aviões teleguiados como um futuro sistema de entregas, para a consternação do U.S. Postal Service e do FedEx. Marc Andreessen, o capitalista de risco, fez a seguinte previsão: "As lojas varejistas vão fechar as portas e todos vão passar a comprar no comércio eletrônico."[4] A pergunta é: o que vai acontecer com todas as pessoas que trabalhavam nessas lojas? Não há dúvida de que os sites vão crescer e contratar mais pessoas, porém em número muito menor do que as que trabalham hoje nas lojas do varejo.

MENOS EMPREGOS PARA MAIS PESSOAS

Ao mesmo tempo que a automatização reduz o número de empregos, a oferta de mão de obra aumenta. Muitas pessoas que perderam o emprego ainda estão à procura de trabalho — nem todas desistiram da busca. Uma multidão de jovens recém-saídos da faculdade está batalhando para encontrar empregos significativos. Como resultado, há mais pessoas procurando e menos vagas disponíveis.

Adicionemos outra ideia perturbadora a respeito da questão da geração de empregos. Haverá empregos suficientes se os Estados Unidos reduzirem seus gastos militares com equipamentos e materiais bélicos e precisarem de um efetivo militar menor? Os gastos com a segurança nacional são responsáveis por mais da metade dos gastos discricionários federais. Em 2008, informações do Pentágono relataram que o governo federal mantinha 5.429 bases nos Estados Unidos e 38 em nações estrangeiras. Se os gastos com a defesa fossem reduzidos à metade, teríamos de fechar a maioria das bases militares no exterior e reduzir os gastos com o desenvolvimento de armas. Isso representaria a perda de um grande número de empregos associados às forças armadas. Adicione o fato de que muitos veteranos retornarão quando reduzirmos o envolvimento de nossas tropas na linha de frente no Iraque e no Afeganistão. De onde virão os novos empregos para todas essas pessoas?

O elevado nível de gastos militares e o envolvimento norte-americano em uma série de guerras tiveram, no fundo, a intenção de criar empregos? Foram fabricadas 32 mil bombas nucleares (8.500 ainda existem), enquanto apenas algumas teriam sido necessárias para desencorajar os agressores. Os Estados Unidos estão construindo enormes porta-aviões por US$12 bilhões cada (um total de US$120 bilhões) e jatos de combate F-35 por US$80 milhões cada (um total de US$325 bilhões) em uma época na qual a maior parte da luta contra os terroristas está sendo feita de porta em porta ou por aviões teleguiados. Qual é a conexão entre capitalismo e militarismo?[5]

Outra circunstância pode aumentar ainda mais a oferta de mão de obra. As prisões norte-americanas hoje em dia estão repletas de reclusos. O número de presidiários aumentou de 300 mil em 1970 para cerca de 2 milhões em 2000. Os Estados Unidos têm o equivalente a 25% da população de reclusos do mundo. Muitos estão presos por acusações relativas a drogas. A Guerra às Drogas não foi bem-sucedida. Na verdade, foi um desastre. Agora, com o tratamento mais liberal concedido a casos do tipo, muitos reclusos receberão penas reduzidas e serão soltos mais cedo. Haverá bons empregos disponíveis para eles? Os empregadores farão uma verificação dos antecedentes do candidato, e muitos deles poderão não estar dispostos a contratar ex-penitenciários.

Com a escassez de empregos, os ex-infratores terão mais dificuldade em conseguir trabalho.[6]

O espectro de um número decrescente de empregos aflorou várias vezes, especialmente em cada uma das numerosas recessões, quando ocorreram demissões por causa da demanda decrescente. Isso foi tão grave durante a Grande Depressão da década de 1930 que o governo dos Estados Unidos teve que se endividar para gerar empregos, guiado pela teoria do economista John Maynard Keynes, que dizia que empregos poderiam ser criados pela política fiscal mesmo que a política monetária não funcionasse. As contratações aumentaram lentamente no setor da construção civil e em outros setores até 1937, quando o governo, então, reduziu seu incentivo. O desemprego não teve uma redução efetiva até que o país começou a se preparar para uma eventual participação na Segunda Guerra Mundial.

A boa notícia é que todos os ciclos econômicos anteriores chegaram ao fim e, com o tempo, os empregos reapareceram. A verdadeira questão é se a rápida aceleração da automatização e da tecnologia da informação colocará uma face nova ao problema da criação de empregos. Jeremy Rifkin abordou esse assunto em seu livro de 1995 *O fim dos empregos*.[7] Rifkin observou que o rápido aumento na utilização da automatização e da tecnologia da informação estava eliminando milhões de empregos nos setores industrial, agrícola, varejista e de serviços. Ele sustentou que a renda dos profissionais do conhecimento que produzem automatização e informação aumentaria, mas não seriam criados empregos em quantidade suficiente para igualar os que haviam sido destruídos. Mesmo que uma quantidade suficiente de novos empregos fosse criada, os trabalhadores não qualificados teriam perdido seus empregos e estariam vivendo da assistência social. Rifkin viu a possibilidade de o desemprego no mundo inteiro conduzir à necessidade de maior assistência social dos governos na forma de um "salário social" e ao crescimento do terceiro setor das organizações sem fins lucrativos para suplementar o provimento do governo de serviços sociais necessários.

QUEM SERÁ MAIS AFETADO?

Existe um debate a respeito de quais grupos serão mais afetados pelos avanços tecnológicos na automatização. Poderíamos imaginar que os trabalhadores com pouca qualificação seriam os mais prejudicados porque é possível construir máquinas para executar o trabalho de rotina não qualificado. Mas é possível contrapor que essas máquinas poderão custar mais do que simplesmente pagar baixos salários aos trabalhadores não qualificados. Talvez os funcionários de colarinho branco e os da gerência de nível médio saiam perdendo para as máquinas inteligentes em áreas como contabilidade, análise financeira e programação. Boa parte da escrituração contábil é hoje realizada pela automatização. Muitas pessoas conseguem preparar seus documentos de serviços jurídicos sem recorrer a advogados. O advento da impressão 3D torna possível substituir alguns artesãos qualificados que fazem forjamento e soldagem. Podemos não precisar de tantos professores universitários e de ensino médio, já que os alunos podem aprender muita coisa sozinhos assistindo a vídeos de cursos on-line abertos e massivos (MOOC),* que descrevem muitas teorias e práticas

---

*Sigla de "Massive Open Online Course". (*N. da T.*)

de negócios. O setor médico produz vídeos com avatares que podem guiar pacientes nos exercícios de reabilitação enquanto olham para uma tela de televisão, reduzindo a necessidade de as clínicas de assistência médica terem um grande número de especialistas em reabilitação.

Não há dúvida de que a automatização está afetando os trabalhadores qualificados e os profissionais liberais. Um estudo realizado pela Universidade de Oxford estimou que 47% dos empregos atualmente poderão ser automatizados nas próximas duas décadas. O livro *A segunda era das máquinas* mostra como a área da "computação cognitiva" está avançando no uso da linguagem "natural" para executar muitas tarefas complexas. O sistema de computador inteligente Watson, da IBM, mostrou como máquinas podem responder mais rápido a perguntas e recomendar melhores respostas e tratamentos a problemas médicos.

Uma questão crucial é saber se existem ocupações mais inteligentes que não podem ser executadas por máquinas e se há disponibilidade de um número suficiente dessas ocupações. A outra questão é se novos tipos de trabalho podem ser inventados em um ritmo mais rápido para substituir os que estão sendo perdidos.[8] As novas empresas tendem a contratar bem menos funcionários do que no passado. O Instagram, site de compartilhamento de fotos, foi comprado pelo Facebook por US$1 bilhão em 2012 e tinha 30 milhões de clientes administrados por 13 pessoas, enquanto a Kodak, uma das vítimas da revolução digital, teve de entrar com um pedido de falência depois de ter tido, em seus dias de glória, 145 mil funcionários.

O desemprego poderá se ampliar ainda mais se o abismo entre a renda dos ricos e dos pobres continuar a aumentar. Nos últimos trinta anos, a parcela do trabalho na produção encolheu, no mundo inteiro, de 64% para 59%. Nesse ínterim, a parcela de renda que vai para o 1% superior nos Estados Unidos aumentou de cerca de 9% na década de 1970 para 22% atualmente. Com menos dólares nas mãos da maioria dos norte-americanos, estes não comprarão tantos carros, aparelhos de televisão, eletrodomésticos, eletroportáteis e outros itens que poderiam constituir uma demanda suficiente e, portanto, gerar mais empregos. E, mesmo assim, muitos desses produtos são importados e acabam aumentando o número de empregos em outros países, e não nos Estados Unidos. A classe média norte-americana ficará menor e será substituída por uma economia hiperdesigual administrada pelo 1% superior dos donos do capital e pelos "superdirigentes"?[9]

CRESCIMENTO ECONÔMICO MAIS LENTO?

A incerteza subjacente a respeito dos empregos é se o panorama econômico dos Estados Unidos sugere um lento ou rápido crescimento. Já indiquei que o panorama é de lento crescimento. Essa perspectiva foi promulgada pelo economista Robert J. Gordon, da Universidade Northwestern, em seu trabalho "Is U.S. Economic Growth Over?: Faltering Innovation Confronts the Six Headwinds" ["O crescimento dos Estados Unidos acabou?: a inovação vacilante enfrenta os seis ventos contrários", em tradução livre][10] (Um autor descreveu este artigo como a ideia econômica mais deprimente de 2012.)

Gordon acredita que os grandes aumentos na produtividade que sustentaram uma classe média em expansão e o Estado do bem-estar social não se repetirão no futuro. Ele vê a tecnologia continuando a crescer, mas sem a probabilidade de ocasionar avanços revolucionários completamente novos na escala da máquina a vapor, do motor de combustão interna, da água encanada, da eletricidade, das estradas de ferro, dos automóveis, dos aviões, dos computadores e da internet. Cada uma dessas invenções gerou desdobramentos, como rodovias, sistemas de condicionamento de ar e fábricas eficientes, que mantiveram a economia em crescimento durante muitas décadas. Gordon admite que a internet e a revolução digital ainda têm um grande potencial de crescimento, mas não espera que causem um impacto na mesma escala que as grandes inovações anteriores.

Além disso, Gordon enxerga seis outras forças na economia que têm a probabilidade de refrear o crescimento dos Estados Unidos: "Nossa população que está envelhecendo, nosso vacilante sistema educacional, a crescente desigualdade de renda, a crescente concorrência internacional, o inevitável impacto no aquecimento global e a necessidade de um dia pagarmos nossa dívida". De 1891 a 2007, o país alcançou um crescimento anual saudável de 2% da taxa de produção *per capita*. Gordon estima que essas seis forças reduzirão 50% da renda *per capita* anual do PIB, que será de 1%. E acredita que a inovação será menor do que a que produziu nosso crescimento anual no passado. No todo, ele acredita que nossa economia, na melhor das hipóteses, crescerá 0,5% ao ano nas próximas décadas. Ele sugere que o rápido crescimento que teve lugar ao longo dos últimos 250 anos poderá muito bem se revelar um episódio único na história da humanidade. Ele vê essas forças se combinando para gerar estagnação e futuro declínio no padrão de vida.

AQUISIÇÃO DE NOVAS QUALIFICAÇÕES

Ironicamente, existem muitos empregos qualificados e de classe média que não conseguem encontrar trabalhadores. Em agosto de 2013, as empresas norte-americanas foram incapazes de preencher 7 milhões de vagas de emprego, a maioria nas áreas de ciências, tecnologia, engenharia e matemática (STEM).[11] Existe uma dissociação entre as qualificações que os trabalhadores têm ou estão adquirindo e aquelas que são efetivamente necessárias. Os empregos não qualificados estão sendo dizimados pela tecnologia, conduzindo a um sério problema de desemprego. E um número insuficiente de alunos está estudando matérias STEM que possam equipá-los para uma melhor escolha de empregos quando se formarem.

Obviamente, a demanda por qualificações STEM está em grande desequilíbrio com as qualificações atuais e futuras da força de trabalho, não apenas nos Estados Unidos, mas também na China, na Índia e nos países emergentes. Quais são as possíveis soluções?

1. Criar melhores programas de treinamento no emprego para a atual força de trabalho, concentrados nos tipos de emprego que estarão cronicamente escassos.
2. Preparar melhor os estudantes norte-americanos em matemática e ciências no ensino fundamental e no ensino médio. Menos de 10% dos estudantes do país conseguiram se classificar no nível mais elevado de matemática, ao passo que, em países como a Suíça, a Finlândia, o Japão, a Coreia do Sul e a Bélgica, o desempenho de 20% dos estudantes

se situa nesse nível mais elevado. É preciso desenvolver melhores líderes educacionais e professores de sala de aula. Para isso, será necessário melhorar os salários e o status dos professores em nossa sociedade, igualando-os ao nível encontrado nos países mais competitivos nessa área.
3. Educar os alunos do ensino médio para que compreendam melhor o mercado de trabalho e possam, assim, fazer escolhas de carreira mais sábias.
4. Reunir educadores, empresas e grupos do governo, no nível local, para que desenvolvam uma visão compartilhada de como melhorar seu fluxo de empregos.
5. Encorajar as empresas a investirem mais no desenvolvimento do capital humano e serem capazes de depreciar o custo de seu investimento, da mesma maneira como fazem com o equipamento físico.
6. Tornar mais fácil atrair um número maior de talentos estrangeiros para que venham trabalhar no país. Reduzir os atuais obstáculos que limitam os vistos de entrada.

INCENTIVO AO EMPREENDEDORISMO

Existem possíveis fenômenos que poderiam levar os Estados Unidos de volta a uma taxa de crescimento anual do PIB de 2% e criar os empregos necessários? Uma das abordagens consiste em incentivar e promover um forte interesse e apoio ao empreendedorismo. Ainda existem muitas necessidades que permanecem insatisfeitas e várias pessoas com boas ideias sobre como satisfazê-las. Esses empreendedores precisam de capital e de ajuda inteligente para criar seus negócios. Por sorte, os Estados Unidos abrigam muitas companhias de capital de risco, e existem muitos investidores "anjos" que poderão adiantar recursos financeiros para aspirantes a empresários.[12]

Os empreendedores, no entanto, se deparam com muitos empecilhos para abrir uma empresa além da necessidade de financiamento. Qual a facilidade de começar um novo negócio em qualquer país? Os fatores locais variam significativamente nesse aspecto. A Nova Zelândia é considerada o lugar mais fácil do mundo para se criar um novo negócio. Abrir uma empresa requer "um procedimento, metade de um dia (e) menos de 1% de renda *per capita* e nenhum capital integralizado". As cinco primeiras nações no item facilidade em começar um novo negócio são as seguintes: Nova Zelândia, Canadá, Cingapura, Austrália e Hong Kong. Os Estados Unidos, em contrapartida, estão bem atrás de países como Ruanda, Bielorrússia e Azerbaijão nesse aspecto. Abrir uma empresa nos Estados Unidos exige, em média, seis procedimentos, cinco dias e 1,5% da renda *per capita* da empresa.[13]

Ninguém pode predizer a extensão da geração de novos empregos por intermédio do empreendedorismo e outros meios. Eis algumas possibilidades que eu ressaltaria:

- Existem muitas novas tecnologias com futuro promissor. Entre elas estão internet móvel, automatização do trabalho com conhecimento especializado, tecnologias de sensores inteligentes, tecnologia de nuvem, robótica avançada, veículos autônomos e quase autônomos, genômica da nova geração, armazenamento de energia, impressão 3D, materiais avançados, exploração e recuperação avançadas de petróleo e de gás e energia renovável. Embora nenhuma dessas tecnologias possa, isoladamente, produzir a próxima grande inovação, cumulativamente seu futuro impacto poderá ser grande.

- Muitos empregos do setor industrial poderão começar a voltar para os Estados Unidos à medida que os custos no exterior forem aumentando e mais valor for atribuído a rápidas reviravoltas positivas nas empresas. Embora muitos produtos, como os da Apple, sejam produzidos no exterior, muitos dos designers, engenheiros e especialistas em distribuição estão nos Estados Unidos. Eles são produtores de mercadorias não ligados a fábricas, que deveriam estar, mas não estão, incluídos na seção industrial do PIB.
- A tecnologia substitui alguns empregos existentes, mas cria novos. Também pode fazer com que o dinheiro se dirija para outras mãos por meio de preços mais baixos, salários mais altos ou lucros mais elevados, todos estimulando a demanda, o que talvez possa conduzir à contratação de mais trabalhadores. A América Corporativa tem US$2 trilhões disponíveis em contas bancárias no exterior. As corporações não querem trazer o dinheiro de volta para os Estados Unidos porque o imposto corporativo norte-americano é de 35% (a média em outros países é de cerca de 20%). Se essa alíquota de imposto pudesse ser reduzida, o dinheiro seria aplicado dentro do país na construção das fábricas e da infraestrutura necessárias, o que impulsionaria as contratações de forma significativa. O novo PIB gerado compensaria, com folga, a perda da arrecadação fiscal resultante da alíquota de imposto mais baixa.

AUXÍLIO AOS DESEMPREGADOS

Se a geração de empregos permanecer baixa, o que poderá ser feito para ajudar os desempregados? Já sabemos que determinados grupos têm uma dificuldade particular para conseguir emprego. A taxa de desemprego é elevada no caso dos jovens afro-americanos. Os estudantes universitários se formam com uma dívida acumulada em empréstimos estudantis de mais de US$1 trilhão, e muitos trabalhadores experientes que perdem o emprego estão tendo dificuldade em ser readmitidos ou em encontrar trabalho com o salário que recebiam anteriormente. Como essas pessoas deverão ser ajudadas?

Infelizmente, o custo de sustentar os desempregados excede o custo de gerar empregos para eles. Isso sugere que as grandes necessidades da sociedade por melhor educação, saúde e infraestrutura deveriam ser satisfeitas pelo governo, que proveria esses empregos quando o setor privado não os criasse. O interesse do setor privado reside em reduzir suas despesas com a folha de pagamento, e não em criar novos empregos. À medida que o papel do governo de provedor de empregos aumenta, ele precisa financiar os programas (de maneira muito semelhante ao Works Progress Administration e ao Civilian Conservation Corps* da década de 1930) por meio de impostos mais elevados ou emitindo mais dinheiro. A primeira hipótese se torna mais difícil devido à resistência dos cidadãos a pagar impostos mais elevados em uma economia com mais

---

*Programas do governo norte-americano que tiveram como objetivo oferecer auxílio aos desempregados por meio da geração de empregos em projetos públicos. (N. do E.)

pessoas pobres. A alternativa — emitir dinheiro — tem o potencial de produzir uma inflação descontrolada.

Entre as melhores propostas para o auxílio aos desempregados estão as seguintes:

- Compartilhar o trabalho. Reduzir a semana média de trabalho para 35 horas, como a França fez em fevereiro de 2000. Partindo do princípio que a mesma quantidade de trabalho tenha de ser feita, supõe-se que as empresas precisarão contratar mais trabalhadores. No entanto, isso não aconteceu na França, em grande medida porque as empresas francesas têm dificuldade para demitir funcionários e não querem ficar emperradas com mais trabalhadores. A França simplesmente encontrou maneiras de aumentar a produção dos funcionários existentes.
- Estabelecer uma semana de trabalho de 11 horas por dia, três dias por semana. Os trabalhadores teriam mais tempo para dedicar à família e constituiriam um mercado maior para produtos e serviços de entretenimento e autoaperfeiçoamento. Essa ideia foi apresentada pelo segundo homem mais rico do mundo, Carlos Slim, do México; também foi proposta, de certa forma, por Larry Page, do Google.[14]
- Oferecer férias mais longas não remuneradas. A Honeywell fez isso.
- Aumentar os programas de treinamento e retreinamento no emprego. Lembre-se de que existem alguns setores — programação de computadores, certas áreas de engenharia, a internet — que talvez tenham escassez de trabalhadores. Alguns setores

norte-americanos têm carência de determinadas qualificações técnicas e estão ansiosos para trazer de fora pessoas qualificadas para essas funções. O DeVry Education Group e outros oferecem muitos programas para treinar pessoas nas qualificações necessárias.

- Empreender um vigoroso programa para reconstruir nossa infraestrutura, que está se deteriorando — pontes, portos, aeroportos, sistemas hidrológicos e hidráulicos, além de sistemas de esgoto — e construir fazendas solares e eólicas, bem como melhores redes elétricas.
- Estabelecer "salários sociais" para aqueles que tentaram, sem sucesso, conseguir emprego. Eles terão mais dinheiro para gastar com produtos e serviços, o que aumentará o número de empregos.
- Ajudar as empresas norte-americanas a aumentar as exportações a partir de suas unidades baseadas no próprio país.
- Atrair mais empresas estrangeiras para instalar suas fábricas e escritórios nos Estados Unidos, a fim de aumentar o número de empregos.

Estão surgindo indícios de uma classe permanente de pessoas desempregadas no longo prazo. Algumas fazem essa escolha porque não conseguem encontrar o tipo de emprego que desejam. Outras chegam à conclusão de que podem auferir uma renda mais elevada se tiverem empregos de carga horária parcial ou serviço temporário e depois derem entrada no pedido de seguro-desemprego e de vales-alimentação, o que faz com que recebam mais do que se trabalhassem para ganhar um salário mínimo de US$7,25 por hora. Algumas pessoas conseguem viver de suas heranças ou morar em casa com a família. Sem dúvida, precisamos examinar os diferentes grupos que compõem os desempregados no longo prazo e verificar se eles podem ser convencidos a preferir os empregos de horário integral.

Os tipos de emprego que estão aumentando nos Estados Unidos são principalmente os do setor de vendas no varejo e de fast-food, os de trabalho temporário (sem benefícios) e aqueles no setor de serviços com baixa remuneração. O que isso significa para estudantes que pegam emprestadas grandes somas para obter uma educação universitária com a perspectiva de acabar fritando hambúrgueres ou de ser recepcionistas do Wal-Mart?

O significado da vida e da dignidade de uma pessoa está estreitamente relacionado a ter um emprego e ser capaz de progredir para outro melhor. Quando os agricultores deixaram a terra, encontraram empregos abundantes na indústria. Eles não precisavam ser muito instruídos. Hoje, a indústria, em grande medida, se mudou para o exterior. Os trabalhadores atuais precisam encontrar empregos no setor de serviços. No entanto, muitos serviços requerem habilidades específicas, e as pessoas com pouca instrução frequentemente não se qualificam para os cargos. A sociedade claramente perdeu sua elevada mobilidade anterior. A questão é se poderemos retornar a uma sociedade com empregos abundantes.

5. As empresas não estão cobrindo seus "custos sociais"

A única maneira pela qual você pode corrigir as coisas ruins de seu passado é adicionando coisas melhores a seu futuro.

SHILOH MORRISON

O capitalismo funciona melhor quando informações e mobilidade perfeitas caracterizam todos os participantes do mercado. Um fabricante conheceria os custos de produção em diferentes lugares e seria livre para deslocar a produção para áreas de menor custo. Os consumidores saberiam onde estão os empregos mais bem-remunerados e seriam capazes de se encaminhar para eles.

No entanto, as informações e a mobilidade estão longe de ser perfeitas. Produtores e consumidores precisam arcar com o custo da busca de informações e de mobilidade. A mudança para outro local será compensadora para a produção ou o consumo desde que a melhora total na situação do fabricante ou do consumidor seja maior do que os custos incorridos para obter melhores informações e mobilidade.

Uma das funções do governo é ajudar a melhorar as informações comerciais disponíveis para os fabricantes, intermediários e consumidores. Os governos realizam censos de informação e produzem amostras a respeito de quase todos os setores, empresas e produtos. Hoje em dia, a internet torna o acesso ao conhecimento comercial rápido e fácil tanto para as empresas quanto para os indivíduos.

Economistas vêm trabalhando na teoria daquilo que torna uma economia perfeitamente eficiente. Dizem que ela atinge um "ótimo de Pareto" quando nenhuma troca voluntária de trabalho, capital ou alocação de produtos e serviços deixa algumas pessoas em melhor situação e outras em pior. As *falhas de mercado* existem quando alguns participantes conseguem ficar em melhor situação sem prejudicar outros.

Existem três tipos de falha de mercado que podem ocorrer na vigência do capitalismo:

1. Empresas e consumidores que desconsideram custos causados por eles e pelos quais não são cobrados, o que é chamado de problema de *externalidades negativas*.
2. Bens públicos que sofrem abuso quando não são regulamentados ou racionados, o que se chama de *tragédia dos comuns*.
3. O controle monopólico ou oligopólico de setores e mercados, o que se chama de problema do *monopólio*.

AS EMPRESAS QUE EVITAM OS CUSTOS SOCIAIS

Seria de se esperar que uma empresa envolvida na produção arcaria com todos os custos resultantes de sua atividade. Uma siderúrgica pagaria por minério de ferro, eletricidade, depreciação dos equipamentos, salários dos funcionários e assim por diante. No entanto, é menos provável que a siderúrgica fosse cobrada pela poluição do ar que causou ou pela poluição da água decorrente de produtos químicos que podem ter escoado para o rio. A poluição do ar e da água são custos sociais que outros terão de cobrir, sejam os cidadãos que sofrem com a poluição, seja o governo, que poderia ter de limpar a poluição e cobrir os custos da saúde das vítimas.

O ponto principal aqui é identificar os efeitos secundários da atividade ou os processos econômicos que afetam aqueles que não estão diretamente envolvidos. Os odores de uma fábrica de produtos químicos podem ter efeitos secundários negativos nos vizinhos da fábrica.

O custo total consiste no custo privado mais o social. O último é uma "externalidade negativa" na produção do aço. Se a siderúrgica fosse obrigada a pagar por esse custo, teria de aumentar seus preços ou ficar com menos dinheiro e produzir menos aço. Ao evitá-lo, as empresas cobram menos do que deveriam e acabam produzindo mais. Outros terão de pagar pela poluição.

Como, hoje, os governos têm menos dinheiro disponível para fazer a despoluição, seria melhor cobrar das empresas o custo da poluição causada pelo sistema de produção. A cobrança daria a cada empresa um incentivo para que buscasse novos meios de reduzir seu nível de emissão de carbono.

Foram propostos dois sistemas. Um deles consiste em aplicar um imposto sobre as emissões de carbono porque este libera gases do efeito estufa na atmosfera. O economista de Harvard Dale Jorgenson e seus coautores defendem a aplicação de um imposto sobre o carbono.[1] Quanto maiores forem as emissões de carbono de uma empresa, mais elevados serão seus impostos. Isso faria com que as empresas reduzissem a emissão de carbono.

Outros propuseram um sistema que imponha limite às emissões, o qual será reduzido com o tempo se elas declinarem. Cada empresa estima sua emissão de carbono e precisa comprar créditos. Suponha que uma companhia emita 100 toneladas de carbono por ano e precise comprar créditos de carbono suficientes para cobri-las. Posteriormente a empresa decide adquirir um equipamento para controle da poluição ou deixar de usar o carvão como fonte de energia e adotar fontes menos poluentes, conseguindo reduzir suas emissões de carbono para 50 toneladas por ano. Agora, ela só precisa comprar metade dos créditos de carbono que comprava antes. Se tiver comprado créditos de carbono para 100 toneladas, mas agora só venha a precisar de créditos para 50, poderá vender os créditos excedentes para outra empresa que precise deles para cobrir seus custos de poluição, ou em um mercado à vista ao preço atual. Esse sistema é chamado de *sistema de limitar e negociar*. O governo impõe um limite na quantidade de poluição que pode ser tolerada, e as empresas podem comprar e vender créditos de carbono para cobrir o custo da poluição que emitem. Seus custos com créditos de carbono as levarão a procurar maneiras de reduzir suas emissões. Por meio do comércio de emissões, as empresas irão agir de modo mais responsável no que diz respeito à poluição do ar.

A questão é: com que rapidez esse limite deve ser reduzido? Muitos defendem que o limite deve ser diminuído em um ritmo que impeça que a temperatura do planeta suba mais de 2°C. No entanto, esse ritmo não é universalmente aceito, e alguns países poderão não participar desse sistema de limitar e negociar. Uma sugestão é colocar "tarifas de carbono" nos produtos importados de países não participantes, uma ideia vista com antipatia pela Organização Mundial do Comércio. Preferimos salvar o planeta ou continuar a praticar o "livre-comércio"?

Quanto ao controle da poluição da água, o governo determinaria o que pode e o que não pode ser colocado dentro dela e estabeleceria penalidades para esse tipo de poluição. Se as penalidades fossem suficientemente elevadas, o poluidor precisaria encontrar outra maneira de se livrar das substâncias químicas nocivas.

As externalidades negativas também ocorrem no lado do consumo, não apenas no da produção. O comportamento dos consumidores pode criar externalidades negativas. Os fumantes afetam toxicamente os não fumantes que estão no mesmo ambiente. As pessoas que jogam lixo nas ruas e nos parques estão impondo um custo de limpeza à sociedade. Os donos de carros que adquirem automóveis altamente poluentes ou que dirigem com muita frequência aumentam o nível da poluição. Os consumidores que preferem os produtos provenientes de lugares distantes causam uma poluição extra, devido ao combustível adicional consumido no transporte de longa distância.

Nesses casos, o governo pode aprovar leis para reduzir algumas dessas externalidades negativas. Em geral, o governo cobra mais pelo emplacamento de carros que emitem mais poluentes. Também aplica um imposto elevado sobre os cigarros e incentiva a colocação de placas com "é proibido fumar" nos escritórios e no transporte público, a fim de proteger os cidadãos dos efeitos nocivos do fumo passivo.

É preciso reconhecer que produtores e consumidores também podem gerar externalidades positivas. Uma empresa que gaste dinheiro para treinar seus funcionários cria um benefício que transcende o benefício em si, já que os trabalhadores se tornam mais instruídos. Podemos imaginar um caso em que uma empresa afirme ter criado um conjunto de benefícios positivos e sugira que estes contrabalançam as externalidades negativas. A Wal-Mart poderia afirmar que sua capacidade de oferecer baixos preços aos consumidores e treinamento a seus funcionários contrabalança o argumento contra os baixos salários pagos.

Externalidades negativas são encontradas em outros sistemas além do capitalismo. Por sorte, o capitalismo encontrou um meio de lidar com elas usando o próprio sistema de mercado para reduzi-las.

PROTEÇÃO DOS BENS PÚBLICOS

Examinei como os proprietários de bens privados podem ter de cobrir os custos sociais relacionados à utilização deles. Agora vamos nos voltar para os bens que são de propriedade do público e valorizados por ele. Estou pensando em parques, rios, lagos e florestas. Acredito que seja necessário que o governo imponha limites na utilização dos bens públicos para proteger sua qualidade.

Um exemplo padrão é o do pasto para carneiros. Vamos supor que existam dois donos de carneiros, e cada um deixe seus carneiros pastarem em suas terras. Vamos supor ainda que exista um pedaço de terra pública entre as propriedades dos dois donos de carneiros. Seria melhor para eles usar a terra pública para pasto do que sua própria terra. Os dois veriam isso como uma oportunidade e levariam seus carneiros para pastar primeiro na terra pública. O resultado seria o pastoreio excessivo, e logo não haveria grama suficiente para essa atividade na terra pública. Somente então os dois donos de carneiros levariam os animais para pastar em sua própria terra.

O mesmo problema ocorreria nas florestas e no mar se não fossem protegidos. Um número excessivo de madeira seria cortado ou a pesca predatória levaria ao desaparecimento de determinados peixes.

Para evitar a tragédia dos comuns, duas soluções estão disponíveis. Uma delas é emitir um conjunto de regras para os cidadãos que desejem utilizar os bens públicos. Um parque público poderá emitir regras: seu horário de funcionamento é de 9 às 16 horas; cães só podem fazer suas necessidades se os respectivos donos utilizarem um saquinho para recolhê-las; jogar lixo no chão é proibido, sob pena de multa; não é permitido acender fogueiras.

Muitos lugares no mundo com escassez de água precisam limitar sua utilização. A Índia usa metade da água do planeta e não o faz de maneira eficiente. Ela poderia aprender o método de irrigação por gotejamento na agricultura utilizado por Israel, que também sofre com a escassez de água, mas é dez vezes mais eficiente. O preço da água pode ser aumentado. As pessoas podem ser incentivadas a tomar banho com menos frequência e a regar menos seus gramados. O governo pode estabelecer limites de utilização de água para a indústria e os agricultores. Também pode impedir o fraturamento hidráulico, que utiliza uma quantidade excessiva de água.

MONOPÓLIOS E BARREIRAS AO INGRESSO

O propósito de uma economia capitalista é se apoiar na livre-concorrência para definir preços e produtos. Se uma empresa ou setor estiver tendo lucros elevados, outras companhias precisam ser livres para competir oferecendo preços mais baixos ou produtos melhores. A concorrência saudável impede que os preços de mercado e os lucros se tornem excessivos. Isso parte do princípio de que não existem barreiras ao ingresso.

O fato é que existem muitas barreiras que impedem um concorrente de ingressar em um mercado atraente. Elas protegem as empresas estabelecidas e restringem a concorrência em determinado mercado. Representam um custo de ingresso com o qual a nova empresa precisa arcar, mas não aquelas que já atuam no setor. Elas impedem a ocorrência de um resultado socialmente benéfico, que aumentaria a produção e reduziria o preço.

Entre as barreiras ao ingresso mais notórias estão as seguintes:

- *Barreiras legais.* Leis de zoneamento ou acordos de transporte podem impedir o ingresso; outros bons exemplos são as tarifas protecionistas sobre as importações; barreiras de troca, como contratos em longo prazo que a tornam difícil para um novo concorrente; a falta de recursos essenciais

à produção; e a propriedade de patentes que impedem que a nova empresa obtenha acesso à tecnologia necessária.
- *Barreiras de custo*. Essas incluem o elevado custo da publicidade necessária para o estabelecimento da nova marca; o alto custo do capital necessário; também o custo para atrair distribuidores e fornecedores quando existem acordos de exclusividade; a baixa possibilidade de ganhar escala para reduzir o custo até o nível desfrutado pelos atuais líderes do setor; o elevado custo de obtenção das licenças e autorizações necessárias; o custo de lidar com a precificação predatória praticada pela empresa dominante a fim de impedir o ingresso; e o alto custo de pesquisa e desenvolvimento (P&D).

Todos esses fatores perpetuam a liderança das empresas dominantes no mercado. Estas se esforçam arduamente para impedir o ingresso de novas empresas ou a ascensão de companhias secundárias existentes. As líderes desenvolvem uma marca forte e contam com clientes leais que estão dispostos a pagar mais.

O extremo caso anticompetitivo é quando existe um monopólio — ou seja, o vendedor de um produto ou serviço importante para o qual não existem substitutos próximos. Às vezes, isso pode ser um *monopólio natural*, quando o custo unitário de uma empresa diminui enquanto ela aumenta a produção e quando uma companhia é mais eficiente sob uma perspectiva de custo. Nesse caso, o governo poderá decidir que seria ineficiente ter mais de uma companhia fornecendo eletricidade, telecomunicações ou petróleo para o país. Esse monopólio poderia ser operado pelo Estado ou por uma empresa privada cujos preços e atividades de investimento sejam regulamentados de modo a evitar lucros excessivos. O pior caso é quando existe um *monopólio privado* que fez favores a partidos do governo em troca da criação de barreiras destinadas a impedir o surgimento de qualquer concorrente.

Pode também haver um oligopólio de empresas dominantes que concordam em estabelecer os preços de determinada maneira e controlar a produção, seguindo os princípios de cartel. Os cartéis são encontrados nos setores de petróleo, eletricidade e telecomunicações. Eles resultam em preços mais elevados e produtos reduzidos. Outro problema dos oligopólios é a padronização de produtos e serviços, que desconsidera muitos compradores que desejam variações desses.

Edmund S. Phelps, professor de economia da Universidade Columbia e laureado do Prêmio Nobel, relata uma tendência perturbadora em muitos países, que ele chama de "corporatismo", segundo a qual a atividade econômica é controlada por grandes grupos de interesses. Quando as corporações se tornam dominantes em uma sociedade, o público não valoriza, de forma adequada, a contribuição de pessoas que trabalham arduamente para inovar. Uma economia corporatista pode crescer por algum tempo, mas não produzirá o crescimento necessário que a cultura empresarial pode oferecer. A concentração excessiva do poder em um pequeno número de enormes companhias pode conduzir a outro tipo de falha de mercado.

Embora as empresas dominantes se encontrem em boa posição para proteger e perpetuar sua preponderância, outros fatores podem pôr um fim a essa hegemonia. Um aspecto importante é o surgimento de uma nova tecnologia que se mostre superior à antiga. A Kodak, que não teve nenhum rival no ramo dos filmes durante cem anos, perdeu o domínio com o surgimento das câmeras digitais que não usam filmes. A revolução tecnológica frequentemente ocasiona preços mais baixos que os da empresa dominante, a qual, por ter enorme investimento na antiga tecnologia, não consegue igualar-se, e o custo de reestruturar todo o seu negócio é simplesmente proibitivo. Além dos avanços revolucionários da tecnologia, os novos concorrentes podem ganhar lançando uma campanha de publicidade inteligente, criando um produto substancialmente melhor ou patenteando algo novo. Desse modo, além de possíveis intervenções do governo para eliminar a falha de mercado, muitas outras forças podem entrar em ação para corrigir uma situação monopolista.

A existência da falha é o motivo para o governo intervir em determinado mercado. A intenção é encontrar uma possível forma de correção. No entanto, algumas regulamentações e tipos de intervenções que envolvem impostos, subsídios, socorro a instituições financeiras e controle de salários e preços podem conduzir a uma alocação de recursos ineficaz, às vezes chamada de falha do governo. Isso ocorre quando o custo da intervenção excede o custo da correção. Em geral, a opinião dos partidos políticos se divide no que diz respeito a uma intervenção ter melhorado ou piorado um resultado de mercado ineficaz.

As falhas de mercados são um problema muito comum em um sistema de livre-mercado. Economistas conservadores, como o falecido Milton Friedman, da Universidade de Chicago, argumentam que uma falha de mercado não implica necessariamente que o governo deva tentar resolver o problema, porque os custos da "falha do governo" poderão ser piores do que os da falha de mercado. Os economistas liberais sentem que o governo deve garantir a eficiência e a justiça social por meio de intervenções ou introduzir soluções orientadas ao mercado.

6. Exploração do meio ambiente

Acho que o meio ambiente deveria ser incluído na categoria de nossa segurança nacional. A defesa dos nossos recursos é tão importante quanto a defesa no exterior. Caso contrário, o que há para defender?

ROBERT REDFORD

No dia 2 de novembro de 2014, o Painel Intergovernamental sobre Mudanças Climáticas, composto por cientistas e outros especialistas, advertiu que "o insucesso na redução das emissões... poderá ameaçar a sociedade com a escassez de alimentos, crises de refugiados, a inundação de importantes cidades e países insulares inteiros, a extinção em massa de plantas e animais e um clima tão drasticamente alterado que poderá se tornar perigoso para as pessoas trabalharem ou se divertirem ao ar livre nos períodos mais quentes do ano."[1]

O capitalismo é neutro em seus efeitos sobre o ambiente natural e o planeta Terra? As empresas produzem e distribuem seus produtos e serviços de maneira em geral boa ou nociva para o ambiente? Se o último caso for a resposta, como as empresas poderão ser motivadas a adotar práticas que conduzirão a um mundo mais sustentável? Há contradição entre os objetivos empresariais e os objetivos ambientais?

Há todo um leque de pontos de vista sobre essa questão. Paul Hawken, eminente ecologista, acredita que as empresas podem adotar práticas ecológicas sem prejudicar seu resultado final e, na verdade, talvez até melhorá-lo.[2] Ele enfatiza três coisas que as empresas precisam fazer: (1) acabar com o desperdício, (2) mudar para a energia renovável (por exemplo, solar e hidráulica) e (3) criar responsabilização e dar feedback.

Na outra extremidade do espectro, John Bellamy Foster, outro famoso ecologista, considera o capitalismo um sistema intrinsecamente incapaz de proteger o ambiente. Ele afirma que, se quisermos salvar o planeta Terra, teremos de mudar nosso sistema para o socialismo.

Durante boa parte da história empresarial norte-americana, as companhias prestaram pouco ou nenhuma atenção ao impacto que causavam no ambiente. Os Estados Unidos tinham terra, árvores, água, peixes e carvão mineral em abundância. A mentalidade no país era dominar a natureza e explorar seus aparentemente infinitos recursos. À medida que os cidadãos foram se deslocando para o oeste, brejos foram destruídos, o desflorestamento se tornou desenfreado e a relva das pradarias foi cortada para dar lugar a culturas agrícolas. Para aumentar a safra, pesticidas como o DDT eram borrifados nas culturas para protegê-las dos insetos e das pragas.

Na década de 1930, o país sofreu a terrível Dust Bowl, resultante da lavra excessiva e da perda do rico solo arável, problema agravado por anos de falta de chuva. À medida que nossas cidades se expandiram, o mesmo aconteceu com a poluição do ar e da água. O famoso problema do *smog** de Los Angeles foi produzido pelo rápido crescimento do número de automóveis nas estradas, possibilitando que os trabalhadores se deslocassem de casa para o trabalho em uma área enorme. Os peixes do lago Erie começaram a morrer por causa das substâncias químicas e dos outros poluentes lá despejados. Os ursos polares estão lutando pela sobrevivência em calotas polares que derretem como resultado da mudança climática. E a indústria continua instalando mais plataformas de petróleo no Atlântico, sem dar atenção aos desastres ocorridos no Golfo do México.

A MUDANÇA CLIMÁTICA E A NECESSIDADE DE ENERGIA

Permanece o conflito entre a mudança climática e as necessidades de energia. Os Estados Unidos têm depósitos baratos de carvão mineral que podem ser queimados e transformados em energia elétrica. No entanto, queimar carvão libera dióxido de carbono (CO_2) na atmosfera, aprisionando calor. Isso torna o tempo mais quente na terra e explica o derretimento das calotas polares. Este faz com que o nível do mar se eleve, ameaçando muitas cidades costeiras e causando mais furacões perigosos alimentados pela água

---

*Junção das palavras smoke (fumaça) e fog (névoa), do inglês, designa um nevoeiro contaminado por fumaça. (*N. da T.*)

mais quente e pela crescente acidez dos oceanos. A situação ficará ainda pior se a temperatura da terra subir mais de 2°C.

O calor adicional não apenas aquece o oceano como também extrai umidade do solo, causando secas mais duradouras. À medida que árvores e outros tipos de vegetação se tornam secos, a frequência e o tamanho dos incêndios aumentam. Culturas agrícolas como milho, trigo e arroz são negativamente afetadas pelo estresse do calor. Essas mudanças estão expandindo bactérias e espécies portadoras de doenças, como mosquitos, carrapatos e outras pragas além de seu alcance natural. A ocorrência de perda animal e vegetal está tão grande que o calor ameaça eliminar de 20% a 50% de todas as espécies vivas na Terra neste século.

Claramente, a solução consiste em reduzir a poluição gerada pelo carvão mineral e por outros combustíveis fósseis e obter energia a partir de fontes mais neutras, como painéis solares, turbinas eólicas e energia hidráulica. A mudança para a energia renovável prejudica economicamente as empresas, e estas, inevitavelmente, lutarão nos tribunais contra as tentativas de restringir o uso de carvão mineral. Isso também prejudica os consumidores porque essas fontes de energia neutra custam mais caro. Esse é um exemplo das inúmeras decisões espinhosas envolvidas na tentativa de satisfazer as necessidades do comércio e, ao mesmo tempo, proteger o ambiente.

A ASCENSÃO DO MOVIMENTO AMBIENTALISTA

Embora a maioria das empresas prestasse pouca atenção ao ambiente, algumas vozes solitárias sempre nos faziam lembrar da beleza e da fragilidade da natureza. Henry David

Thoreau nos falou das belas florestas, flores e criaturas. Walt Whitman escreveu poesia celebrando a natureza. John Muir, o naturalista, urgiu conosco para que protegêssemos a natureza selvagem. A amizade dele com o presidente Theodore Roosevelt ajudou a criar o movimento de nossos parques nacionais. A Audubon Society, fundada e administrada, em grande medida, por mulheres, foi formada não apenas para proteger os pássaros, mas também para amar a natureza. Um movimento ecológico foi iniciado na década de 1920, conscientizando-nos da interdependência da natureza, em que cada espécie vegetal e animal está ligada a outras espécies. Em 1962, Rachel Carson escreveu *Primavera Silenciosa*, descrevendo o perigo para nossos recursos hidrográficos representado pelos pesticidas e por outros produtos químicos que são despejados neles.[3] Surgiu um movimento em direção à justiça ambiental, insistindo para que vivêssemos mais em harmonia com a natureza. O livro *The Limits to Growth*, publicado em 1972, nos informa que o rápido crescimento da população e do consumo mundiais poderia levar à extinção dos recursos essenciais não renováveis se não começássemos a ser cuidadosos na maneira como os utilizamos.[4] No governo do presidente Richard Nixon, foi criada a Agência de Proteção Ambiental [Environmental Protection Agency] (EPA) para exercer algum controle sobre eventuais danos ao ambiente. Grupos ambientalistas, como o Sierra Club, o Nature Conservancy, o Friends of the Earth e o Worldwatch Institute, demarcaram áreas ambientais nas quais iriam exercer sua vigilância e influência.

O resultado é que, atualmente, as empresas e as unidades familiares estão ecologicamente muito mais conscientes. Hoje, os fabricantes produzem aparelhos eletrodomésticos que especificam seu consumo de energia. As unidades familiares desmembram suas embalagens em papel, vidro, plástico e lixo propriamente dito. Há um crescente interesse e até mesmo possíveis lucros em remodelagem, reutilização e reciclagem. A EPA exigiu que determinados setores e empresas investissem em equipamentos para o controle da poluição, a fim de reduzir as emissões de carbono. Essas são as boas notícias.

Estamos ingressando em uma nova era de energia com o processo do fraturamento hidráulico (no qual a rocha é fraturada por líquido hidraulicamente pressurizado para que seja possível chegar a reservas de gás e petróleo localizadas nas profundezas da rocha) e a disponibilidade de um gás natural barato e abundante. As fábricas de carvão mineral estão fechando suas portas. Quatro usinas nucleares estão sendo construídas. Estamos reduzindo nossa dependência do petróleo, o que, no passado, causou intenso envolvimento militar no Oriente Médio.

Mais de 13 países — entre eles, China, Taiwan, Coreia do Sul e Rússia — estão investindo na construção de reatores nucleares como sua fonte preferida de energia.[5] Esse tipo de energia causará menos danos ao clima mundial e ao meio ambiente do que o petróleo, mas oferecerá os riscos das explosões das usinas e do descarte dos resíduos.

EMPRESAS ESTÃO ADOTANDO CONSCIÊNCIA ECOLÓGICA

Hoje em dia, mais de quarenta bancos internacionais e muitas companhias de seguros exigem um exame adequado dos custos ecológicos como condição para conceder financiamento ou cobertura de seguro. Muitas empresas estão descobrindo que é inteligente avançar rumo a práticas empresariais sustentáveis. A empresa que age de maneira sustentável avalia o possível impacto de seus processos e produtos sobre o ambiente e a sociedade como um todo. Um bom exemplo é a Timberland, fabricante de roupas, equipamento e botas para aventuras ecológicas. A direção dessa empresa toma decisões cuidadosas a respeito de todo o material que adquire e só escolhe fornecedores que pratiquem verdadeiramente a sustentabilidade.

Outro bom exemplo é a empresa de roupas Patagonia, que declara o seguinte: "Nossa intenção é fechar o circuito no ciclo de vida do produto — transformar roupas velhas em novas e evitar que cheguem a um depósito de lixo ou incinerador. *Reduza* o que você compra. *Conserte* o que puder. *Reutilize* aquilo de que você não precisa mais. *Recicle* o que está gasto. *Reimagine* um mundo no qual só tomamos o que a natureza pode substituir... Juntos, podemos reduzir a nossa pegada ambiental."

O falecido Ray C. Anderson, CEO da Interface Inc., a maior empresa de placas de carpete do mundo, tornou-se influente defensor da ecologia. Aos 60 anos, ele leu o livro *The Ecology of Commerce* [A ecologia do comércio, em tradução livre], de Paul Hawken, e, repentinamente, se viu como um saqueador. Anderson decidiu nunca mais fabricar carpetes com o antigo desperdício. Ele reinventou suas instalações fabris no mundo inteiro e rogou a outros executivos que reduzissem o desperdício e as emissões de resíduos. Os lucros de sua empresa, na verdade, aumentaram, e ele se tornou um "saqueador recuperado". "O que começou como a coisa certa a fazer rapidamente se tornou a coisa inteligente... A redução de custos proveniente da eliminação do desperdício, por si só, foi de US$262 milhões", declarou ele a uma plateia de executivos empresariais. "Somos todos parte do *continuum* da humanidade e da vida. Teremos vivido nosso breve tempo de vida de forma nociva... Qual será então?"[6]

Entre as cem primeiras empresas que praticam a sustentabilidade estão BASF, BMW, Bombardier, Siemens e Samsung.[7] Elas aceitaram a ideia de que buscar crescimento, lucratividade e sustentabilidade são metas compatíveis. Mas precisamos que mais empresas, organizações sem fins lucrativos e unidades governamentais se juntem a esse movimento. Ainda estamos muito longe de chegar ao ponto no qual poderemos relaxar.

OS PROBLEMAS AMBIENTAIS CONTINUAM A NOS ASSOMBRAR

No livro *Capitalism 3.0* [*Capitalismo 3.0*, em tradução livre], Peter Barnes afirma que o capitalismo ainda produz custos ambientais e sociais que estão aumentando mais rápido do que a produção é beneficiada.[8] Ele afirma que, se subtraíssemos os custos ambientais de nosso PIB, o valor líquido talvez fosse a metade do que é.

Tim Jackson, no livro *Prosperidade sem crescimento: economia para um planeta finito*, assinala que, embora estejamos obtendo mais produção para qualquer carbono que emitimos na atmosfera (tornamo-nos 25% mais eficientes globalmente nos últimos 40 anos), nossa produção de carbono efetiva aumentou em 80%.[9] Um número maior de pessoas está descobrindo maneiras de queimar combustível fóssil. Jackson descreve nossa excessiva utilização de materiais importantes como cobre, bauxita e minério de ferro. Ele ressalta que, se o resto do mundo alcançasse nosso nível econômico, as reservas mundiais seriam exauridas em 20 anos. Ele diz que estamos viciados em desejar novos produtos, e estes, por sua vez, devem ser constantemente atualizados, conduzindo a uma "sociedade perdulária". Os cidadãos se sentem ansiosos com relação a serem julgados pelo que possuem; esforçam-se por obter aceitação adquirindo coisas novas. Jackson encara a sociedade capitalista altamente competitiva como possuidora de único propósito: vender "mais". Ele chega à seguinte conclusão: "A prosperidade para os poucos, apoiada na destruição ecológica e na persistente injustiça social, não é base para uma sociedade civilizada."[10]

Os Estados Unidos continuam a ser o segundo maior consumidor de energia e materiais depois da China. A preferência por carne em detrimento de outros alimentos tende a resultar na utilização dispendiosa da terra, sem mencionar os problemas adicionais relacionados às elevadas emissões de metano e à obesidade da população. A preferência por novos produtos e a constante atualização destes também estão aumentando o problema de como descartamos nossos bens físicos.

A ativista Naomi Klein lançou sua diatribe contra aqueles que negam a mudança climática ou que acreditam que podemos viver bem com a mudança climática em *This Changes Everything: Capitalism vs. The Climate* (Simon & Schuster, 2014) [*Isso muda tudo: capitalismo vs. o clima*, em tradução livre]. Ela diz que os livres-mercados não funcionam quando se trata de proteger bens públicos como o ar limpo e a água potável. Ela enxerga ganância nas empresas de combustíveis fósseis, nos lobistas que as apoiam e nos políticos que ganham muito dinheiro explorando o ambiente. Também defende um grande aumento da produção local como alternativa para a compra de produtos de terras distantes como a China, o que acaba consumindo uma enorme quantidade de combustível e poluindo o ar. Preconiza um novo movimento social da magnitude dos anteriores, que aboliram a escravidão, acabaram com o colonialismo e com outras terríveis condições.

Ainda temos muito com que nos preocupar. *Limites do crescimento: a atualização de 30 anos* relata que houve piora do ambiente depois da primeira edição do influente livro, em 1972.[11] Eis uma pequena amostra das preocupações ambientais citadas:

- "O nível do mar subiu de 10cm a 20cm desde 1900. Praticamente todas as geleiras não polares estão recuando, e a extensão e a espessura das banquisas do Ártico estão diminuindo no verão."
- "Em 2002, a Organização para Alimentação e Agricultura da ONU estimou que a pesca em 75% das áreas de pesca oceânicas do mundo havia atingido o limite de sua capacidade ou além desta. A área de pesca de bacalhau do Atlântico Norte, onde a pesca é realizada de modo sustentável há centenas de anos, sofreu um colapso, e a espécie do bacalhau talvez tenha sido empurrada para a extinção biológica."
- "A primeira avaliação global da perda de solo, com base em pesquisas realizadas por centenas de especialistas, constatou que 38%, ou quase 566.559.900 hectares, das terras agrícolas haviam sido degradadas."

O MUNDO SERÁ CAPAZ DE PRODUZIR ALIMENTOS SUFICIENTES?

Estima-se que a população da Terra aumente de 7 bilhões para 9 bilhões de habitantes até 2050.[12] O planeta terá de sustentar a produção de alimentos, comida para animais e biocombustíveis para atender às crescentes necessidades da população. Eis alguns dos principais problemas nessa área:

- Nosso planeta está perdendo terra arável por meio da erosão da camada superior do solo, resultante da especialização em uma única cultura agrícola, do desflorestamento e do crescimento das cidades que remove terra arável.
- A agricultura requer uma grande quantidade de água, a qual está diminuindo à medida que o planeta aquece, a evaporação se acelera e grande quantidade é usada com desperdício. De acordo com o Instituto de Recursos Mundiais, 37 países enfrentam "níveis extremamente elevados" de estresse hídrico básico.[13] Nesses países, empresas, fazendas e moradores são altamente vulneráveis até mesmo às menores alterações no fornecimento. A dessalinização da água do oceano oferece grande esperança, mas é um processo extremamente dispendioso do ponto de vista energético e monetário.
- A agricultura é uma causa importante da poluição da água e do ar devido aos germes transportados pelo ar e ao esgotamento agrícola. A agricultura é responsável por 30% de nossas emissões de gases do efeito estufa.

- Uma grande quantidade de terra arável é utilizada no cultivo de grama ou feijão-soja, destinados ao alimento dos animais. A alimentação está ficando mais rica em proteína, o que requer mais recursos do que a alimentação vegetariana.
- Muitos alimentos cultivados são desperdiçados devido à deterioração durante o armazenamento ou o transporte.
- Os países desenvolvidos consomem muito mais comida do que é necessário, o que causa obesidade e outros problemas.

Está claro que os cidadãos e os governos precisam tomar mais medidas para melhorar a produção de alimentos. Algumas áreas do mundo têm terras não utilizadas que podem ser convertidas em terra arável. É preciso ensinar aos agricultores métodos mais avançados de aumentar a produção nas terras aráveis. É necessário desenvolver mais fontes e utilizações de água e nutrientes. O consumo de carne deve ser reduzido como um meio de transformar pastos em mais áreas agrícolas. O uso de pesticidas precisa ser reduzido, e a agricultura orgânica deve ser mais utilizada. Apesar da advertência de alguns grupos ambientalistas, aceitar alimentos geneticamente modificados ajudaria a proteger mais plantas da necessidade de pesticidas.

Eis as dez principais preocupações ambientais que as empresas precisam examinar:

1. Mudança climática
2. Energia
3. Água

4. Biodiversidade e utilização da Terra
5. Produtos químicos, produtos tóxicos e metais pesados
6. Poluição do ar
7. Controle do desperdício
8. Depleção da camada de ozônio
9. Oceanos e áreas de pesca
10. Desflorestamento

Cada uma dessas questões ambientais foi discutida em dezenas de livros. Eis alguns deles: *Priority One: Together We Can Beat Global Warming* [Prioridade número 1: juntos podemos vencer o aquecimento global]; *Water: The Fate of Our Most Precious Resource* [Água: o destino de nosso recurso mais precioso]; *Pandora's Poison: Chlorine, Health, and a New Environmental Strategy* [O veneno de Pandora: cloro, saúde e uma nova estratégia ambiental]; *Blue Frontier: Dispatches from America's Ocean Wilderness* [Fronteira azul: despachos do oceano norte-americano]; *A morte azul: o intrigante perigo do passado e do presente na água que você bebe*; *Capitalismo natural: criando a próxima revolução industrial*; *Sustainable Value Chain Management* [Gerenciamento de uma cadeia de valor sustentável]; *Energy Management in Business* [Gerenciamento de energia sustentável nos negócios]; e *The Business Leader's Guide to the Low-Carbon Economy* [O guia do líder empresarial para uma economia de baixo carbono, traduções livres].

Foi documentado que a maioria dos investimentos que se destinam a reduzir os custos ambientais são recuperados no intervalo de 12 a 18 meses. Como exemplo, a 3M economizou US$1 bilhão apenas no primeiro ano com redução da poluição e, no curso de uma década, conseguiu reduzi-la em 90%.[14]

Lamentavelmente, os Estados Unidos estão atrás de muitos outros países quando se trata de prestar atenção à mudança climática. Somente 40% dos norte-americanos votaram "concordo fortemente" com a afirmação de que a terra está ficando mais quente e acharam que seus políticos deveriam combater o aquecimento global, em comparação com 75% dos brasileiros. As pessoas na Alemanha, Coreia do Sul, Índia, Turquia e em vários outros países também defendem a adoção de mais medidas para proteger a Terra.[15]

A verdadeira necessidade é convencer as empresas de que a sustentabilidade é lucrativa, de que cria uma vantagem competitiva. Boa parte do problema da poluição pode ser reduzida se fabricarmos carros mais leves e, especialmente, carros de propulsão elétrica. Também devemos adaptar nossos prédios e casas para que se tornem energeticamente mais eficientes. Precisamos parar de usar carvão mineral e outras fontes de energia intensiva em carbono.

7. Os ciclos econômicos e a instabilidade econômica

Observe as pequenas coisas; um pequeno vazamento afundará um grande navio.

BENJAMIN FRANKLIN

As empresas funcionam melhor quando têm uma imagem clara de seus clientes-alvo, de seus concorrentes e das principais forças demográficas, econômicas, sociais, tecnológicas e políticas que estão afetando o amplo ambiente empresarial. De forma inversa, elas funcionam de maneira deficiente quando muitos desses elementos são aleatórios e imprevisíveis.

Duas condições introduzem, de modo significativo, o risco e a incerteza na tomada de decisões nessa área. Uma delas é a presença persistente dos ciclos econômicos nas economias capitalistas. A outra é o nível ascendente de turbulência do mercado nesta nova era de globalização e rápido desenvolvimento tecnológico. Vamos examinar uma condição de cada vez.

O PROBLEMA DO CICLO ECONÔMICO

Os ciclos econômicos parecem ser uma característica intrínseca a uma economia de mercado capitalista. De 1857 até hoje, a economia norte-americana passou por 33 recessões. Os Estados Unidos sofreram oito contrações (do máximo ao mínimo)* da atividade econômica desde 1960.[1] O período médio de contração do máximo ao mínimo durou 13 semanas. O período médio do mínimo ao máximo se estendeu por 65 semanas. Como você pode perceber, o período de contração é breve, mas o retorno ao máximo seguinte é cinco vezes mais longo.

O objetivo da política econômica é manter a economia avançando em um ritmo de crescimento saudável. Ela deve ser capaz de gerar empregos para todos os que desejam, e fazer isso sem causar inflação — o que nos leva a examinar as seguintes questões:

1. Quais são as fases de um ciclo econômico?
2. Que fatores geralmente precipitam uma contração econômica?
3. Que fatores normalmente contribuem para uma recuperação mais rápida?

---

*Em inglês, "from peak to trough", sigla PTT. (*N. da T.*)

Quais são as fases de um ciclo econômico?

Um ciclo econômico passa por quatro fases.[2]

Contração. Quando a economia começa a desacelerar, esse momento é geralmente acompanhado por um mercado em baixa. O crescimento do PIB se reduz ao nível de 1% a 2% antes de efetivamente se tornar negativo.

Mínimo. Embora a economia continue a declinar em uma recessão, com o tempo, o desempenho negativo do PIB em cada período se torna menor e a economia se prepara para vencer a crise.

Expansão. Quando a economia começa a crescer de novo, essa fase geralmente é assinalada por um mercado em alta. O crescimento do PIB passa a ser novamente positivo e deve estar na faixa saudável de 2% a 3%. Se a economia for bem administrada, poderá permanecer na fase de expansão durante anos.

Máximo. Quando a economia entra em um estado de "exuberância irracional", com expectativas excessivamente elevadas, a inflação começa a aparecer. A fase do máximo ocorre quando a expansão da economia se reduz. Em geral, um último trimestre de crescimento saudável ocorre antes que a recessão tenha início. Se a taxa de crescimento do PIB for de 4% ou mais durante um ou dois trimestres consecutivos, o máximo está prestes a acontecer.

Quais fatores geralmente precipitam uma contração econômica?

Boa parte do ciclo econômico é explicada por mudanças no nível dos negócios, do investidor e da confiança do consumidor. Períodos de crescimento econômico ocorrem quando investidores, empresas e consumidores têm uma perspectiva positiva em relação à economia. Os consumidores compram quando podem, dependendo de seu nível de renda e do valor da moradia. Até mesmo uma pequena inflação pode encorajar os consumidores a comprarem mais cedo, antes que preços mais elevados passem a ser praticados. A maior demanda do consumidor leva as empresas a contratarem novos trabalhadores e a fazerem investimentos adicionais. Os investidores poderão agir de modo mais arriscado para ter um retorno adicional. Uma grande quantidade de capital e liquidez está disponível, muitas pessoas estão ganhando um bom dinheiro e todos acreditam que os bons tempos continuarão. Tudo isso sugere que o máximo não está muito longe.

Alguns sinais iniciais indicam que uma economia está ficando superaquecida. Em geral, há excesso de dinheiro emprestado indo para uma área "quente" importante. O boom pontocom da década de 1990 foi seguido de uma queda pontocom (1999-2001), quando os investidores especulativos compreenderam que muitas dessas novas empresas estavam ganhando muito pouco ou nenhum dinheiro. A segunda área "quente" acabou se revelando o boom imobiliário de 2003-2006, com muitas hipotecas sendo realizadas por pessoas que não teriam condições de pagar por elas caso perdessem o emprego. Em ambos os casos, o endividamento dos consumidores e dos investidores aumentou substancialmente. O falecido economista do MIT Charles Kindleberger declarou que as bolhas não podem existir sem os empréstimos: "Os desastres econômicos são quase sempre precedidos por um grande aumento da dívida das unidades familiares."[3]

Períodos de retração específicos podem ser precipitados por diferentes combinações de fatores. Uma contração pode começar em decorrência de baixos rendimentos, demissões, greves de grande porte, inventários inflados, o medo da inflação e outros fatores. A confiança das empresas, dos investidores e dos consumidores é abalada, e a fase de contração tem início. Os investidores começam a vender ações, comprar títulos e ouro, e juntar dinheiro vivo. O preço das ações cai drasticamente e os inventários se acumulam.

Os economistas vêm trabalhando há muito tempo na ideia de criar indicadores das atividades econômicas que ajudariam a prognosticar mudanças na economia. Os *indicadores de tendências** são aqueles que sofrem alterações antes que uma mudança ocorra na atividade econômica. Os *indicadores de resultados*** se alteram depois da mudança ocorrida. Os *indicadores coincidentes* mudam mais ou menos ao mesmo tempo que toda a economia. Entre os índices utilizados por esses três indicadores estão os relatórios de rendimentos, a taxa de desemprego, a taxa de pedidos de demissão, o índice de imóveis que começam a ser construídos, o índice de preços ao consumidor (uma medida da inflação), a produção industrial, o produto interno bruto, as

---

*"Leading indicators", na expressão em inglês. (*N. da T.*)
**"Lagging indicators", na expressão em inglês. (*N. da T.*)

falências, a difusão da internet de banda larga, as vendas no varejo, os preços no mercado de ações e as mudanças na oferta monetária.

Quais fatores normalmente contribuem para uma recuperação?

Cada recuperação tem sua própria explicação, como o papel desempenhado pela política federal monetária e fiscal, pelas histórias de recuperação das empresas, por notícias internacionais positivas e assim por diante. Algumas pessoas argumentam que, com frequência, novas guerras acabam em uma depressão. A Grande Depressão da década de 1930 de fato terminou com o início da Segunda Guerra Mundial. No meio de uma recessão, o governo faz o que pode para atenuar a política monetária, baixando a taxa de juros para um nível tão baixo (chamado de "afrouxamento quantitativo") que as empresas e os consumidores passam a poder pegar empréstimos com facilidade. No entanto, mesmo quando a taxa de juros é quase zero, frequentemente não é suficiente para estimular uma recuperação. O debate se volta, então, para a política fiscal e a aplicação de impostos e incentivos para estimular a economia.

O grande debate gira em torno do melhor rumo da política governamental. Nesse caso, duas posições diametralmente opostas entram em conflito. Uma delas — conhecida como a *solução de austeridade* — afirma que a recessão, com o tempo, acabará por si só. As empresas precisam diminuir seus custos, reduzindo empregos e adiando investimentos. Os trabalhadores precisarão aceitar salários mais baixos se desejarem manter seus empregos. Em algum momento, as empresas enxergarão novamente oportunidades para melhorar o lucro e, então, a recessão acabará. A Europa experimentou essa abordagem no período 2008-2011 e deixou os países PIGS (Portugal, Itália, Grécia e Espanha) em péssima situação financeira — em parte, porque isso foi imposto a esses países, e não escolhido por eles.

A outra posição é chamada de *estímulo aos gastos*. Nesse caso, o governo aprova uma lei para estimular os gastos, como ocorreu na Lei Americana de Recuperação e Reinvestimento, de 2009. Basicamente, o governo imprime dinheiro para aplicar em construções necessárias, em melhora da infraestrutura e em várias necessidades sociais. Isso põe dinheiro no bolso de muitas pessoas, cuja maior parte é despendida e gera mais dinheiro em outros bolsos. O estímulo aos gastos em 2009 contribuiu para reduzir a taxa de desemprego de 11% para 7,5% em três anos.

Os economistas Atif Mian e Amir Sufi aventaram a hipótese de que as contrações seriam menos graves se os imóveis fossem financiados com "hipotecas de responsabilidade compartilhada".[4] Se o preço dos imóveis em determinado CEP caísse, digamos, em 30%, o principal e os juros mensais do proprietário do imóvel cairiam também em 30%. Se os preços se recuperarem, os pagamentos sobem, porém não ultrapassam o valor original. O credor hipotecário poderia receber, digamos, 5% de qualquer ganho de capital que o proprietário do imóvel realizasse ao vendê-lo.

O PROBLEMA DA INTENSIFICAÇÃO DA TURBULÊNCIA DO MERCADO

Além do risco e da incerteza que são introduzidos em diferentes estágios do ciclo econômico, vem ocorrendo outro fenômeno — o da intensificação da turbulência do mercado.[5] No livro *A era da turbulência*,[6] Alan Greenspan descreve suas experiências como presidente do conselho administrativo do Federal Reserve, quando teve de lidar com um grande número de distúrbios e choques econômicos para os quais o único recurso era tentar sair de qualquer maneira da situação e rezar. Ele precisou lidar com déficits comerciais e fundos de aposentadoria em expansão, bem como com o papel apropriado da regulamentação do governo.

O fato é que o mundo está mais interligado e interdependente do que jamais esteve. A globalização e a tecnologia criaram um novo nível de *fragilidade entrelaçada* na economia mundial. A globalização significa que os produtores estão cada vez mais importando recursos de outros países e cada vez mais exportando sua produção para outros países. A tecnologia — na forma de computadores, internet e telefones celulares — possibilita que a informação e a comunicação percorram o mundo a uma incrível velocidade. A notícia de uma descoberta revolucionária, de um escândalo corporativo ou da morte de uma personalidade importante é ouvida no mundo inteiro quase instantaneamente. Embora a interdependência global atue a favor de todos nas épocas boas, também dissemina rapidamente muita dor e dano nas épocas ruins. A boa notícia são os custos mais baixos, porém a má notícia é a crescente vulnerabilidade.

Mas o que é turbulência? Sabemos quando ela ocorre na natureza. Ela leva à destruição em forma de furacões, tornados, ciclones ou tsunamis. Podemos senti-la no ar, às vezes, quando um piloto pede que apertemos os cintos. Em todos esses casos, a estabilidade e a previsibilidade desaparecem e são substituídas por forças conflitantes e inexoráveis que as golpeiam, esmurram e quicam.

A turbulência empresarial é definida como mudanças rápidas e imprevisíveis no ambiente externo ou interno de uma organização, que afetam seu desempenho.[7] Sim, as economias costumam retornar às condições "normais", mas, nessa nova era, a turbulência em níveis variados se torna um fator persistente. Uma empresa ou setor particular pode estar vivendo em condições de turbulência.

Quando Andy Grove era CEO da Intel, tinha de lidar com os mais diferentes tipos de ameaças que visavam a prejudicar a posição proeminente da empresa no setor de fabricação de chips de computador. Bastaria um concorrente esperto que aparecesse com um chip superior por um preço mais baixo para derrubar a empresa. Como Grove descreveu em seu livro, *Só os paranoicos sobrevivem*, ele tinha de conviver com a incerteza. A Intel precisou instalar um sistema de alerta precoce que revelaria sinais de problemas iminentes. Ela teve de criar diferentes cenários hipotéticos e planejar antecipadamente diferentes reações para eles, caso viessem a acontecer.[8]

Quase todas as empresas operam com a suposição de que existe um equilíbrio embutido de autorrestauração. Os economistas criaram a teoria dos preços com o equilíbrio em mente. Se uma oferta excessiva tem lugar, os produtores reduzem os preços. As vendas aumentam, absorvendo, assim, o excesso de oferta. De modo inverso, se ocorrer escassez, os produtores aumentarão o preço para um nível que equilibrará a oferta e a procura. E o equilíbrio prevalecerá.

No livro *Vencer no caos*, meu colega John Caslione e eu postulamos que, agora, a turbulência do mercado é a condição normal dos setores, mercados e empresas. A turbulência é a *nova normalidade*, entremeada por surtos periódicos e intermitentes de prosperidade e declínio. Hoje podemos esperar que ocorram muitos grandes choques e distúrbios dolorosos, causando níveis intensos de risco e incerteza generalizados para os negócios tanto no nível macroeconômico quanto no microeconômico. Afora os desafios do dia a dia de atuar em um cenário perpetuamente competitivo, além dos ciclos econômicos, os líderes empresariais precisam reconhecer um fluxo intensificado de distúrbios importantes e secundários que desafiam seu planejamento empresarial.

A turbulência tem dois efeitos principais. Um deles é a vulnerabilidade, contra a qual as empresas precisam de blindagem defensiva. O outro é a oportunidade, que precisa ser explorada. Os maus tempos são ruins para muitos, porém bons para alguns.

Mas, mesmo quando a normalidade volta à economia como um todo, não retorna para todos os setores, mercados e empresas individuais. A hiperconcorrência atua de maneira contínua e inexorável nas épocas normais. A indústria automobilística norte-americana está vivendo hoje uma *tempestade perfeita* de custos elevados do serviço de saúde aliados a enormes obrigações previdenciárias que convergem com uma fraca demanda de seus produtos, os quais, há décadas, vêm sendo considerados menos atrativos do que os produtos dos concorrentes estrangeiros. O setor da aviação civil está marcado pelo excesso de capacidade, e uma consolidação posterior é provável. Mesmo sem um desastre financeiro global, os tempos podem ser turbulentos para setores e organizações específicos.

Os donos de empresas e os empresários sempre conviveram com determinados níveis de turbulência nos negócios. Isso é comum e faz parte de uma economia normal. No passado, amplas oscilações econômicas que duravam vários anos eram uma característica essencial da economia.

AS FONTES DA TURBULÊNCIA

Podemos identificar e descrever sete fatores decisivos que aumentam os riscos das empresas:

- Avanços tecnológicos e a Revolução da informação
- Tecnologias e inovações disruptivas
- "Ascensão do resto"
- Hiperconcorrência
- Fundos Soberanos de Riqueza
- Meio ambiente
- O fortalecimento do consumidor

Avanços tecnológicos e a revolução da informação

A tecnologia da informação (TI) é um dos principais fatores propulsores no processo da globalização. Avanços desde o início da década de 1990 em hardware e software de computadores, nas telecomunicações e na digitalização conduziram à rápida transferência de informações e conhecimento pelo mundo inteiro. A revolução da informação provavelmente foi o elemento isolado que mais contribuiu para impulsionar e moldar a nova economia global.

Por intermédio da criação de interconexões com o potencial de ligar todas as pessoas e negócios em um único meio — a internet —, compradores e vendedores do mundo podem pesquisar, indagar, avaliar, comprar ou vender a partir de longas distâncias. As pessoas não precisam limitar suas compras e vendas apenas à sua área.

A internet transformou e globalizou o comércio, criando maneiras inteiramente novas para compradores e vendedores realizarem transações, para as empresas administrarem o fluxo dos insumos de produção e comercializarem seus produtos e para os recrutadores e pessoas em busca de emprego entrarem em contato uns com os outros. A nova mídia — websites, e-mail, mensagens instantâneas, chats on-line, quadros de avisos eletrônicos, blogs, podcasts, *webinars*, computação em nuvem — cria um sistema global que faz com que as pessoas e as empresas com interesses comuns encontrem umas às outras, troquem informações e colaborem.

No entanto, a revolução da informação contribui para o nível de turbulência porque há um número tão maior de pessoas enviando e recebendo mensagens a respeito de eventos em cada país que elas podem ajudar ou prejudicar diferentes empresas em diversas partes do mundo. As companhias precisam de um funcionário importante capaz de examinar o fluxo de mensagens em busca de tendências, correções e problemas que possam afetar a empresa.

Tecnologias e inovações disruptivas

As atividades das empresas podem ser muito abaladas repentina ou lentamente por uma nova tecnologia ou inovação. O grande economista de Harvard Joseph Schumpeter foi o pioneiro das pesquisas sobre como as inovações radicais conduzem à "destruição criativa" e são necessárias para uma economia dinâmica.[9]

Mais recentemente, o Professor Clayton M. Christensen lançou a ideia da "inovação disruptiva"* em uma série de livros.[10] Uma inovação disruptiva pode criar uma mudança drástica e tornar obsoletos uma tecnologia ou maneira de fazer negócio. Entre as tecnologias disruptivas estão as miniusinas siderúrgicas, que substituíram as siderúrgicas verticalmente integradas; a fotografia digital, que substituiu a fotografia química; os telefones digitais, que substituíram os telefones tradicionais; e os semicondutores, que substituíram as válvulas eletrônicas. A tecnologia disruptiva tem o potencial de ser o supremo "agente de mudança", capaz de criar o caos em um setor inteiro, especialmente para as empresas dominantes que só prestam atenção à turbulência que está girando à sua volta quando é tarde demais.

Christensen postula que uma "disrupção na faixa inferior" ocorre quando a velocidade com que o produto se aprimora excede a velocidade na qual os consumidores conseguem adotar o novo desempenho. Como consequência, em algum momento, o desempenho do produto ultrapassa as necessidades de certos segmentos de consumidores. Então, uma tecnologia disruptiva pode entrar no mercado e oferecer um produto que não tem um desempenho tão bom quanto o do produto da empresa dominante, mas excede as necessidades de certos segmentos, obtendo, assim, uma posição segura no mercado.

---

*O livro que deu origem à expressão foi publicado no Brasil com o título *Inovação na sala de aula: como a inovação disruptiva muda a forma de aprender*. (N. da T.)

Uma vez que a empresa disruptiva tenha obtido uma posição segura nesse segmento de consumidores, ela se empenhará em explorar a tecnologia a fim de melhorar sua margem de lucro. Tipicamente, a organização dominante pouco faz para defender sua participação em um segmento não tão lucrativo e, em geral, se desloca para a faixa superior do mercado e se concentra em consumidores mais atrativos e lucrativos. A empresa dominante acaba sendo comprimida em um número menor de mercados até que a tecnologia disruptiva finalmente atende à demanda do segmento mais lucrativo, acabando por expulsar inteiramente do mercado a antiga empresa dominante.

Nas disputas de tecnologia disruptiva, as corporações desse tipo geralmente saem vencedoras contra as empresas dominantes no setor que adotam uma tecnologia mais antiga. A companhia disruptiva pode enxergar uma enorme oportunidade, enquanto a dominante vê uma oportunidade bem menor. Outra razão pela qual as empresas disruptivas geralmente saem vencedoras é o fato de as empresas maiores e mais bem-sucedidas estarem organizadas em divisões de produtos que frequentemente têm setores que não se comunicam. P&D não se comunica o suficiente com projeto e desenvolvimento, produção, marketing e vendas e desenvolvimento empresarial. Esse efeito de setor conduz a um navio que se move lentamente, e não a uma lancha a motor que se desloca com rapidez. A colaboração entre os feudos é lenta. As empresas disruptivas estão observando quais são as necessidades dos consumidores que não estão sendo satisfeitas, ao passo que as empresas dominantes estão concentradas no produto existente.[11]

Quando atacados por uma empresa disruptiva, a primeira reação dos executivos nas companhias da tecnologia dominante é proteger seus cargos bem-remunerados e seus cômodos e desgastados modelos de negócios. Eis a reação típica: *Feche os olhos e talvez tudo isso desapareça*. Mas normalmente isso não acontece e, então, o caos realmente se instala, com cortes de pessoal sendo feitos a torto e a direito. As discussões e os debates se proliferam. E todo o possível é feito para que o cliente não consiga se adaptar à nova tecnologia.

Tipicamente, as empresas dominantes fazem tudo o que está ao seu alcance para adiar o dia do ajuste de contas tecnológico. O maior problema é que elas precisam suportar o ônus da antiga tecnologia e o modelo de negócios construído em torno dela, ao mesmo tempo que experimentam, desenvolvem e fazem a transição para as novas estruturas de modelos de negócios. Nesse ínterim, as empresas tecnológicas disruptivas não arcam com esse ônus do custo duplo. Para elas, tudo flui e o custo é relativamente baixo.[12] E, enquanto as empresas dominantes lutam para encontrar significado e coerência no caos em que estão profundamente atoladas, as empresas disruptivas abrem caminho agressivamente com a ajuda dos ventos e das ondas de turbulência que estão atrás delas.

O mundo pós-americano

Outra fonte de turbulência é a ascensão de outros países que estão consolidando poder político e econômico em uma situação global na qual, até recentemente, os Estados Unidos eram o único poder incontestável. O livro de Fareed Zakaria *O mundo pós-americano*[13] reconhece as potências emergentes do mercado, mais acentuadamente o grupo BRIC (Brasil, Rússia, Índia e China), junto com Indonésia, Turquia e todo o endinheirado Oriente Médio. A Europa se tornou poderosa no início do século XVI; os Estados Unidos, no início do século XX; e agora a Ásia, no século XXI.

Um crescente número de concorrentes está vindo de mercados emergentes. Multinacionais ocidentais consagradas confrontarão um número ascendente de multinacionais de países emergentes.[14] Um processo de redistribuição de dinheiro e poder — afastando-se dos Estados Unidos e da Europa e indo em direção aos países ricos em recursos e às nações industrializadas em ascensão na Ásia e no restante do mundo emergente — já está em andamento há anos. Elas comprarão agressivamente seu caminho para as Fortune Global 500* com suas aquisições de importantes companhias ocidentais — lucrativas aquisições com as equipes internacionais e locais experientes e marcas mundiais consagradas.

Empresas do mercado emergente como a Petrobras e a InBev, do Brasil, a Gazprom e a Severstal, da Rússia, a Reliance e a Tata, da Índia, e a Lenovo, a Haier, a Alibaba e a Huawei, da China, aumentarão a turbulência e as disrupções. Essas companhias estão crescendo em ritmo recorde. A velocidade com que adquirem empresas ocidentais aumentará à medida que a recessão causar mais danos às empresas norte-americanas e europeias do que às economias emergentes. Na realidade, a contribuição do mercado emergente para a Fortune Global 500 havia sido de 31 empresas em 2003, mas, em 2008, esse número subiu para 62, com a maioria das empresas sendo de países do grupo BRIC, e está posicionado para aumentar rapidamente. Com base nas tendências atuais, as empresas do mercado emergente

---

*Lista de classificação das 500 maiores corporações do mundo, medida por suas receitas. É publicada anualmente pela revista *Fortune*. (N. do E.)

serão responsáveis por um terço das empresas da Fortune no intervalo de dez anos.[15] Essas companhias extremamente ambiciosas e agressivas farão o que for necessário para derrubar os concorrentes das economias desenvolvidas e também daquelas em desenvolvimento, já que é nas primeiras que os lucros mais saudáveis são encontrados.

A hiperconcorrência

A hiperconcorrência ocorre quando tecnologias ou lançamentos são tão novos que os padrões e as regras estão em processo de mudança, o que resulta em vantagens competitivas que não podem ser sustentadas. Isso se caracteriza por medidas competitivas intensas e rápidas, em que os concorrentes precisam avançar rapidamente para construir novas vantagens e desgastar as de seus rivais. Os concorrentes vicejam na velocidade e na surpresa para introduzir produtos mais atraentes ou de menor custo e agradar a gostos mais diversificados dos consumidores. As barreiras ao comércio que desapareçam contribuem para o desequilíbrio estrutural e para a destronização de líderes do setor.[16]

Richard D'Aveni, professor de estratégia empresarial na Tuck School of Business na Dartmouth College e autor de *Hipercompetição: estratégias para dominar a dinâmica de mercado*, argumenta que a vantagem competitiva deixa de ser sustentável no longo prazo.[17] A vantagem é continuamente criada, desgastada, destruída e recriada por meio de manobras estratégicas pelas empresas que causam disrupções nos mercados e agem como se não houvesse barreiras ao ingresso. A maneira de vencer hoje em dia é tornar obsoletas as vantagens competitivas da atual líder do mercado.[18]

No ambiente competitivo, os lucros serão menores para as empresas que deixarem de criar novas posições competitivas com mais rapidez do que suas antigas posições se desagregam, especialmente porque o peso de suas estratégias depreciadas e dispendiosas impedirá que muitas se adaptem e adotem novos comportamentos com rapidez suficiente.

Fundos Soberanos de Riqueza

O aumento dos Fundos Soberanos de Riqueza (FSRs) significa que maior quantidade de capital pode se deslocar rapidamente em direção a áreas de oportunidade e para fora de áreas de saturação, provocando outra fonte de turbulência. O Fundo Soberano de Riqueza é um conjunto de ações, títulos, propriedades, metais preciosos e outros instrumentos financeiros. Os FSRs já existem há décadas, mas aumentaram substancialmente a partir de 2000. Alguns são controlados exclusivamente pelos bancos centrais, que acumulam os fundos enquanto administram o sistema bancário de uma nação. Em geral, esse tipo de fundo encerra grande importância econômica e fiscal. Outros FSRs são simplesmente a poupança do Estado, a qual é investida por várias entidades.[19] Os maiores FSRs são Abu Dhabi Investment Authority, Norway Government Pension Fund, Saudi Arábia AMA Foreign Holdings, Singapore Investment Corporation, China SAFE Investment Company, Kuwait Investment Authority, China Investment Corporation (CIC), Russia National Welfare Fund, Hong Kong Monetary Authority e Singapore Temasek Holdings.[20]

Durante a crise financeira global de 2008, várias instituições norte-americanas e europeias conseguiram evitar a falência aceitando FSRs do governo chinês e de vários reinos árabes.[21] Isso diz muito coisa a respeito da "ascensão do resto", bem como de quais entre os que estão *ascendendo* serão os principais grupos a fazer ondas na nova era.[22] Os Fundos Soberanos de Riqueza ficaram mundialmente em evidência ao investir em empresas financeiras de Wall Street, entre elas o Citigroup, a Morgan Stanley e a Merrill Lynch, quando precisaram de uma injeção de dinheiro devido às perdas no início da crise das hipotecas subprime em janeiro de 2008. O tremendo dano que veio à tona em decorrência das crises de 2008 apenas acelerou o processo de transformação.

Os abastados fundos de investimentos de propriedade da China, de Cingapura, Dubai e Kuwait controlam ativos no valor de quase US$4 trilhões. Eles estão em uma poderosa posição para comprar seu caminho em Wall Street e nas principais bolsas de Londres e da Europa de maneira marcante, formando grandes ondas.

Em meados de 2008, legisladores norte-americanos e investigadores do congresso expressaram publicamente a opinião de que a atividade não regulamentada dos FSRs e de outros especuladores havia contribuído para a oscilação radical dos preços do petróleo, e que os maciços pools de investimento administrados pelos governos estrangeiros estão entre os maiores especuladores no comércio do petróleo e de outros bens essenciais, como milho e algodão, nos Estados Unidos.[23] Eles podem ser vistos como importantes fontes da intensificação da turbulência.

O medo latente a respeito dos Fundos Soberanos de Riqueza incrivelmente abastados — e obscuros — contribuirá para o inevitável aumento do sentimento protecionista quando houver um retorno a tempos financeiramente menos turbulentos. Esse aumento do medo também será alimentado pelo desprezo inerente que muitos ocidentais têm pelo capitalismo oligárquico e conduzido pelo Estado, ambos preponderantes em muitos mercados emergentes com os maiores FSRs.[24]

Em última análise, por meio de aquisições corporativas e do investimento dos FSRs nos Estados Unidos, na Europa e em outras economias ocidentais, o papel do Estado (com frequência não democrático) na economia mundial está se expandindo rapidamente e, com isso, a inevitável "resistência" da parte dos governos e empresas ocidentais, criando novas fontes de turbulência que as empresas terão de enfrentar.

Meio ambiente

Grupos ecológicos que pressionam as empresas para que prestem mais atenção ao ambiente também estão estimulando turbulência. Todas as companhias enfrentam uma pressão cada vez maior para conservar os escassos recursos naturais e reduzir a poluição, a fim de impedir o aquecimento global e evitar que a vida no planeta seja irreparavelmente danificada. O "movimento verde" está crescendo e ganhando influência, o que contribuiu para o custo de fazer negócio como um todo, independentemente de quaisquer retornos sobre o investimento. Pede-se aos cidadãos e às empresas que consumam e invistam de maneira mais consciente em sistemas que conservem o ar, a água e a energia. E, embora a maioria das empresas tenha vontade de apoiar o movimento verde, não é fácil provar que investimentos em iniciativas ambientais no nível da empresa estejam efetivamente gerando retorno, em especial para os acionistas.

Praticamente todas as empresas hoje em dia reconhecem os crescentes mercados de energia, água, alimentos e transporte mais limpos. Muitas já estão vendo benefícios nos resultados finais provenientes de estratégias de negócios e inovações baseadas no desenvolvimento sustentável. A General Electric é uma empresa que, por meio de seu programa Ecoimagination, está tentando lucrar fornecendo soluções para problemas de energia e de poluição. Um maior número de executivos em empresas como Samsung, BASF e BMW hoje encara as questões ambientais mais como oportunidades do que como riscos.[25]

Como os concorrentes estão propensos a investir em medidas ecológicas em ritmos diferentes, essa circunstância favorecerá aqueles que não fizerem esse investimento, pelo menos em curto prazo. Em alguns mercados, igualar as condições para todos poderá exigir mais regulamentação e fiscalização por parte do governo. O efeito global será aumentar o nível de turbulência em diferentes setores e dentro deles. À primeira vista, os Estados Unidos e a Europa têm a probabilidade de estar em desvantagem competitiva com relação a países menos desenvolvidos porque estes últimos têm menos capacidade e estão menos propensos a fazer e fiscalizar investimentos "verdes". O Ocidente poderá tentar usar essa situação como desculpa para reduzir seus próprios investimentos, o que conduzirá a um resultado ecologicamente arriscado para todos.

Em última análise, o valor das empresas tende a mudar à medida que os fatores ambientais começam a afetar seu desempenho. O impacto no curto prazo no fluxo de caixa pode ser limitado, mas, com o tempo, será significativo em alguns setores. À medida que as nações e empresas começarem a agir de maneira mais agressiva para lidar com as preocupações ambientais, o que inclui sistemas potencialmente dispendiosos destinados a reduzir as emissões de carbono, mudanças importantes na avaliação delas começarão a se tornar mais claras e previsíveis. O primeiro passo fundamental é examinar e quantificar a exposição de uma companhia à não concordância com medidas regulatórias atuais ou em perspectiva (como a precificação do carbono, novos padrões, impostos e subsídios), nova tecnologia e mudanças ambientalmente induzidas no consumidor e em seu comportamento. Os executivos das empresas terão de indagar como mudanças específicas afetariam a posição competitiva de uma companhia se outras adotassem novos modelos de negócios e avançassem mais rápido rumo a práticas comerciais "verdes".[26]

O fortalecimento do consumidor

No passado, as empresas dominavam as informações transmitidas pela mídia. Elas divulgavam poderosas mensagens de marcas usando rádio, televisão, jornais, revistas e outdoors. Se os clientes desejassem mais informações a respeito de uma marca ou de um vendedor, só podiam recorrer à sua experiência pessoal ou à de amigos e parentes. Essas informações "assimétricas" estavam inclinadas a favor dos vendedores.

Na última década, uma revolução aconteceu. Hoje em dia, os consumidores continuam a receber propaganda dos vendedores, mas podem consultar centenas de "amigos" no Facebook, no Linkedin ou no Twitter. Podem examinar os relatórios na Angie's List ou no Zagat e descobrir o que outras empresas e pessoas como eles pensam dos produtos e serviços de determinada companhia. Cada vez mais, as regiões ou países individuais ao redor do mundo têm seu novo grupo de sites interativos on-line que ligam empresas e pessoas que compartilham experiências.

Isso significa que os consumidores e outros *stakeholders* — funcionários, fornecedores e distribuidores — não são mais agentes passivos do processo de marketing. Eles podem descobrir tudo o que quiserem a respeito de uma empresa, produto ou serviço. Além disso, os consumidores e todos os *stakeholders* podem usar o que aprenderam e contar aos outros em sua rede por meio de blogs, podcasts, e-mails ou bate-papos.

A profunda implicação é que os vendedores que oferecem produtos precários ou um serviço que não é de alta qualidade desaparecerão mais rápido do que nunca. O volume de boca a boca proveniente de empresas e pessoas que experimentaram um produto ou serviço acabará promovendo mocinhos e derrotando os vilões. E estimulará os mocinhos a se tornarem cada vez melhores. Desse modo, o fortalecimento do consumidor e dos *stakeholders* atua como um catalisador que conduz ao contínuo aprimoramento nos lançamentos dos concorrentes sérios.

De modo similar, o boca a boca tem o potencial de criar turbulência e caos para os vendedores. Uma pessoa que tenha recebido um péssimo atendimento durante um voo comercial pode criar um website dedicado à companhia aérea e convidar outras pessoas que também tenham tido uma má experiência a contar suas histórias. Um cliente ou consumidor enraivecido pode arruinar a reputação de uma empresa consagrada. As empresas vigilantes precisam ter por meta a elevada satisfação dos clientes e monitorar as conversas na internet para garantir que nenhuma pessoa zangada possa destruir a companhia.

À medida que os clientes exigem cada vez mais informações a respeito de como as empresas interagem com eles, organizações importantes de todos os tamanhos obterão vantagem ao fazer com que esse crescente envolvimento do consumidor deixe de ser um risco e se transforme em uma oportunidade e sucesso no longo prazo.

O ciclo econômico e a turbulência intensificada do mercado são fatores que influenciam significativamente o desempenho de uma economia de mercado. Descrevi esses fatores como constituintes de uma deficiência do capitalismo, mas, na verdade, são uma parte intrínseca de qualquer sistema econômico. Os soviéticos afirmavam que seu sistema havia eliminado o ciclo econômico, mas tudo o que conseguiram fazer foi ocultá-lo da mídia. Uma pessoa que morasse em Moscou tinha pouco conhecimento da saúde ou da enfermidade econômica de outras regiões da União Soviética.

Os soviéticos também podiam afirmar que sua economia não era assolada pela turbulência. Afinal de contas, o sistema econômico havia eliminado a luta de classes ao acabar com os ricos. Os membros do proletariado não eram mais explorados. Eles governavam o país. Todos os anúncios e filmes soviéticos aplaudiam o Novo Sistema e a harmonia e a esperança que ele gerava.

O fato é que o ciclo econômico e a maior turbulência estão presentes em todos os sistemas econômicos, mas essas características são particularmente proeminentes em uma economia livre de mercado aberto caracterizada pela hiperconcorrência e pela rápida mudança tecnológica. A verdadeira tarefa não é sonhar em eliminar o ciclo econômico ou a turbulência, e sim moderar sua amplitude e seu impacto para que os que tomam decisões econômicas possam atuar de maneira mais racional.

O ciclo econômico pode ser moderado ao se aprimorar a capacidade daqueles que orientam a economia de reconhecer uma bolha quando está se formando e tomar medidas para acalmar a especulação e a "exuberância irracional". E, depois que uma recessão tenha ocorrido, aqueles que guiam a economia precisam adotar medidas mais rápidas de injetar dinheiro e crédito na economia de mercado, para que os gastos possam recomeçar.

A intensa turbulência também pode ser moderada. Um número crescente de empresas comerciais está monitorando as mais recentes informações sobre os consumidores e as modificações de suas necessidades, expectativas e níveis de confiança. As empresas são mais capazes de avaliar sua posição (ou seja, valor percebido) na mente de seus clientes-alvo e reagir a eventuais quedas nessa posição. As empresas estão observando mais de perto seus concorrentes e avaliando os planos e a posição deles no mercado. Ninguém espera que essas medidas possam eliminar surpresas provenientes de ocorrências aleatórias e imprevisíveis, mas o conhecimento mais aguçado do que está tendo lugar esperançosamente reduzirá o número de surpresas efetivas.

Depois de examinarem os principais fatores que provocam mudança no ciclo econômico e turbulência, as empresas precisam de *um novo plano estratégico* para operar em cada fase do ciclo econômico e em cada nível de turbulência. Quando Peter Drucker escreveu sobre turbulência durante a profunda recessão do início da década de 1990, declarou o seguinte:

Em tempos turbulentos, a empresa precisa ser administrada *tanto* para resistir a golpes repentinos *quanto* para tirar proveito de oportunidades inesperadas. Isso significa que, em tempos turbulentos, os princípios fundamentais precisam ser administrados, e com competência.[27]

As empresas precisam desenvolver habilidades, sistemas, processos e disciplinas que lhes possibilitem rapidamente detectar e prognosticar mudanças em seu ambiente, identificar suas vulnerabilidades e as oportunidades provenientes da mudança, bem como capacitar a organização a reagir de maneira sábia e com grande determinação. Todos os líderes empresariais estão intensamente concentrados em criar estratégias, estruturas organizacionais e culturas empresariais que criem e ofereçam um valor superior ao cliente no que diz respeito à vida da organização. Em tempos turbulentos, como assinalou Drucker, maximizar a criação de um valor contínuo exigirá uma nova mentalidade e um novo conjunto de comportamentos empresariais.

Enquanto as empresas se preparam para a maior turbulência e o maior caos que vêm pela frente, não se esquecerão tão cedo da dor e das lições do desastre financeiro de 2008. As empresas avançarão com mais cautela e adotarão uma mentalidade voltada ao risco. O governo tentará aprovar regulamentações para evitar a repetição desse tipo de bolha imobiliária e de hipotecas. Os bancos e as empresas se mostrarão menos inclinados a vender seus produtos e serviços sem garantias. As práticas de crédito serão monitoradas com mais cuidado para evitar outra economia do tipo "castelo de cartas".

Os perenes propulsores da globalização ao longo dos últimos cinquenta anos, os Estados Unidos e a Europa, não mais desempenharão seus antigos papéis dominantes. Um processo de redistribuição de dinheiro e poder ao redor do mundo — que se afasta dos Estados Unidos e da Europa e avança em direção aos países ricos em recursos e às nações industrializadas em ascensão na Ásia — já está em andamento desde os atentados terroristas de 11 de setembro, quando a China, a Rússia, o Oriente Médio e outras economias em ascensão começaram a acumular grandes reservas de dinheiro à medida que a globalização aumentava vertiginosamente, junto com os preços do petróleo, do gás natural e de outras commodities.

8. Os riscos do autointeresse limitado

Não basta ser diligente; as formigas são diligentes. A respeito do que você é diligente?

HENRY DAVID THOREAU

O capitalismo é um sistema econômico predominantemente radicado na ideia do individualismo e das recompensas individuais. As pessoas devem ser livres para perseguir seus sonhos e construir sua vida em um mercado livre. Elas não devem depender do governo ou de seus benefícios, e nem mesmo dever alguma obrigação à opinião pública a respeito do que é certo ou errado.

O ex-presidente do Conselho Administrativo do Federal Reserve Bank, Alan Greenspan, formulou a seguinte pergunta: "Desejamos ter uma sociedade que dependa do governo ou uma sociedade baseada na autossuficiência dos cidadãos individuais?" Eu contestaria a pergunta dele e questionaria por que não podemos ter um sistema de autossuficiência e um sistema de cuidados comunitários para famílias que precisam de ajuda. Qual é o melhor equilíbrio entre as duas situações?

O ARGUMENTO A FAVOR DO INDIVIDUALISMO E DA AUTOSSUFICIÊNCIA

A extrema defensora do conceito do individualismo foi a romancista e filósofa Ayn Rand. Ela escreveu dois livros famosos a respeito de sua filosofia, chamada de *objetivismo*. Seu romance de 1943, *A nascente*, retrata um jovem decidido e criativo arquiteto chamado Howard Roark, que se recusa a projetar prédios nos antigos estilos históricos.

Ele prefere a obscuridade a comprometer sua visão pessoal e artística. É o oposto de Peter Keating, outro arquiteto, que copia estilos históricos e ingressa em uma empresa de arquitetura de prestígio, na qual recorre à bajulação para subir rapidamente e se tornar sócio. Em determinado momento, Peter Keating contrata Roark para projetar um prédio para ele. Roark aceita, sob a condição de que o prédio seja construído exatamente como ele o tiver projetado. Mais tarde, Roark volta de uma longa viagem de negócios e descobre que o prédio está concluído, mas o projeto inicial fora alterado. Então, explode a estrutura porque o prédio não é o mesmo que ele projetou. Ele é levado a julgamento por seu "crime".

Outro personagem do livro, Ellsworth Toohey, critica constantemente a independência de Roark. Ayn Rand considera Toohey a personificação do mal, alguém que encarna o espírito do coletivismo, mas que, na realidade, o utiliza para conquistar poder sobre os outros. Rand é contrário aos ideais do *altruísmo ético* de Toohey e usa o romance para defender seu argumento a favor do *egoísmo ético* (ou seja, o egoísmo racional). Seu herói, Howard Roark, é um individualista intransigente, exagerado e digno de ser venerado como herói para a autora. Roark diz: "Só consigo encontrar alegria se faço meu trabalho da melhor maneira possível para mim. Mas o melhor é uma questão de padrões — e eu defino meus próprios padrões. Eu não herdo nada. Não sigo nenhuma tradição. Posso, talvez, ser o iniciador de uma." Grande parte da filosofia libertária dos dias de hoje recua a essa ideia do indivíduo livre e criativo cujos inimigos, a saber, os socialistas e coletivistas, tentam embridar e corromper.

O segundo livro de Ayn Rand, *A revolta de Atlas*, publicado em 1957, se concentra na visão de uma sociedade em que os cidadãos mais produtivos se recusam a ser cada vez mais explorados pela crescente tributação e pelas regulamentações do governo. Líderes empresariais, como o magnata do aço, Henry Rearden, e o do petróleo, Elias Wyatt, encerram as atividades de suas respectivas indústrias e desaparecem. Eles se unem a John Galt, o líder da rebelião, para demonstrar que a destruição do motivo do lucro conduzirá ao colapso da sociedade. Somente se Galt, que representa a razão, o individualismo e o capitalismo, retornar à sociedade, a economia poderá ter a chance de ser devolvida ao seu antigo estado de energia e crescimento.

Rand atribui a destruição da sociedade aos "saqueadores e aproveitadores". Os saqueadores tomam a propriedade que pertence aos produtores por meio da força, apontando uma arma, por exemplo. Os aproveitadores, que não criam nenhum valor, tomam a propriedade dos outros por meio de impostos, exigindo os ganhos dos outros em benefício dos necessitados.

A revolta de Atlas alcançou sucesso instantâneo quando foi publicado e permaneceu na lista de best-sellers do *New York Times* durante 22 semanas consecutivas. Embora popular, a obra atraiu sua parcela de críticos, entre eles Gore Vidal, que descreveu a filosofia do livro como "quase perfeita em sua imoralidade", e Helen Beal Woodward, que sentiu que o romance estava "permeado pelo ódio".

Até hoje, a falecida Ayn Rand possui um enorme número de seguidores que veem uma intensa luta entre os que valorizam o indivíduo e aqueles que querem que as pessoas abafem seus interesses em prol dos interesses da comunidade mais ampla.

A filosofia de Rand é, de certo modo, captada no filme de 1987 *Wall Street*, quando Gordon Gelko (interpretado por Michael Douglas), o CEO da Teldar Paper, faz seu famoso discurso "A ganância é saudável": "A ganância purifica, atravessa e capta a essência do espírito evolucionário. A ganância... marcou o surto ascendente da humanidade."

Vamos nos voltar agora para exemplos menos radicais do individualismo para compreender suas origens e seu fundamento lógico. O individualismo é a doutrina que valoriza a independência e a autossuficiência e acredita que o interesse do indivíduo tem prioridade sobre os interesses do Estado ou de um grupo social. O conceito do indivíduo surge na Era do Iluminismo, que rejeitava o autoritarismo, a obediência aos reis, o governo opressivo, o status hereditário, a religião estabelecida e o dogma rígido. Atribui-se ao filósofo John Locke o esclarecimento do liberalismo como uma filosofia em que "ninguém deve prejudicar outra pessoa em sua vida, saúde, liberdade ou posses". Bem mais tarde, a

Declaração da Independência norte-americana foi redigida. Ela inclui as seguintes palavras (ecoando Locke) "Todos os homens são criados iguais; são dotados pelo Criador de certos direitos inalienáveis, entre os quais estão a vida, a liberdade e a busca da felicidade; para garantir esses direitos, são instituídos entre os homens governos que derivam seus justos poderes do consentimento dos governados."

Ao mesmo tempo, em 1776, Adam Smith publicou seu famoso livro *A riqueza das nações*. Ele defendeu o papel fundamental do autointeresse no ímpeto do crescimento de uma economia. Ele teve o cuidado de preconizar o "autointeresse *esclarecido*". Lembre-se de que Smith também escreveu *A teoria dos sentimentos morais*, afirmando que a moralidade e a honestidade são pré-requisitos para o capitalismo. Ele teria rejeitado a versão do capitalismo que preconiza o "espírito animal" (frase popularizada pelo economista britânico John Maynard Keynes) para liderar o ataque.

Entre os economistas do século XX que defendem o argumento moderno em prol do individualismo estão Ludwig von Mises, Friedrich Hayek e Milton Friedman. Von Mises foi líder na Escola Austríaca de Economia. Ele escreveu *Liberalism* (1927) [*Liberalismo*, em tradução livre] e fez a seguinte declaração favorável sobre Ayn Rand: "Você tem a coragem de dizer às massas o que nenhum político disse a elas: vocês são inferiores e todas as melhoras de suas condições que vocês simplesmente aceitam como coisa natural, são devidas aos esforços de homens que são melhores do que vocês."

Friedrich Hayek se apoiou, em parte, no trabalho de von Mises e escreveu *O caminho da servidão* (1944), ressaltando o risco de o capitalismo deslizar para o fascismo na tentativa de evitar o socialismo. Ele recebeu o Prêmio de Ciências Econômicas em memória de Alfred Nobel em 1974. Milton

Friedman escreveu o seguinte a respeito de Hayek: "Nenhuma personalidade teve mais influência... nos intelectuais atrás da Cortina de Ferro do que Friedrich Hayek. Seus livros foram traduzidos e publicados em edições clandestinas e do mercado negro, foram lidos extensamente e, sem dúvida, influenciaram o clima de opinião que, em última análise, provocou o colapso da União Soviética."

Já Milton Friedman, que recebeu esse mesmo prêmio em 1970, tornou-se o principal expoente do individualismo e dos livres-mercados por meio de seus livros *Capitalismo e liberdade* (1962) e *Liberdade para escolher* (1979).

O ARGUMENTO EM DEFESA DA COMUNIDADE

Geert Hofstede é um famoso acadêmico que classificou diferentes países de acordo com quatro dimensões culturais, uma das quais foi "individualismo *versus* coletivismo". Ele disse que, em uma sociedade coletivista, como o Japão, a autoestima de uma pessoa está mais radicada na ordem social do que na realização individual. Um japonês não desejaria chamar a atenção; se fizer isso, será severamente criticado. A "vergonha" atua mais do que a "culpa" no Japão e em outras sociedades coletivistas; as pessoas precisam se apresentar bem aos outros em sua comunidade. Entre as sociedades voltadas à comunidade, estão a confucionista, a islâmica e as do Oriente Médio até certo ponto. Todas atribuem elevado valor à harmonia social, até mesmo a ponto de restringir alguns direitos individuais.

O comunismo era um extremo. Os países regidos pela filosofia comunista sustentavam que a ação seria julgada por seu impacto no bem-estar das massas, e não na liberdade dos indivíduos. O Estado era indispensável para garantir que a ganância e o comportamento egoísta não se tornassem a norma. O comunismo buscava possuir todos os recursos produtivos do Estado e todos os trabalhadores trabalhavam para ele.

Menos radical é o sistema econômico conhecido como socialismo. O socialismo enfatiza o "bem comum", permite a propriedade privada e a atividade econômica conduzida de forma privada e protege fortemente as instituições democráticas e as eleições. A Suécia, a França e até mesmo a Grã-Bretanha se declarariam sociedades socialistas em diferentes graus.

Eu gostaria de enfatizar a diferença entre chamar uma sociedade de "coletivista" e de "inclinada para a comunidade". O problema da sociedade individualista é que muitas pessoas pensam pouco, ou simplesmente não pensam, no impacto de seu comportamento sobre os outros membros da sociedade. Elas ou desconsideram os outros quando tomam decisões ou não se importam com aqueles que estão além de seu círculo imediato da família e de amigos. O pensamento individualista pode levar as pessoas a desconsiderar a poluição, a pobreza e outros males sociais, embora, em última análise, afetem a todos.

A outra crítica é que os valores individualistas podem levar muitas pessoas na sociedade a experimentar anomia ou alienação. No livro *Bowling Alone* [*Jogando boliche sozinho*, em tradução livre], Robert Putnam escreveu a respeito de muitas pessoas que jogam boliche sozinhas em um jogo concebido para ser social. Embora o número daqueles que jogam boliche tenha aumentado no período que ele examinou, o número de associações no esporte diminuiu. Putnam lamenta o declínio do "capital social" e aponta para outras tendências que mostram que os norte-americanos estão menos envolvidos política e civicamente, como é indicado pelo baixo comparecimento às urnas, pela menor participação nos partidos políticos e pela relutância em atuar em comunidades. Ele acredita que parte dessas tendências resulta do fato de mais mulheres estarem ingressando na força de trabalho, o que faz com que elas tenham menos tempo para se dedicar ao serviço comunitário, e de mais membros da família estarem passando mais tempo em casa assistindo à televisão ou trabalhando na internet. Ele lamenta, ainda, o declínio do capital social por achar que isso representa uma ameaça à continuação da democracia.

A reação ao hiperindividualismo gerou crescente interesse pelo *comunitarismo*. Suas raízes recuam à Bíblia hebraica, ao Novo Testamento e, mais recentemente, às doutrinas socialistas e do movimento sindicalista a respeito da solidariedade do trabalhador. Pode ser encontrado no interesse de Sidney e Beatrice Webb por levar o público britânico a prestar mais atenção aos pobres e à classe trabalhadora. Como ressaltou um artigo de 2014: "O governo britânico introduziu refeições gratuitas nas escolas para as crianças necessitadas em 1906, pensões para os idosos em 1908, fundos para combater a pobreza em 1909 e o seguro-saúde nacional para os doentes e desempregados em 1911."[1] Os Estados Unidos, mais individualistas, só vieram a ter ideias relacionadas com o bem-estar social na década de 1930.

A questão pode ser vista como escolher entre comunidades opressivas porém protetoras (*Gemeinschaft*) e sociedades liberais porém impessoais (*Gesellschaft*). Amitai Etzioni, professor de sociologia da Universidade Columbia há muito tempo, afirmou que as comunidades protetoras não precisam ser opressivas. Etzioni fundou o movimento comunitarista norte-americano no início de 1990, que enfatizou a importância de relacionamentos cercados de afeto entre grupos e um conjunto compartilhado de valores, normas, história e significados provenientes de uma cultura. As pequenas cidades têm esse tipo de comunidade e envolvimento, porém as cidades maiores, as regiões e as nações estão propensas a perder parte desse sentimento de "comunidade".

Os comunitaristas enfatizam que as pessoas que estão bem integradas em comunidades são mais capazes de raciocinar e agir de maneira responsável do que as pessoas isoladas. Os comunitaristas admitem que existe um inconveniente, visto que pode haver forte pressão social para a concordância, e isso pode debilitar o eu individual. Os individualistas defendem uma estrutura neutra de regras em que pode haver uma multiplicidade de valores morais, ao passo que os comunitaristas podem defender um conjunto de direitos mais claros e compartilhados, como o sistema de saúde universal, a educação gratuita e um ambiente seguro e limpo. Os comunitaristas foram alguns dos primeiros a encorajar as pessoas a apoiar causas ambientais, que eles sentiam que eram desconsideradas pelos individualistas. Estes, por sua vez, contestariam dizendo que a proteção do ambiente transgride seu direito negativo de não ter a propriedade privada tributada para apoiar essas causas.

Os comunitaristas afirmam que nem os direitos individuais nem o bem comum devem ter prioridade um sobre o outro. A sociedade "boa" produz equilíbrio entre liberdade e ordem social, entre direitos individuais e responsabilidade social. Os comunitaristas rejeitam os extremos do individualismo liberal, por um lado, e o coletivismo autoritário, por outro. Eles dizem que uma das principais funções da comunidade é preservar uma "voz moral" com relação ao que é certo e bom para as pessoas e para o coletivo. Mas também enfatizam que não desejam retornar às comunidades tradicionais com suas falhas importantes: estrutura de poder autoritário, estratificação e discriminação contra as minorias e as mulheres. Os comunitaristas responsivos buscam formar comunidades com base na participação aberta, no diálogo e em valores verdadeiramente compartilhados.

O CONCEITO DA RESPONSABILIDADE SOCIAL CORPORATIVA

Hoje em dia, a maioria das empresas está empenhada em doar dinheiro para boas causas. Essa atividade encerra três fundamentos lógicos.

Em primeiro lugar, as empresas receberam muitos benefícios da sociedade, como estradas, pontes, portos e outros tipos de infraestrutura que as ajudam a serem lucrativas. Por conseguinte, elas devem devolver alguma coisa à sociedade. Segundo, a responsabilidade social corporativa (RSC) ajuda a melhorar a reputação da empresa como um bom cidadão. A RSC conquistará mais clientes e ajudará os funcionários a se sentirem melhor com relação à empresa em que trabalham. Terceiro, doar para instituições beneficentes contrabalança a difundida impressão de que elas só se importam com os lucros e com acumular riqueza.

Há um fundamento lógico mais amplo chamado obrigação moral. R. Edward Freeman realçou a seguinte ideia: "Como vamos tornar esta empresa um instrumento de serviço à sociedade ao mesmo tempo que cumprimos nossa obrigação de desenvolver a riqueza dos acionistas?... Este país tem estado excessivamente impregnado de materialismo e egocentrismo. As empresas precisam de uma alma."[2]

Quando uma empresa resolve ser generosa, precisa decidir quem deve receber as doações. Uma possibilidade é responder às inúmeras solicitações de boas causas provenientes da comunidade e de outros *stakeholders*, como fornecedores e distribuidores. A outra possibilidade é a empresa escolher uma causa importante e direcionar a maior parte de suas doações a essa causa. A Avon, por exemplo, escolheu a causa de respaldar as pesquisas e o tratamento do câncer de mama, uma questão extremamente importante para as mulheres. Dessa maneira, a reputação da Avon é fortalecida pelo fato de ela apoiar uma causa que é do interesse da maioria de seus clientes.

Eu me inclino a preferir essa abordagem concentrada de doações. Nancy Lee e eu estudamos essa questão entrevistando líderes empresariais de 25 empresas multinacionais de renome — entre elas, IBM, Johnson & Johnson, Microsoft, American Express, Starbucks, Ben & Jerry's, Timberland, McDonald's, Motorola, Hewlett-Packard e British Air — e fazendo a elas várias perguntas, inclusive as seguintes: Como vocês escolheram sua causa? Como medem o impacto de sua doação para saber quanto ela está beneficiando o grupo que a está recebendo? Como vocês medem quanto sua doação está favorecendo sua reputação, atraindo novos clientes e mantendo os clientes atuais?

Publicamos os nossos resultados no livro *Corporate Social Responsibility: Doing the Most Good for Your Company and Your Cause* [Responsabilidade social das empresas: fazendo o bem para sua corporação e sua causa, em tradução livre].[3] Eis uma amostra de empresas e suas respectivas causas: Kraft (redução da obesidade), General Motors (segurança no trânsito), Levi Strauss (prevenção da AIDS), Motorola (redução dos resíduos sólidos), Shell (limpeza da costa) e Starbucks (proteção das florestas tropicais).

A maioria das empresas se envolveu ativamente em avaliar como as doações estavam ajudando aqueles que as recebiam. A tarefa de estimar o retorno para a empresa — do ponto de vista de melhores resultados relacionados com os clientes e os funcionários — permanece mais difícil porque muitas outras variáveis também afetam a reputação da empresa. No final, poderíamos dizer que ajudar os outros é uma razão boa o suficiente que nem sempre precisa ser medida em dólares.

Nosso estudo de 2012, intitulado *Good Works!*,[4] reconheceu seis maneiras pelas quais uma empresa pode manifestar sua RSC: promoção de uma causa, marketing relacionado a uma causa, marketing social corporativo, filantropia corporativa, trabalho comunitário voluntário e práticas comerciais socialmente responsáveis. No caso de cada uma das seis maneiras, mostramos o que empresas excepcionais, como Starbucks, Whole Foods, Patagonia, Panera Bread e outras estão fazendo.

Outro livro de minha autoria, *Market Your Way to Growth: Eight Ways to Win* [*Comercialize seu caminho para o crescimento: oito maneiras de ganhar*, em tradução livre],[5] descreve como as empresas podem usar a RSC como uma das oito estratégias de crescimento vencedoras.

Simon Anholt, que desenvolveu uma publicação chamada *Place Branding and Public Diplomacy* [*Marca de localidade e diplomacia pública*, em tradução livre] levantou a seguinte questão: que países contribuem mais para o bem comum do resto do mundo? Para responder a essa pergunta, ele pesquisou e desenvolveu um Índice de Bom País [Good Country Index], formado pela posição de um país em sete índices: ciência e tecnologia, cultura, paz internacional e segurança, ordem mundial, planeta e clima, prosperidade e igualdade e saúde e bem-estar. Reunindo as informações das Nações Unidas e outras organizações internacionais, ele pontuou os países para mostrar se eram um credor final para a humanidade, se representavam um fardo para o planeta ou se estavam em algum ponto intermediário. Eis os países que obtiveram a maior pontuação nesse índice (em ordem): Irlanda, Finlândia, Suíça, Holanda, Nova Zelândia, Suécia, Noruega, Dinamarca e Bélgica. Os Estados Unidos ficaram em 21º lugar. No outro extremo de baixa "bondade", ficaram Rússia e China, no 95º e 107º lugares, respectivamente. Ele chegou à seguinte conclusão: quanto mais seu país é bom para o restante do mundo, mais investimentos e confiança atrairá, mais colaborará com os outros e maior será a capacidade dele de competir e se sair bem.[6]

Não podemos dizer que o capitalismo prefira, de maneira intrínseca, o individualismo ao comunitarismo, principalmente porque existem muitos tipos de capitalismo. O capitalismo norte-americano defende os direitos individuais e o livre-mercado. O capitalismo europeu se inclina mais para uma posição comunitarista, assim como o japonês e o chinês.

Minha opinião é que os direitos individuais precisam ser preservados, e que têm maior chance de sê-lo se forem acompanhados por responsabilidades sociais. Em um mundo carregado de problemas sociais importantes — pobreza, poluição, mudança climática, custos crescentes de energia —, os indivíduos e as empresas precisam demonstrar sua preocupação se organizando para reduzir esses problemas, para que estes não acabem destruindo o planeta ou levando a violentas revoluções. Alguns chamam isso de "o Terceiro Caminho", em vez de optar por uma filosofia em detrimento da outra.

No entanto, a visão comunitarista só é compartilhada por cerca de 20% das pessoas nos Estados Unidos, de acordo com uma pesquisa de opinião do Gallup de 2011.[7] Essa pesquisa relatou que outros norte-americanos se encaixaram nos seguintes grupos: 17% expressaram opiniões conservadoras, 22% expressaram opiniões libertárias, 17% expressaram opiniões centristas e 24% expressaram opiniões liberais. O público do país continua a ter opinião dividida a respeito do que é fundamental para uma sociedade "boa" e produtiva.

9. O ônus do endividamento e a regulamentação financeira

Se você deve £100 ao banco, tem um problema. Mas, se você deve £1 milhão, quem tem um problema é o banco.

JOHN MAYNARD KEYNES

Como ocorrem as crises financeiras? Em 2007, a economia norte-americana estava em rápida expansão. As pessoas ganhavam dinheiro. Compravam imóveis e carros caros. O mercado de ações estava ativo. Todo mundo planejava ficar rico.

Mas, se observarmos mais profundamente, veremos que havia sinais de advertência. Um número excessivo de empréstimos, imóveis sendo vendidos a pessoas que não podiam pagar por eles, bancos gananciosos e ávidos por lucro, as agências de avaliação de crédito estavam exagerando o valor, as agências reguladoras não estavam acionando o freio e, então, de repente, a Lehman Brothers sofreu um colapso, o sistema financeiro correu o risco de sofrer uma paralisação e a economia mundial começou a perder trilhões de dólares.

Ninguém foi capaz de determinar os riscos de qualquer banco específico. Por causa do mercado derivativo, o valor do banco não podia ser avaliado. Os bancos hesitavam em emprestar dinheiro a outros bancos. Ninguém era capaz de dizer se qualquer instituição financeira particular poderia de repente implodir.

ANTES DA GRANDE RECESSÃO DE 2008

Os Estados Unidos desfrutaram um período de grande crescimento econômico e prosperidade de 1945 a 1970. Vicejaram como a principal potência econômica e militar do mundo. Parte desse sucesso provém do fato de o país não ter sido invadido ou bombardeado durante a Segunda Guerra Mundial. A guerra devastou grande parte da infraestrutura da Europa e da Ásia. Esses países recorreram aos Estados Unidos para obter os equipamentos, suprimentos e alimentos necessários. A indústria manufatureira cresceu e prosperou. Os sindicatos eram fortes. Os trabalhadores norte-americanos se acostumaram à ideia de um constante aumento de salários e de consumo.

Já na década de 1970, muitas nações da Europa e da Ásia haviam conseguido reconstruir sua infraestrutura e seu setor industrial. A Alemanha, mais uma vez, estava fabricando os melhores carros e outros produtos, e oferecendo os melhores preços. E o Japão ingressou no mercado norte-americano com mercadorias mais baratas e, não raro, de melhor qualidade. O Japão conquistou aumento na participação do mercado em uma série de indústrias, entre elas a de automóveis, motocicletas, câmeras, rádios, relógios e pequenos eletrodomésticos e eletroportáteis. Para competir, algumas empresas dos Estados Unidos se mudaram para o exterior, a fim de utilizar mão de obra e materiais mais baratos. Isso representou a perda de empregos no país. Além disso, as mulheres começaram, cada vez mais, a ingressar na força de trabalho. A imigração também estava aumentando, com muitos dos recém-chegados aceitando salários mais baixos. Tudo isso conduziu a uma oferta excessiva de mão de obra que impediu o aumento dos salários. Os sindicatos, desprovidos da capacidade de extrair valores mais elevados da direção das empresas, se tornaram mais fracos e perderam seus membros.

Os salários ficaram estagnados a partir de meados da década de 1970. Os trabalhadores reagiram ao achatamento dos salários trabalhando mais horas e aceitando mais empregos. Eles acabaram tendo um aumento de 20% em suas horas de trabalho semanais, enquanto os franceses as estavam reduzindo nessa mesma proporção. Casais norte-americanos estavam trabalhando, e seus filhos mais velhos estavam conseguindo emprego no McDonald's. Os cidadãos continuavam a querer consumir mais, de modo que passaram a pegar dinheiro emprestado para complementar seus rendimentos. Inicialmente, os empréstimos eram respaldados por hipotecas, o que pelo menos representava um crédito garantido — a saber, seus imóveis. Mais tarde, eles recorreram aos cartões de crédito, o que representava um crédito não garantido, para financiar seu apetite pelo consumo, o qual continuava a ser atiçado por intensa propaganda. O resultado foi o crescente endividamento dos consumidores. No caso de muitos trabalhadores, sua dívida era equivalente à sua renda anual.

Os bancos estavam cheios de dinheiro para emprestar aos consumidores. Eles efetivamente empurravam o dinheiro mesmo para aqueles que não tinham facilidade em pagar de volta com juros. A General Motors, querendo vender mais carros, criou a General Motors Acceptance Corporation (GMAC) para emprestar dinheiro aos compradores de carros com um bom lucro. A GM ficou satisfeita em vender seus carros por menos e compensar isso com o pagamento de juros. Além de fabricante de automóveis, a GM se tornou um banco, e ganhava mais dinheiro com o pagamento dos juros do que com a venda dos veículos.

Na década de 1980, o computador passou a ser cada vez mais usado e acabou com numerosos empregos ocupados por secretárias e outros profissionais de escritório. Os computadores, aliados aos avanços na automatização das fábricas, causaram grande aumento na produtividade e nos lucros das empresas. Salários relativamente achatados, aliados à crescente produtividade, geraram lucros elevados.

O que aconteceu com esses lucros crescentes? Primeiro, os salários dos executivos aumentaram regularmente a ponto de agora os CEOs de muitas corporações receberem uma remuneração 200 a 300 vezes superior à do trabalhador médio, cujo salário não aumentou. Segundo, parte do dinheiro se destina ao apoio de políticos, partidos políticos e lobistas para preservar ou estender os benefícios e privilégios já desfrutados pelos ricos capitalistas. Terceiro, algum dinheiro é destinado à filantropia para ajudar aqueles que sofrem com pobreza, baixos salários ou desemprego, e também para auxiliar hospitais, igrejas, museus e organizações de artes cênicas. Quarto, grande parte dos lucros crescentes vai para os bancos, onde o dinheiro pode ser emprestado para trabalhadores que precisam de maiores quantias para manter seu nível de consumo. O consumo se torna o pagamento para os trabalhadores, a fim de compensar o mau tratamento que recebem de sua empresa. Ironicamente, em vez de os trabalhadores compartilharem os bons tempos com a direção e receberem salários mais elevados, estavam obtendo o privilégio de pegar emprestado dinheiro que poderia ter sido deles e de pagá-lo de volta com juros. Hoje, a taxa de juros sobre os empréstimos nos cartões de crédito chega a 18% ao ano em muitos casos.[1]

A GRANDE RECESSÃO NORTE-AMERICANA (2008-2011)

Os Estados Unidos passaram por 11 períodos de retração econômica entre 1945 e 2007, com uma média de cerca de seis anos. Eles foram chamados de recessões e, segundo se acreditava, eram intrínsecos a uma economia capitalista do tipo norte-americano. No entanto, a recessão que começou em 2008 foi a mais grave desde a Grande Depressão da década de 1930.

A economia dos Estados Unidos e a mundial sofreram uma desastrosa crise financeira. Uma série de empresas foi à falência — com a Lehman Brothers e a Bear Stearns sendo as mais notáveis. Outras empresas foram salvas porque o governo lhes atirou uma tábua de salvação — a AIG, a Fannie Mae, a Freddie Mac e a General Motors —, bem como US$204 bilhões da compra de ações de várias centenas de bancos pelo governo. Isso não inclui os US$860 bilhões em dinheiro de estímulo da Lei Americana de Recuperação e Reinvestimento de 2009 (American Recovery and Reinvestment Act of 2009).

O governo foi criticado por ter socorrido empresas e bancos que eram "grandes demais para ir à falência". Houve protesto em alguns setores a respeito do "financiamento do déficit" e prognósticos de que isso conduziria à hiperinflação. No entanto, o fato é que a ação rápida do governo Obama evitou o colapso da economia. Com gastos adicionais do governo até 2012 estimados em US$4 trilhões,[2] a taxa de desemprego caiu de 10% em 2009 para 7,3% em setembro de 2013, e um crescimento gradual pós-recessão do PIB de 2,2% foi presenciado no final de 2012. Em grande medida, o mercado de ações retornou ao nível pré-crise financeira devido a uma redução lucrativa de custos e aumentos de dividendos de reservas monetárias corporativas.

A economia dos Estados Unidos ainda está emperrada com problemas difíceis de controlar em decorrência da calamidade. Levando em consideração o vasto número de trabalhadores pré-crise financeira que deixaram o mercado de trabalho e o aumento do emprego em tempo parcial, no lugar do emprego em tempo integral, o Gallup estima um subemprego (contando egressos e trabalhadores em tempo parcial) de 17,2% para outubro de 2013, em comparação com uma taxa de desemprego "oficial" de 7,5%.[3]

O atual ônus de endividamento dos Estados Unidos é extremamente elevado, e os contribuintes não estão satisfeitos com os enormes pagamentos de juros sobre a dívida federal que precisam fazer aos credores para continuar a comprar valores mobiliários norte-americanos. O pagamento de juros dos Estados Unidos sobre a dívida federal é estimado, para 2013, em US$416 bilhões,[4] ou aproximadamente 7% das receitas federais. "Tio Sam vai desembolsar mais de US$5 trilhões em juros ao longo da próxima década", de acordo com projeções do Departamento de Orçamento do

Congresso. "Ao longo da década, mais de 14% de toda a receita do governo federal será absorvida pelo pagamento de juros."[5] Não examinarei aqui o crescimento da dívida dos governos dos estados e dos municípios.

Não há como essa dívida ser paga. Isso requereria todo o PIB anual dos Estados Unidos, o que, por si só, é impossível, porque não restaria nenhuma economia para gerar a quantia necessária do PIB. O receio do público de um endividamento ainda maior justifica uma discussão pública adicional. Muitos economistas consagrados afirmam que não existe motivo para alarme no curto prazo. Paul Krugman lidera essa opinião, dizendo que, se nos empenharmos em melhorar os empregos e o crescimento da renda, ficaremos em uma posição melhor para reduzir substancialmente a dívida. Outras soluções sugeridas, como a austeridade, têm a probabilidade de empobrecer a economia (pense na crise da Grécia) e tornar ainda mais difícil a possibilidade de um dia podermos quitar a dívida. No entanto, a maioria dos economistas reconhece uma crise em médio e em longo prazo do crescimento dos gastos em face de uma taxa decrescente de crescimento do PIB. Politicamente, enfrentamos uma preocupação pública e popular difundida, já que a magnitude desse problema supera quaisquer comparações de unidades familiares utilizadas para compreender essa escala de liquidação da dívida.

É verdade que mais de 60% dessa dívida é devida internamente ao Federal Reserve, aos bancos e aos fundos de pensão. Embora essas instituições venham a ficar mais ricas com os juros recebidos sobre suas propriedades, o povo norte-americano compreende que um percentual cada vez menor da receita dos Estados Unidos estará disponível para operações do governo, pagamentos de transferência

(Previdência Social, Medicare, Medicaid) e programas sociais como a educação. Não devemos permitir que os políticos eleitos se esquivem de abordar publicamente esse problema. O Tea Party obteve considerável poder ao insistir em maiores reduções dos gastos, mas o debate acerca de onde essas reduções devem ser feitas ainda é intenso.

Houve uma corajosa tentativa de abordar oficialmente essa questão na Comissão de Déficit Bowles-Simpson, que recomendou a redução do déficit de US$4 trilhões em anos mais distantes. Esse plano não obteve influência e, hoje, permanece uma sombra do que foi originalmente. O confisco de 2013 reduziu a autoridade de gastos* em aproximadamente US$85,4 bilhões (*versus* US$42 bilhões em efetivos desembolsos de dinheiro) durante o ano fiscal de 2013. Mas, apesar dessas reduções, o Departamento de Orçamento do Congresso estimou que os desembolsos federais totais continuarão a aumentar, mesmo com o confisco, em uma média de US$238,6 bilhões por ano na década seguinte.[6]

E o risco da inflação? Embora a inflação básica tenha permanecido sob controle, os alimentos, a energia, os prêmios de assistência médica e os custos da educação não estão incluídos no índice de inflação oficial dos Estados Unidos. Todos esses e outros itens não indexados excedem em muito a inflação básica. Muitas pessoas acreditam que uma inflação mais alta está prestes a acontecer e que será impossível pagar o elevado ônus de endividamento resultante da constante política tributária de gastos elevados/impostos baixos dos dois últimos governos dos Estados Unidos.

Spending authority, em inglês. É o poder conferido pelo Congresso dos Estados Unidos a órgãos e agências federais de gastar o dinheiro do governo. (*N. da T.*)

A CRESCENTE DESIGUALDADE DE RENDA

Permanece uma gigantesca preocupação a respeito da crescente desigualdade de renda (ver Capítulo 2). Em 2012, a renda do 1% superior aumentou quase 20% em comparação com um aumento de 1% para os 99% restantes. As unidades familiares que estão nos 5% superiores receberam 22,3% da renda dos Estados Unidos em 2012. A renda dos norte-americanos dessa faixa superior se recuperou inteiramente da queda que se seguiu à crise financeira, em comparação com um declínio de 8% na classe média.[7]

A classe média, que costumava ter uma renda discricionária e um bom crédito, agora constata que o custo da universidade e da assistência médica são significativamente elevados para sua renda. Isso a tornou mais cautelosa em seus gastos. Muitas pessoas se preocupam, por não terem certeza se conseguirão permanecer nessa classe que tem sido o sustentáculo do argumento favorável ao capitalismo. Ou a classe média entre 1945 e 1970 é apenas uma aberração na história do capitalismo? Os capitalistas precisam se preocupar a respeito de uma classe média que está encolhendo e a possível ameaça de que isso reduza ou acabe com os privilégios da classe abastada.

A poupança pessoal nos Estados Unidos aumentou para 4,6% da renda em agosto de 2013. O aumento da poupança, aliado à redução de gastos, impede a expansão dos negócios e dos empregos.

Os gastos do consumidor impulsionam 70% da atividade econômica. Devido à redução dos gastos, o Federal Reserve prevê um aumento global estimado do PIB de cerca de 2% para 2013.[8] Apesar de três rodadas de afrouxamento quantitativo depois de 2008, os gastos domésticos não são suficientes para elevar o PIB ao nível que as autoridades do Federal Reserve consideram uma taxa de crescimento robusta de 2,5%.

Dois fatos se destacam. O primeiro é que os Estados Unidos, que eram a maior nação credora na década de 1970, é hoje a maior nação devedora. Segundo, a economia do país passou por uma transformação radical, em que deixou de ser industrialmente conduzida, com um número saudável de trabalhadores ganhando uma renda de classe média, e passou a ser uma economia financeiramente impulsionada na qual Wall Street e o setor financeiro detêm a maior parcela dos ativos e da renda. Esses setores financeiros crescem, enquanto a classe média encolhe. Os bancos, as corretoras, os bancos de investimento, as companhias de seguro, os fundos hedge e outros determinam a futura direção da economia do país.

O setor industrial, que detinha 26% de todos os empregos em 1970, passou a ter apenas 9% em 2010. Os empregos no setor do comércio, do transporte e nas empresas de serviços públicos declinaram de aproximadamente 21% para 16%. Se chamarmos esses dois setores de "setor do trabalho", verificamos um declínio total de 47% de empregos para 25%. Até mesmo o percentual de empregos públicos diminuiu quase 2%, mas vamos deixar essa constatação fora de nossa equação.

Em contrapartida, os empregos do setor de serviços financeiros aumentaram de 15% para 22 % no mesmo período; os empregos na área de negócios e das profissões liberais cresceram de 5% para 12,5%; e os empregos na área de serviços de saúde aumentaram de aproximadamente 4% para 8% nesse mesmo período. Vamos chamar estes últimos três setores de "setor profissional". De 1970 a 2010, o "setor profissional" aumentou de 24% de empregos para 42,5% de empregos (em grande medida, não sindicalizados).[9]

A diferença entre 47% de empregos de "trabalho", predominantemente sindicalizados, e 42,5% de empregos "profissionais", em sua maioria não atrelados a um sindicato, é um cenário de mudança significativo na renda e no poder aquisitivo, bem como na desigualdade de renda. A amplitude de diferença de renda no setor do trabalho é bem menor do que a amplitude de renda nos serviços financeiros e nos setores de negócios e profissionais. "Profissional" pode soar como um setor de emprego mais bem-remunerado, mas, ele é, em média, menos remunerado do que o setor do "trabalho" de fabricação e comércio, serviços públicos e transporte; consequentemente, no todo, tem menor poder aquisitivo de consumo.

As unidades familiares dos 5% superiores que ganharam 22,3% da renda de todo o país em 2012 estão na classe "profissional", e não na classe do "trabalho". As pessoas cujos rendimentos estão na faixa do 1% superior (renda anual mínima de US$350 mil) são uma classe de investidores, e não uma classe que tem gastos de consumo.[10] A maior parte da renda delas é investida na administração da riqueza, não em bens de consumo e serviços. Os membros dessa classe podem ter várias mansões e um iate, mas isso é muito pouco em comparação ao que investem em produtos financeiros. Uma parte muito pequena desses 22,3% da renda nacional flui para a verdadeira economia de consumo.

Enquanto os numerosos membros da classe pobre e da classe média gastam sua renda em 70% da economia norte-americana, os ricos despendem relativamente pouco com o consumo. Essa transformação se manifesta em três características proeminentes da economia: (1) a redução da renda mediana; (2) a taxa anual histórica decrescente de aumento do PIB e (3) o percentual decrescente da força de trabalho com relação à população.

Esses números também são um instantâneo estrutural do paradoxo de ter desigualdade de renda e tentar aumentar o PIB nacional. Como é possível que tantas unidades familiares com uma renda real menor do que no passado gastem o suficiente para aumentar o PIB em relação ao passado? A resposta ao enigma do PIB é o crédito ao consumidor e a dívida pessoal da maioria das unidades familiares, apesar das transações de investimento com valores elevadíssimos realizadas pelas unidades familiares do 1% superior. Essas duas fontes de circulação monetária representam as atividades essenciais do crescente setor de serviços financeiros.

A DÍVIDA DAS UNIDADES FAMILIARES

O índice médio nacional de salários para 2011 foi de US$42.979 anuais. Partindo do princípio de que é preciso ter um emprego para obter um cartão de crédito, constatamos que, em 2014, a dívida média no cartão de crédito das unidades familiares norte-americanas, entre as unidades familiares endividadas com o cartão, é de US$15.607.[11] Compare esse número com o que ocorria em 1970, quando o crédito ao consumidor era praticamente inexistente. O fato flagrante é que, de 1970 até hoje, o crescimento dos gastos de consumo e do PIB depende significativamente da dívida de crédito do consumidor, ou de outras variedades de endividamento pessoal, e não do aumento da renda disponível do trabalho. Em resumo, a maioria das pessoas denominadas parte da classe média complementa sua renda disponível com cartões de crédito. Mais de 50% dos norte-americanos têm cartões de crédito.

O triste fato é que os cidadãos dos Estados Unidos têm uma taxa de poupança muito baixa, que era de 4,6% em 2015. Compare isso com a taxa da China, onde, em 2012, a família típica poupava 50% de sua renda, apesar dos impostos em crescimento. Na Europa Ocidental, as unidades familiares também poupam. Em 2012, a Alemanha tinha uma taxa de poupança de 11%; a França, de 16,1%; e a Noruega, com um PIB *per capita* mais elevado do que o dos Estados Unidos (US$54.947), de 8,1%. Embora esses países tenham um dinheiro barato, ao lado de cartões de crédito, hipotecas, empréstimos pessoais e destinados à compra de carros, além de baixas taxas de juros, eles poupam mais.

A tentação de comprar é grande demais por causa dos cartões de crédito e de outros sistemas de financiamento tão prontamente disponíveis. Um número enorme de norte-americanos compra bilhetes de loteria com uma chance quase nula de ganhar em vez de colocar a mesma quantia em uma conta de poupança. Ouvi uma sugestão a respeito de oferecer uma chance na loteria associada a contas de poupança; quanto mais dinheiro as pessoas mantiverem na conta de poupança, maiores serão suas chances de ganhar.

No entanto, o crédito fácil ao consumidor não é a maior fonte do endividamento da classe média, que impulsiona 70% da economia do país. Em 2010, a dívida média de hipotecas era de US$147.133 anuais, e a dívida de empréstimos estudantis, de US$31.509 anuais. A partir de um endividamento das unidades familiares praticamente inexistente na década de 1950, os consumidores norte-americanos atingiram uma grandiosa dívida de US$11,13 trilhões em

2012, incluindo US$849,8 bilhões em dívidas com cartões de crédito; US$7,81 trilhões em hipotecas; e US$996,7 bilhões em empréstimos estudantis. O endividamento das unidades familiares como percentual da renda disponível subiu de 68% em 1980 para um máximo de 128% em 2007, antes de cair para 112% em 2011. O endividamento das unidades familiares como percentual do PIB nominal aumentou de 47% em 1980 para 77% em 2012. O endividamento das unidades familiares subiu de praticamente zero na década de 1950 para US$12,9 trilhões no segundo trimestre de 2012.[12]

O endividamento dos empréstimos estudantis está aumentando, aproximando-se de US$1,2 trilhão, e hoje é um ônus para 40 milhões de norte-americanos que têm pelo menos um empréstimo estudantil em aberto. Essa situação representa um fardo considerável para a economia. Os jovens não estão comprando carros, imóveis ou mobília como compravam no passado. Alguns não conseguem se casar porque a outra parte não deseja assumir a dívida estudantil do parceiro. Isso é encarado como um problema importante pelos economistas. Uma das soluções propostas preconiza o perdão dos empréstimos estudantis, mas isso abriria um grande buraco no Tesouro dos Estados Unidos. Outra proposta é reduzir a taxa de juros sobre esses empréstimos. Alguns estudantes ainda pagam 7% ao ano sobre eles, embora as taxas de juros tenham caído consideravelmente nos últimos anos. O argumento é fixar um teto de 3,8% sobre todos os empréstimos estudantis passados e recentes. Isso também criaria um buraco no Tesouro dos Estados Unidos, que teria de ser preenchido com outras fontes de tributação. Outra sugestão é que nenhuma pessoa que tenha contratado um empréstimo estudantil tenha de pagar mensalmente mais de 10% da renda que estiver recebendo.

Sob a perspectiva socioeconômica, o capitalismo praticado nos Estados Unidos é, na verdade, um capitalismo devedor, e não a de acumulação de capital ou poupador. As dívidas das unidades familiares de todos os tipos representam uma quantia média anual aproximada de consumo de pelo menos 25% acima da renda disponível. O crescente endividamento explica como uma renda mediana decrescente ainda pode gerar o crescimento do PIB!

Hoje, o endividamento da unidade familiar norte-americana mediana é de US$75.600 anuais. Desta população 20% não têm nenhuma poupança. A maioria não é capaz de economizar nada no intervalo entre seus contracheques. Aproximadamente 35% dos cidadãos têm sua dívida cobrada pelas empresas de cobrança depois de 180 dias de atraso nos pagamentos. Hoje, um em cada seis norte-americanos recebe vales de alimentação, com 46 milhões deles se qualificando para recebê-lo em cartões de débito, e o beneficiário típico recebendo o equivalente a US$150 em vales por mês. Os indivíduos praticamente não têm mais capacidade de fazer gastos de consumo.

Uma importante função do capitalismo é não apenas gerar empregos e renda disponível para as unidades familiares, como também promover o endividamento das unidades familiares para manter em funcionamento uma economia com 70% de consumo. O capitalismo, que, historicamente, começou como um sistema de crédito para atender às empresas, hoje é um sistema de débito para o consumo das unidades familiares. O sucesso do sistema depende de sua capacidade de levar as pessoas a "comprar agora e pagar mais tarde". O capitalismo foi capaz de promover o endividamento para as unidades familiares, apesar de estas últimas terem de pagar juros elevados, às vezes de 20% a

28% ao ano, na dívida de seu cartão de crédito. Repare que esse pagamento é feito aos bancos e serviços financeiros, e não aos fabricantes de produtos.

Nós continuamos a pensar que a chave para o crescimento econômico reside na criação de empregos e de renda, quando, na verdade, é a capacidade de promover o endividamento para as unidades familiares norte-americanas. Um índice do endividamento mensal das unidades familiares seria um sinal melhor do crescimento econômico do que percentuais mensais de desemprego. De que outra maneira podemos explicar o recente aumento no PIB dos Estados Unidos de cerca de 2,2%, quando o desemprego permanece em torno de 7,4%?

Hoje existem indícios de que os bancos estão novamente empurrando mais dívidas para cidadãos que não podem arcar com elas. Atualmente as concessionárias estão anunciando que seus carros podem ser comprados com 0% de entrada e taxa de juros zero! Um grande número de indivíduos com crédito ruim consegue obter empréstimos de alto risco dos revendedores de carros usados, embora esteja óbvio que não serão capazes de pagar e acabarão tendo o carro retomado.[13] E a "indústria do dia do pagamento", que faz empréstimos no curto prazo, está levando as pessoas a pegar dinheiro emprestado continuamente a taxas onerosas. O manual de uma dessas empresas do dia do pagamento instrui seus funcionários a "criar um sentimento de urgência" e oferecer ao devedor inadimplente a opção de refinanciar ou estender o empréstimo, mesmo depois de os devedores afirmarem não ter como pagar.[14] O recém-estabelecido Departamento de Proteção Financeira ao Consumidor [Consumer Financial Protection Bureau] está ocupado elaborando regras para proteger as pessoas que tomam empréstimo dos credores inescrupulosos para que não venham a presenciar um novo estouro de bolha.

A FINANCEIRIZAÇÃO DO SISTEMA ECONÔMICO NORTE-AMERICANO

Gary Hart, que, certa vez, se candidatou à presidência dos Estados Unidos, fez uma importante observação a respeito da lastimável transformação do capitalismo:

> A confusão dentro das fileiras do capitalismo é estimulada pela mudança em nossa economia de fabricar e vender coisas para a manipulação do dinheiro e envolve fusões e aquisições, capitalismo de risco, compras alavancadas,* recuperação de empresas, especulação monetária e arbitragem de câmbio. Enquanto a cultura monetária estava florescendo, o setor fabril estava declinando.[15]

Desde a época da declaração de Gary Hart, o setor financeiro norte-americanos se tornou muito maior com relação ao PIB dos Estados Unidos ao longo do tempo. O setor aumentou para 50% do PIB não agrícola em 2010. A renda proveniente dele subiu para 7,5% como proporção do PIB e para 20% como proporção de toda a renda corporativa.[16]

Presenciamos o crescente papel que Wall Street e a financeirização desempenharam na criação de altas e colapsos,

---

*Empreendimentos ou planos destinados a resolver um problema de endividamento, especialmente no lugar de um pedido de falência ou execução de hipoteca. (N. da T.)

bem recentemente no marketing de hipotecas falaciosas, no excesso de empréstimos com reservas de capital insuficientes, na emissão dos derivativos difíceis de entender e nas atividades dos fundos hedge. Ralph Nader, destacado crítico da América corporativa, fez uma acusação fortíssima contra os bancos por financiarem investimentos altamente especulativos, o que facilita a tomada do controle de empresas e defrauda os ativos delas, ajudando-as a transferirem os seus ativos para o exterior e deixando os trabalhadores sem emprego, e com isso pagando a si mesmos salários obscenos provenientes dos lucros.[17]

Uma das primeiras medidas para financiar a economia dos Estados Unidos ocorreu em 1996, quando a Citicorp planejou se fundir com a companhia de seguros Travelers. Essa fusão era ilegal de acordo com a Lei Glass-Steagall, que impedia os bancos de possuir empresas em outros setores financeiros, como o de bancos de investimentos e seguros. Robert Rubin, então secretário do tesouro do governo do presidente Bill Clinton, fez lobby para que a restrição aos bancos fosse removida, e a lei foi aprovada em 1999, com uma forte maioria bipartidária votando a favor da eliminação da Lei Glass-Steagall. Quando Rubin deixou o Departamento do Tesouro, exatamente um dia depois de a lei ter sido aprovada, foi contratado pelo Citigroup por um salário de US$15 milhões anuais sem quaisquer responsabilidades operacionais.[18]

A financeirização da economia norte-americana é reforçada pelo fato de que o imposto no longo prazo (mais de um ano) sobre os ganhos de capital é tributado em apenas 15% e não pela alíquota de imposto normal de 30% a 39% sobre o rendimento do trabalho. Boa parte dos rendimentos dos ricos provém de ganhos de capital (também conhecidos como "rendimento não ganho pelo trabalho"), o que faz com que pessoas como Mitt Romney e Warren Buffett paguem apenas 15% de imposto sobre sua renda, enquanto os trabalhadores da classe média pagam entre 30% e 39%. A ironia é que esses financistas não estão criando produtos e serviços verdadeiros, e sim ganhando dinheiro principalmente administrando o próprio dinheiro.

Além disso, a financeirização é evidenciada pelo grande número de novos tipos de produtos desenvolvidos por inovadores engenheiros financeiros. Uma grande ideia foi a "securitização", ou seja, reunir fluxos de renda como pagamentos de cartões de crédito e de empréstimos para a compra de carros e hipotecas, e depois fazer novos pacotes como valores mobiliários "baseados em ativos" e vendê-los em "pedaços", com diversos níveis de risco. Alguns incluíam hipotecas subprime de qualidade praticamente desprezível. Adicione a isso outros derivativos e fundos hedge arcanos e não regulamentados que adicionam outra fonte de preocupação.

Essa avaliação não tem a intenção de condenar todos os produtos financeiros, em especial aqueles projetados para criar novos programas de seguros voltados a cobrir riscos atualmente não cobertos. O termo "mercados inexistentes" é usado para descrever alguns riscos que deveriam ser cobertos, mas, até agora, não existe mercado para cobri-los. Robert Shiller, o economista que ganhou o Prêmio Nobel, descreveu alguns desses "mercados inexistentes" em seu livro *A nova ordem finaceira*.[19] Ele sugeriu que deveria haver um mercado no qual uma pessoa pudesse contratar um "seguro de meio de vida" para cobrir a possibilidade de que sua profissão se torne obsoleta ou que a profissão escolhida tenha sido um erro. Shiller propôs a criação de um mercado de "seguro da casa própria", no qual as pessoas possam contratar um seguro para se proteger de um declínio no valor de seu imóvel. Sugeriu ainda os "empréstimos vinculados à renda", em que as taxas de juros sobre os empréstimos aumentariam ou cairiam de acordo com a renda, a região ou a profissão da pessoa. Nem todas essas ideias são práticas, mas são concebidas para atender às necessidades que atualmente apresentam riscos.[20]

A financeirização da economia norte-americana é adicionalmente evidenciada pelo rápido crescimento dos principais bancos e empresas de investimento, muitos considerados "grandes demais para ir à falência" na época do desastre econômico de 2008. Em 1990, os cinco maiores bancos do país detinham 9,67% dos ativos financeiros do sistema bancário; no final de 2013, os cinco maiores bancos detinham 44% ou US$6,46 trilhões, de acordo com a SNL Financial. Em 1947, o setor financeiro representava apenas 2,5% do PIB. Em 2006, ele subira para 8%. E, durante esta década, alcançou, em média, 41 % de todos os lucros recebidos pelas empresas dos Estados Unidos.[21] Historicamente, a parcela financeira da economia se tornou "uma máquina de moto-perpétuo que arranca dinheiro do restante da economia".[22] Um documento de trabalho intitulado "Too Much Finance?", publicado pelo Fundo Monetário Internacional, concluiu que, em níveis elevados de endividamento, um setor financeiro maior está associado a menor crescimento. Um setor financeiro menor poderá ser desejável e reduzir a possibilidade de uma alocação errada do capital e de uma crise.

Algumas pessoas sugerem que a economia norte-americana se deslocou de um capitalismo "pró-mercado" para um favoritismo "pró-empresas". Milhares de lobistas estão envolvidos no tráfico de influências para conseguir que leis a favor das empresas sejam aprovadas contra os interesses do cidadão comum. Luigi Zingales, no livro *Um capitalismo para o povo: reencontrando chave da prosperidade americana*, afirma que os movimentos Occupy Wall Street e Tea Party estão, na verdade, organizados contra o mesmo adversário.[23] Os ocupadores podem concentrar sua raiva nas empresas, e o Tea Party, no governo, mas Zingales encara isso como duas faces da mesma moeda.

SOLUÇÕES: MEDIDAS PARA REGULAMENTAR O SISTEMA FINANCEIRO

Se a reestruturação não é capaz de impedir que os grandes bancos sejam "grandes demais para ir à falência", a outra resposta é a maior regulamentação para limitar a influência deles e seus movimentos em direção a negócios adicionais. Nem o Congresso nem a Casa Branca criaram uma reestruturação e uma regulamentação adequadas para garantir que o setor financeiro não passe novamente dos limites ao lançar títulos de alto risco e estender o crédito além dos limites usuais, derrubando, mais uma vez, toda a economia. Infelizmente, existe hoje em dia um grande movimento de lobby para retornar à securitização sem uma regulamentação adequada.[24]

Vamos considerar o que precisa ser feito para levar o sistema financeiro a operar com segurança e lucratividade.[25] A primeira necessidade é garantir que nenhum banco se torne tão grande e importante para a economia a ponto de não podermos permitir que ele vá à falência. Não podemos recorrer à impressão de dinheiro para salvar esses bancos à custa de grandes perdas para o contribuinte e de uma enorme inflação.[26] Eles precisam ser fragmentados e obrigados a operar com limites mais claros a respeito de o que diferentes tipos de bancos podem fazer, com distinções entre um banco de poupança, um banco comercial/de varejo e um banco de investimentos. É preciso ainda impedir que eles entrem em outros setores, como o de seguros, viagens e corretagem da bolsa. Entre as propostas está o restabelecimento da Lei Glass-Steagall para separar os bancos comerciais dos bancos de investimentos, das empresas de corretagem e das companhias de seguros. O setor bancário se opõe a essa medida, especialmente porque as atividades dos bancos de investimentos prometem propiciar maior retorno, mesmo considerando o maior risco, do que as dos bancos comerciais. Isso pode explicar, em parte, a relutância dos bancos comerciais em emprestar dinheiro a pequenas e médias empresas, já que a mesma quantia poderá render maiores retornos quando aplicada em negociações financeiras e atividades de investimentos.

Outra proposta seria exigir que os bancos respaldassem uma parte maior de suas operações de empréstimo com seu próprio capital. Anat Admati, da Universidade Stanford, em seu livro *The Bankers' New Clothes: What's Wrong with Banking and What to Do about It* [*As roupas novas dos banqueiros: o que há de errado com o sistema e o que fazer sobre isso*, em tradução livre], em coautoria com Martin Hellwig, pergunta o seguinte: por que se permite que os bancos operem com 95% de dinheiro emprestado quando nenhum outro tipo de empresa pode fazer isso? Não é de se estranhar que os bancos possam crescer e se tornar grandes demais para ir à falência. Ela defende a ideia de que os bancos deveriam reter reservas de 20% a 30% para emprestar com seu próprio dinheiro. Isso poderá fazer com que os bancos emprestem menos e não se tornem tão grandes. Admite ainda que os bancos poderiam fazer menos empréstimos para as pequenas empresas e que os empresários poderiam ter mais dificuldade em obter financiamento bancário. Mas um crescimento econômico um pouco mais lento é melhor do que um risco maior de bancos altamente interligados irem à falência e arrastarem consigo toda a economia. Ela é contra os banqueiros ganharem quantias enormes com um pequeno risco pessoal e os contribuintes pagarem a conta desses insucessos.

Paul Volcker, ex-presidente do conselho administrativo do Federal Reserve Bank, sugeriu que os empréstimos comerciais garantidos pelo governo fossem separados das operações arriscadas dos bancos. No dia 10 de dezembro de 2013, agências reguladoras federais adotaram a Regra de Volcker para proibir os bancos de negociar para ganho próprio e limitar o investimento deles nos fundos hedge. A regra determina que os mercados, e não os depositantes individuais dos bancos, devam financiar as negociações arriscadas. A Federal Deposit Insurance Corporation (FDIC) garante depósitos bancários de até US$250 mil, e os depositantes não devem correr riscos. A ideia básica é exigir que os bancos tenham mais capital disponível (e menos alavancagem) para ressarcir empréstimos e retiradas quando precisarem.

É desnecessário dizer que os mais de 2 mil lobistas dos bancos conseguiram impedir algumas dessas medidas ou enfraquecê-las exercendo pressão para que menos dinheiro seja destinado à fiscalização das regulamentações. O lobby agressivo e bem-financiado deles impediu que 60% das regras da Reforma Dodd-Frank de Wall Street fossem aprovadas — regras que tornariam o sistema bancário mais seguro. O problema é que os candidatos políticos de ambos os partidos recebem uma boa quantidade de fundos de campanha de grupos ligados aos bancos, de modo que é pouco provável que votem a favor de medidas que restrinjam as atividades bancárias arriscadas. Em meados de dezembro de 2014, o Congresso invalidou uma das regras Dodd-Frank, possibilitando que os bancos voltassem a se envolver com os derivativos.[27]

A segunda necessidade é supervisionar e regulamentar melhor os novos tipos de instrumentos financeiros que ingressaram no sistema financeiro mundial. Os derivativos, swaps de crédito e vários instrumentos financeiros complexos — entre eles, os fundos do mercado monetário que não são garantidos pela FDIC — foram chamados de armas potenciais para a destruição financeira em massa. Muitos investidores e instituições não compreendem totalmente esses instrumentos, e qualquer queda repentina em seu valor pode gerar pânico no mercado financeiro. Existe a necessidade de determinar quais produtos financeiros existentes e novos são aceitáveis, para que esses produtos possam ser transparentes no que diz respeito ao risco e ao retorno.

O terceiro passo é empurrar as atividades bancárias de volta para seu propósito original — atender às necessidades e aos interesses das pequenas, médias e grandes empresas, tanto nos Estados Unidos quanto no exterior. Apesar da grande quantidade de dinheiro existente nas mãos dos bancos, muitos limitam seus empréstimos. Os bancos são cautelosos quando se trata de conceder empréstimos a pessoas físicas ou a empresas que precisam de dinheiro para cobrir seus custos, comprar produtos ou investir na produção. Esses se sentem mais à vontade usando seu dinheiro para comprar títulos do Tesouro dos Estados Unidos. Eles podem pagar ao Federal Reserve 0,5% ao ano para conseguir o dinheiro que precisam que seja impresso pelo Federal Reserve e depois usam esse dinheiro para comprar títulos do Tesouro dos Estados Unidos que rendem entre 2 e 3 ao ano. Eles podem ganhar esse diferencial sem correr nenhum risco. Os bancos também têm emprestado dinheiro a negociadores de ações, o que, em parte, explica o aumento dos preços. Nesse ínterim, essas práticas bancárias de concessão de empréstimos não estão gerando nenhum produto para melhorar a economia norte-americana e a vida das pessoas comuns.

Os maiores bancos não querem se dar o trabalho de conceder pequenos empréstimos quando podem ganhar muito mais dinheiro em negociações de alta frequência e em operações bancárias de investimento internacionais. Restam muito poucos bancos independentes menores que se interessam em financiar empresas locais. Talvez precisemos estabelecer um tipo separado de banco para atender ao mercado das pequenas empresas, como os bancos de poupança e empréstimo do passado atenderam ao mercado de hipotecas.

O setor financeiro opera em muitas condições favoráveis. Por exemplo, embora exista um imposto estadual sobre vendas na maioria das compras de produtos e serviços, nenhum imposto é aplicado às transações financeiras. Se os estados pudessem aplicar ao menos um imposto de vendas de 1% sobre a compra e venda de ações e títulos, isso poderia colocar bilhões de dólares necessários nos cofres das cidades e até mesmo acalmar a febre especulativa.

Entre outras sugestões está a concepção de um sistema melhor para avaliar a capacidade de solvência dos bancos. As clássicas agências de avaliação de crédito — Standard and Poor's, Moody's e Fitch — deixaram completamente de enxergar o risco financeiro que conduziu à Grande Recessão, em parte porque sua renda provém dos bancos que elas avaliam. Precisamos também de reguladores mais bem-qualificados e mais bem-pagos. Não podemos esperar demais quando pagamos infinitamente menos a eles do que os banqueiros e os advogados dos bancos que eles regulamentam percebem. Precisamos ser mais duros com os financistas que permitem que maus empréstimos de vulto sejam feitos durante sua gestão. Os banqueiros deveriam ser atingidos pela mesma Lei Sarbanes-Oxley que exige que os CEOs sejam responsáveis pelos grandes erros. Finalmente, quando um banco vende valores mobiliários questionáveis e contrata um seguro para ficar garantido caso esses títulos tenham um comportamento desfavorável, isso deveria nos levar a querer saber por que, para início de conversa, o banco estaria vendendo esses títulos. Os financistas deveriam ser responsabilizados por tomar medidas que possam desencadear crises financeiras.

Martin Wolf, o economista financeiro mais perspicaz do *Financial Times*, enfatiza a necessidade urgente de se fazerem profundas reformas no sistema financeiro no livro *As transições e os choques: o que aprendemos — e o que ainda temos que aprender — com a crise financeira*. Embora antes apoiasse um forte ponto de vista conservador no que diz respeito à liberdade financeira, Wolf mudou de opinião e passou a se preocupar profundamente com a instabilidade financeira, a crescente desigualdade e o dano que isso pode causar às instituições democráticas. Ele assinalou que outra crise financeira poderia ser grave a ponto de "nossa economia mundial aberta poder acabar na fogueira".[28] Wolf defende maiores exigências de capital para as instituições financeiras, menos desigualdade de renda para que haja menor crescimento do crédito, maiores impostos sobre os ricos e maior estimulo keynesiano aos gastos durante as recessões.

Ecoando essas preocupações, Mark Carney, governador do Banco da Inglaterra, declarou à sua audiência, em uma conferência realizada em 27 de maio de 2014, sobre Capitalismo Inclusivo, que os bancos operavam em uma bolha privilegiada do tipo "se der cara, eu ganho; se der coroa, você perde" e que "havia uma difundida manipulação dos níveis de referência para o ganho pessoal".[29] Os banqueiros recebem altas bonificações nas épocas das vacas gordas e em geral, recebem sua renda normal nos tempos das vacas magras, o que pode levá-los a correr riscos excessivos.

O presidente William Dudley, do Federal Reserve de Nova York, propôs que, em vez de os bancos pagarem bonificações antecipadamente em dinheiro, elas deveriam ser pagas em parcelas ao longo de cinco anos. Se um banco passasse por dificuldades, as bonificações diferidas seriam usadas para ajudar a recapitalizar a operação de um banco reestruturado e também para pagar quaisquer multas aplicadas ao banco.[30]

Claramente, quando algumas das cabeças financeiras mais inteligentes começam a preconizar uma urgente e profunda reforma no sistema financeiro atual, é porque a hora chegou.

10. Como a política corrompe a economia

No dia em que o poder do amor superar o amor ao poder, o mundo conhecerá a paz.

MAHATMA GANDHI

Qual é a relação entre o sistema econômico chamado capitalismo e o sistema político chamado democracia? Muitos acreditam que o capitalismo é o companheiro natural da democracia. Mas isso depende do tipo de capitalismo. Se o capital está amplamente nas mãos dos cidadãos do país, então estes de fato conhecem seus interesses e podem votar de maneira apropriada. Mas, se o capital estiver majoritariamente nas mãos de poucos (digamos, em um país no qual 1% das pessoas são donas de metade do capital), o conceito democrático de "um voto por pessoa" é uma farsa. Hoje, capitalismo dos Estados Unidos é essencialmente um Capitalismo Corporativo. Os capitalistas são livres para deslocar seu capital para onde quer que ele vá render mais dinheiro para eles. Os capitalistas corporativos não precisam ser leais a nenhuma comunidade, estado ou nação. Seus interesses podem diferir amplamente dos interesses dos cidadãos. Esse 1% terá influência e impacto desproporcionais nas políticas econômicas e no controle do país.[1] A questão, portanto, se torna determinar se a democracia governa o capitalismo ou se o capitalismo governa a democracia.

A AÇÃO DE LOBBY

A "ação de lobby" descreve o esforço de pessoas que representam um grupo de interesse particular para influenciar decisões tomadas por autoridades do governo, como legisladores, reguladores ou juízes. O termo tem origem no fato de que "pessoas envolvidas com o tráfico de influência" apareciam no saguão [lobby] dos prédios legislativos para assediar os legisladores e tentar influenciá-los a votar a favor dos clientes do lobista. A maioria dos lobistas é advogado, e muitos são ex-congressistas, senadores e altos funcionários do governo.

A ação de lobby tem lugar em todos os níveis do governo, incluindo federal, estadual, do condado, municipal e local. Em 1971, havia apenas 175 empresas de lobby registradas; em 2009, havia mais de 13.700 lobistas gastando anualmente mais de US$3,5 bilhões para influenciar os legisladores. Francis Fukuyama rotulou o sistema de governo dos Estados Unidos de uma "vetocracia" beirando o "capitalismo de grupos de interesses".[2] Ele vê os lobistas como representantes de uma multiplicidade de grupos de interesses que dominam os legisladores e dão instruções a eles sobre como votar, tornando os executivos (presidente, governadores e prefeitos) relativamente impotentes. Isso faz com que o país fique alienado, estagnado e deixe escapar as verdadeiras questões que afetam o futuro da nação.

Opiniões a respeito da ação de lobby

Tendemos a encarar a ação de lobby como nociva porque ela faz com que os dirigentes eleitos deixem de votar em prol do interesse das pessoas de seu distrito para votar a favor dos clientes dos lobistas. Geralmente encaramos a influência dos lobistas como perniciosa, achando que ela defende os interesses das corporações e das famílias ricas em detrimento dos interesses dos cidadãos comuns.

Não obstante, temos de reconhecer casos de uma "boa ação de lobby" por parte daqueles que tentam combater as declarações errôneas e a desinformação de outros lobistas e que representam grupos de defesa como os grupos ambientais, educacionais e de cuidados com a saúde. Por exemplo, a Associação Médica Americana fez uma ação de lobby no congresso para aprovar leis contra a propaganda de cigarro e as vendas do produto para menores, e a maioria dos cidadãos consideraria isso uma boa iniciativa de lobby.

Na categoria "ruim" estão os lobistas dos principais setores, particularmente de petróleo, agricultura, produtos farmacêuticos e indústria bélica. Os lobistas do setor do petróleo conseguiram levar o governo a fornecer fortes subsídios e privilégios para o setor. Os do setor da agricultura defendem basicamente os proprietários corporativos de vastas terras agrícolas, e não os pequenos agricultores. Na da indústria farmacêutica, ajudaram a obter preços elevados para os medicamentos nos Estados Unidos ao impedirem a entrada de remédios importados e protelarem a adoção dos medicamentos genéricos. E os lobistas da indústria bélica mantêm os legisladores votando ativamente para mais produtos militares, mesmo quando os generais não precisam deles e não os desejam.

Financiamento da campanha

O financiamento da campanha é a verdadeira corrupção de nosso ideal democrático. Os legisladores enfrentam custos cada vez maiores para serem eleitos ou reeleitos — despesas que estão além de sua renda pessoal e da renda de seus amigos e conhecidos. Cada legislador precisa de doações para campanha de valor superior ao que seu partido político pode proporcionar. Os lobistas são capazes de fazer doações para campanha provenientes das corporações de seus clientes, mas não podem pedir o voto do legislador em retribuição a uma doação para campanha. No entanto, é óbvio que os legisladores tomarão conhecimento do tamanho da doação e desejarão, de algum modo, agradecer aos lobistas pelo apoio à sua campanha. Os legisladores também sabem que votar a favor dos interesses de determinadas companhias aumentará suas chances de se tornarem lobistas depois que sua carreira legislativa tiver terminado. Um congressista pode ganhar várias vezes seu salário anterior de US$187 mil anuais na hipótese de se tornar um lobista.

Em resumo, levantar fundos suficientes para a campanha é um câncer que leva os legisladores a se concentrarem mais nos interesses das grandes corporações e das famílias ricas do que naquilo que é melhor para os interesses de eleitores do seu distrito. Eis como o economista vê a relação entre a grande política e a grande riqueza:

Um círculo bastante vicioso tem estado em ação há anos. Impostos reduzidos sobre os ricos os deixam com mais dinheiro para influenciar os políticos e a política. Sua influência conquista reduções de impostos adicionais, o que lhes proporciona ainda mais dinheiro para usar nesse meio. Quando a perda da receita tributária dos ricos piora o orçamento do governo que já está prejudicado, os ricos pressionam os políticos para reduzir serviços e empregos públicos e nem mesmo debatem uma volta aos impostos mais elevados que costumavam pagar. E assim vai...[3]

Temos de reconhecer a ação de lobby como uma atividade essencialmente de marketing. O cliente contrata um lobista com uma questão em mente, e o lobista identifica os principais legisladores, suas tendências de voto e suas suscetibilidades, tudo a fim de desenvolver a estratégia correta de informação, comunicação e persuasão. A ação de lobby bem-sucedida requer uma hábil capacidade de persuasão e tem, portanto, muito em comum com atividades como consultoria de gestão, marketing e relações públicas. Os lobistas esperam desenvolver uma relação estreita e de confiança com vários legisladores, bem como fornecer a eles informações úteis. Os lobistas não podem cometer o erro de informar fatos falsos ao legislador e, desse modo, deixá-lo constrangido, porque ele nunca mais se envolverá com esse lobista. Embora os fatos apresentados sejam, em geral, corretos, os lobistas os colocam em um contexto que sugere que a votação seja realizada de determinada maneira.

Com frequência, os lobistas dizem que não procuram um legislador e oferecem uma contribuição política. Na maioria das vezes, o legislador telefona para eles e pede essa contribuição, informando até mesmo o valor desejado. O custo total das campanhas federais aumentou vertiginosamente nos últimos anos, e as autoridades e os legisladores eleitos passam hoje em dia inúmeras horas no telefone levantando dinheiro para suas campanhas. A verdadeira história aqui não é a de lobistas corrompendo alguns políticos normalmente honestos, e sim a de legisladores eleitos fazendo investidas nos lobistas de um jeito que lembra uma extorsão legalizada.

Os lobistas recebem um salário e um orçamento para cobrir despesas e também contribuições para as campanhas dos legisladores. Uma das acusações mais prejudiciais da ação de lobby e do financiamento de campanhas é encontrada no livro de Lawrence Lessig *Republic, Lost: How Money Corrupts Congress – and a Plan to Stop It [República perdida: como o dinheiro corrompe o congresso e um plano para parar isso*, em tradução livre].[4] A decisão da Suprema Corte dos Estados Unidos no caso *Cidadãos Unidos* versus *Comissão Eleitoral Federal* [*Citizens United v. Federal Election*] terminou declarando que as empresas eram pessoas com o direito de influenciar outros cidadãos. O resultado é que os grupos de interesses especiais canalizam enormes somas de dinheiro das empresas para influenciar o Congresso e, portanto, os grupos de interesses empresariais controlam as legislaturas. Embora existam poucas evidências de subornos explícitos, a declaração de um lobista ("Se você não for capaz de votar a favor de X, terei de fazer uma contribuição de US$1 milhão para o seu adversário") provavelmente causará forte efeito.

A atividade da ação de lobby realmente surte efeito? Algumas pesquisas tentaram mostrar que os legisladores não eram excessivamente influenciados pelas contribuições para as campanhas. Mas Lessig mostra que a influência pode ocorrer de outras maneiras, com os legisladores retardando ou modificando certas leis ou votando contra elas. Ele mostra como os legisladores ajustam seus pontos de vista antes de pedir contribuições, de modo que não existem evidências explícitas de uma mudança nas opiniões de um legislador em decorrência do recebimento de contribuições.

Outras pesquisas mostram que a ação de lobby causa grande impacto nas leis do Congresso e na elaboração de políticas. Uma meta-análise, feita em 2011, de resultados de várias pesquisas encontrou uma correlação entre atividade política corporativa e desempenho das empresas.[5] Um estudo em 2009 revelou que a ação de lobby gerava um retorno substancial sobre o investimento, chegando a 22.000% em alguns casos.[6]

Soluções propostas para o problema da ação de lobby

É óbvio que os governos precisam aprovar leis que regulamentem a influência dos lobistas. Suas atividades precisam ser divulgadas e estar isentas de suborno explícito. A ação de lobby está sujeita a extensas regras que, se não forem seguidas, podem resultar em multas, inclusive a prisão. No entanto, a ação de lobby é legítima e interpretada por decisões judiciais como liberdade de expressão, o que é protegido pela Constituição dos Estados Unidos.

Entre as soluções propostas estão as seguintes:

1. Um período de abstenção que obriga os servidores públicos eleitos e não eleitos, os membros de sua equipe e outras pessoas desejosas de ingressar na área de ação de lobby a esperar um ano ou mais antes de se tornarem lobistas.

2. Exigir que os lobistas registrem seus contatos e gastos e informem quais empresas e organizações fazem lobby, de que maneira, para quem e por quanto.
3. Proibir os presentes pessoais.
4. Impor um limite às contribuições para campanhas.
5. Exigir que os candidatos políticos concordem, voluntariamente, em aceitar somente pequenas contribuições (no máximo, US$100).
6. Permitir que os contribuintes de impostos federais selecionem determinada quantia a ser destinada a candidatos específicos ao Congresso.

SUBORNO E CORRUPÇÃO

A maioria das áreas tem um lado negro que seus praticantes dificilmente mencionam ou deliberadamente encobrem. Eu apenas descrevi como os lobistas que representam grupos de interesses especiais tentam influenciar os legisladores para que votem a favor de seus clientes. As ferramentas que os lobistas usam nessa influência são todas legítimas, à exceção de uma: pagar suborno direto pelo voto deles. Oferecer pagamento para influenciar um voto ou obter um favor é definido como suborno e é uma das principais formas de corrupção encontradas em todo o mundo.

O suborno e a corrupção impõem grandes custos à sociedade. A corrupção desacelera o desenvolvimento econômico e oprime as instituições democráticas. As pessoas que estão no poder nos países ricos em petróleo, gás e minerais saqueiam bilhões de dólares. Navios fazem fila nos portos e têm de pagar grandes quantias para ter a chance de agilizar o descarregamento de suas cargas. Empresas e cidadãos honestos precisam pagar a outras pessoas que não criam nenhum valor real pelo direito de conduzir seus negócios ou lidar com questões normais. O resultado é a alocação errônea de recursos, porque as transações mais valiosas e eficientes não acontecem.

Existem diferentes níveis de suborno, desde o de pequena monta ao de grande vulto. Um amigo indiano me contou a seguinte história a respeito do suborno de pequena monta: os funcionários da Repartição de Impostos sobre Vendas devem entregar aos cidadãos formulários para que requeiram seus registros. O governo indiano fornece gratuitamente os formulários porque pretende que os impostos sobre vendas sejam pagos. Mas um funcionário disse ao meu amigo que os formulários não estavam disponíveis. "Volte na semana que vem", disse. No entanto, ele providenciaria os formulários se recebesse uma pequena gratificação. Meu amigo, então, perguntou: "Por que você faz isso?" O funcionário respondeu que os salários eram baixos — e pagar pequenas gratificações não causaria nenhum dano àqueles que têm muito dinheiro. Meu amigo perguntou a outro funcionário do mesmo setor se essa prática de suborno o incomodava. Ele disse que não. O salário que ele recebia era muito baixo e não lhe permitia matricular os filhos em uma boa escola particular. Ele tinha de complementá-lo com um "pequeno adicional".

Até mesmo subornos contínuos de pequena monta podem resultar em muito dinheiro. Meu amigo indiano me falou a respeito de Sukh Ram, ministro do Union Cabinet na Índia,* que tinha vínculos com o setor de telecomunicações

---

*O Union Cabinet na Índia é semelhante ao nosso Superior Tribunal Federal. (N. da T.)

e foi flagrado com milhões de rúpias em sua residência. Ele assumiu um ar de inocência ofendida. "Existem outros que roubam muito mais do que eu roubei", queixou-se ele à imprensa. "Por que não vão atrás deles primeiro, em vez de me perseguir?"

Um exemplo de suborno de grande vulto ocorreu quando Lockheed ofereceu grandes propinas aos membros da comissão de compras no Japão, que estavam escolhendo uma aeronave. Há também o caso do país africano no qual o presidente fez um empréstimo pessoal ao país para evitar que a nação fosse à falência. Mas por acaso alguém perguntou de onde tinha vindo o dinheiro do presidente? Alguém perguntou como o falecido presidente Ferdinand Marcos, das Filipinas, e sua família conseguiram acumular uma riqueza tão fabulosa? E a Nigéria? Esse país é tão rico em petróleo que hoje é a maior economia da África, mas continua a ter uma população com um número enorme de pessoas pobres e um número significativo de ex-generais do exército imensamente ricos.

O suborno é uma prática difundida, mas eu não a menciono em meus livros-texto. Por quê? Certamente não defendo a ideia de subornar o cliente. Tampouco desejo orientar alguma empresa sobre o tamanho da propina que precisa pagar para conseguir um contrato específico. Na melhor das hipóteses, eu gostaria que meus alunos soubessem que um ou mais de seus concorrentes podem estar oferecendo suborno. Eles devem informar isso às autoridades ou desistir de apresentar uma proposta.

Lembro-me de um professor amigo meu da London Business School que chegou à conclusão de que a amplitude do suborno como prática precisava ser exposta. Ele reuniu informações durante suas aulas de gestão executiva. Então, pediu aos executivos de sua turma da noite que levantassem a mão caso a empresa em que trabalhavam recorresse ao suborno para conseguir fechar contratos. Ninguém levantou a mão. Ele fez então um pedido diferente: "Levantem a mão se tiverem conhecimento de que um ou mais de seus concorrentes recorrem ao suborno." Quase todos os presentes levantaram a mão. O curioso é que a turma continha executivos das mesmas empresas cujos representantes não levantaram a mão quando a primeira pergunta foi feita.

O professor foi mais além e pediu aos membros da turma que enviassem descrições anônimas a respeito de como eventos específicos de suborno tinham lugar. Ele só queria saber como o suborno era realizado em uma situação específica. Recebeu centenas de casos ao longo dos anos e então, decidiu codificar os tipos de esquemas de suborno e até mesmo descobrir as melhores formas de subornar e quais as quantias ideais a oferecer como um exercício teórico. O professor estava planejando publicar um livro sobre essas constatações e mencionou esse fato para à mulher. Ela entrou em pânico e recomendou que ele não fizesse aquilo pois ele obteria uma reputação que levaria muitas pessoas desonestas a procurar os conselhos dele a respeito de como otimizar o suborno. Então, ele decidiu não escrever nenhum livro ou artigo e guardou em lugar seguro toda a sua pesquisa sobre o assunto.

A terrível verdade é que o suborno é bastante amplo. Uma empresa que esteja planejando entrar em outro país deve consultar a Transparência Internacional para verificar qual a classificação desse país no item "suborno e corrupção". O Índice de Percepção da Corrupção informa os níveis percebidos de corrupção no setor público em 176 países e territórios ao redor do mundo.[7] Em 2012, os dez países mais corruptos eram Somália, Coreia do Norte, Afeganistão, Sudão, Myanmar, Uzbequistão, Turcomenistão, Iraque, Venezuela e Haiti. Esses países oferecem um acentuado contraste com relação aos dez países menos corruptos: Dinamarca, Finlândia, Nova Zelândia, Suécia, Cingapura, Suíça, Austrália, Noruega, Canadá e Holanda.

O fato de a China e a Índia não estarem entre as dez nações mais corruptas não significa que a corrupção seja um problema secundário nesses países. Na realidade, é um problema importante, embora a China esteja classificada apenas em 80° lugar, e a Índia, em 100°, na lista dos 176 países. Tendo em vista o enorme tamanho desses dois países, a corrupção representa um grande ônus para ambos. Até mesmo um país relativamente escrupuloso como a Alemanha permitia, no passado, que seus empresários abatessem qualquer propina que oferecessem como despesa comercial.

A maioria das empresas não deseja se envolver com transações de suborno para conseguir contratos ou facilitar o desempenho. O problema ocorre quando uma empresa toma conhecimento de que seu concorrente está envolvido com a prática do suborno — ela deve oferecer uma propina maior, denunciar o que está acontecendo ou desistir de apresentar uma proposta?

Os ministros de governo honestos dos países pobres recebem constantemente ofertas de subornos e são importunados por burocratas que aceitam propina e oficiais militares corruptos. As elites governantes vendem seus recursos (por exemplo, petróleo, diamantes) a quem oferecer mais e colocam seus ganhos obtidos de forma ilícita em contas bancárias na Suíça, com uma pequena parte dessa riqueza, ou até mesmo nenhuma, sendo destinada à classe trabalhadora.

Soluções propostas para o suborno e a corrupção

Quase todas as nações corruptas se mostraram ineficazes na redução da corrupção. Uma medida que poderiam adotar seria declarar explicitamente a ilegalidade da corrupção e impor multas elevadas aos subornadores. Os Estados Unidos aprovaram a Lei de Práticas Corruptas Estrangeiras [Foreign Corrupt Practices Act] em 1977, a fim de que qualquer evidência de ato de corrupção levasse os perpetradores a receber pesadas multas ou ir para a cadeia. Em geral, as empresas norte-americanas têm se comportado eticamente na vigência dessa lei.

Uma segunda abordagem consiste em designar uma agência do governo de alto nível para investigar as ocorrências de suborno e levar os perpetradores aos tribunais. Essa agência precisa conduzir uma campanha de relações públicas contra a corrupção e convidar o público a denunciar as ocorrências de suborno. A agência poderia até mesmo prometer pagar aos informantes que identificassem um importante esquema de suborno.

A terceira opção seria dificultar o encobrimento do dinheiro adquirido de forma ilícita. Uma operação da polícia e do legislativo está em curso para ter acesso aos centros de ocultação de dinheiro na Suíça e no Caribe que administram esse tipo de dinheiro. A melhor notícia é que muitos bancos suíços concordaram em pagar impostos sobre as quantias mantidas em contas secretas. Esses bancos também estão sofrendo uma crescente pressão para revelar os nomes que estão por trás das grandes contas.

A REGULAMENTAÇÃO DO GOVERNO E AS POLÍTICAS TRIBUTÁRIAS

Uma terceira maneira pela qual a política pode distorcer os resultados do capitalismo ocorre quando o governo interfere demais na operação do livre-mercado. De maneira compreensível, o governo precisa estabelecer algumas agências reguladoras para garantir alimentos e, medicamentos seguros, a limitação da poluição, a eliminação segura dos resíduos e a segurança dos transportes público e privado. O economista John Kenneth Galbraith acreditava que a regulamentação econômica era necessária para manter o sistema capitalista justo e seguro, e também para impedir que grandes empresas dominassem o mercado. Ele via o governo e os sindicatos como uma força "contrária" necessária para evitar os excessos empresariais.[8]

Os poderes e as responsabilidades das agências reguladoras do governo são normalmente explicitados com cuidado. Deveria haver dispositivos para levar as agências reguladoras aos tribunais se seu poder se tornar excessivo ou abusivo. Os economistas da livre-iniciativa argumentam que o excesso de regulamentação do governo custa mais do que vale. Os economistas liberais assumem a posição de que as empresas sacrificarão a qualidade para maximizar os lucros de que o comportamento empresarial precisa ser monitorado e regulamentado.

A outra questão é que o governo precisa tomar uma decisão a respeito das políticas dos impostos sobre vendas e do imposto de renda. Que proporção do imposto deve recair sobre a classe trabalhadora? E sobre a classe rica? O imposto sobre vendas fica mais pesado para os grupos de baixa renda do que se a mesma quantia arrecadada fosse proveniente do imposto de renda. Os pobres e os grupos de baixa renda não pagam muito imposto de renda. Existe a questão de quão elevados devem ser os impostos dos ricos e dos super-ricos. Há também a questão de quanto as corporações e as empresas devem pagar em impostos.

Os conservadores argumentam que as alíquotas do imposto de renda são elevadas demais e que isso conduz a gastos perdulários do governo. Eles acham que um valor excessivo é despendido com o bem-estar social e os "benefícios sociais". Os liberais encaram como benefícios sociais necessários e desejáveis os gastos com educação, saúde e auxílio aos pobres, e um meio de compensar a excessiva disparidade de renda. Os liberais chamam a atenção para as numerosas brechas e isenções que beneficiam as empresas e os ricos à custa dos pobres.

Até mesmo as políticas do governo no que diz respeito ao comércio internacional causarão profundo impacto no bem-estar de diferentes grupos de renda. As tarifas baixas beneficiarão os pobres por permitir que mercadorias com preços mais baixos entrem no país. Mas isso poderá significar menos empregos no país porque mais produtos virão do exterior. Como avaliar o impacto final no curto e no longo prazo sobre os pobres proveniente de nossas políticas de comércio exterior?

As regulamentações e as políticas tributárias do governo claramente precisam ser submetidas a um processo periódico de revisão. Todas as regulamentações aprovadas precisam incluir um intervalo de tempo definido em que os resultados sejam revistos e a regulamentação possa ser alterada ou eliminada. As políticas tributárias também precisam ser reavaliadas frequentemente para garantir a obtenção dos resultados planejados e que não estejam debilitando o crescimento econômico.

A INFLUÊNCIA DOS SUPER-RICOS

Finalmente, não vamos desconsiderar a influência do pequeno grupo de pessoas muito ricas no país que tem uma influência altamente desproporcional na política pública. Os irmãos Koch gastaram bilhões de dólares para fazer com que republicanos fossem eleitos. Sheldon Adelson, cuja fortuna é avaliada em US$22 bilhões, controla um império mundial de cassinos, hotéis e centros de convenções. Sua fortuna foi o manancial do apoio financeiro a Newt Gingrich quando este concorreu à indicação do Partido Republicano para a presidência em 2012. Gingrich recebeu mais de US$17 milhões em contribuições políticas de Adelson e de sua esposa, Miriam, incluindo US$10 milhões nas últimas semanas da campanha para a indicação, quantia destinada a um "super PAC"* em apoio à candidatura de Gringrich.

Os plutocratas refutam o ideal democrático de um voto por pessoa. Eles desejam desesperadamente preservar e aumentar sua riqueza, além de impedir quaisquer tentativas no sentido de aumentar seus impostos. Eles se referem aos "47%" mencionados por Mitt Romney, quando era candidato à presidência, como cidadãos preguiçosos que preferem viver de vales-alimentação e doações a trabalhar todos os dias em um emprego honesto. Eles partem do princípio de que os empregos estão disponíveis a todos aqueles que

---
*Sigla de Political Action Comitee [Comitê de Ação Política]. (N. da T.)

desejam trabalhar. Também acham que doam muito para instituições beneficentes e que não são egoístas no que diz respeito à sua riqueza, embora raramente demonstrem uma filantropia na escala do que Bill Gates e Warren Buffett estão fazendo para melhorar a vida de outras pessoas.

A principal questão é que os super-ricos têm grande influência sobre quem é eleito e sobre as políticas que são aprovadas no Congresso. Eles podem contratar os melhores lobistas e distribuir dinheiro para financiar campanhas a fim de pôr em prática a sua agenda política.

Soluções propostas para a influência dos super-ricos

1. Aumentar os impostos sobre os produtos de luxo.
2. Aprovar um sistema tributário mais progressivo, segundo o qual a alíquota de imposto aumente para as rendas mais elevadas. Por exemplo, o imposto poderia ser de 40% sobre uma renda anual entre US$100 mil e 500 mil; de 50% sobre uma renda entre US$500 mil e US$1 milhão; e de 60% sobre uma renda entre US$1 milhão e US$5 milhões.
3. Definir um valor acordado de maneira que, por exemplo, nenhuma renda anual possa ser superior a US$10 milhões. O excedente iria para o governo ou poderia ser direcionado a algum problema social específico.
4. Quando se tratar de impostos sobre o espólio, deixar que o membro sobrevivente da família fique com US$5 milhões sem pagar nenhum imposto. O excedente poderia ser distribuído (até US$2 milhões por pessoa) entre os descendentes

(i.e., filhos vivos, netos e bisnetos). Qualquer coisa além dessa quantia iria para o governo.

5. No que diz respeito aos impostos sobre doações, deixar que a família dê um valor anual para seus membros de não mais de US$20 mil por pessoa. (Os que o recebessem teriam de pagar impostos sobre o montante recebido.)

* * *

Em *A República*, Platão descreveu o conceito original de democracia como um sistema de representação eleita por um "eleitorado esclarecido". Inicialmente, as mulheres e os escravos eram excluídos da votação. Com o tempo, a democracia se transformou na ideia de que todos os cidadãos podem votar, sejam eles ricos ou pobres, homens ou mulheres, instruídos ou não. Os cidadãos precisam apenas ser capazes de assinar o nome. Muitos políticos têm forte interesse em manter os eleitores ignorantes e até mesmo em comprar o voto deles. A corrupção acontece livremente em muitas "democracias". Quando adicionamos o jogo da política ao quadro, os frutos esperados do capitalismo são reduzidos. Como já mostrado neste capítulo, a política distorce os resultados do capitalismo de quatro maneiras principais:

- O papel desempenhado pela ação de lobby.
- A extensão e o custo elevado do suborno e da corrupção.
- A necessidade das regulamentações do governo e de políticas tributárias apropriadas.
- Lidar com o poder desproporcional dos super-ricos.

É claro que todas essas questões e soluções propostas justificam extensas pesquisa e discussão, embora a natureza partidária de nosso sistema político e a paralisação que ela causou deixem poucas esperanças de que isso vá acontecer em um futuro próximo.

11. A orientação no curto prazo do capitalismo

O futuro depende do que você faz hoje.

MAHATMA GANDHI

As empresas que operam em uma economia de mercado capitalista precisam fazer um planejamento duplo. Elas têm que ficar de olho na situação no curto prazo para garantir que irão alcançar seus objetivos de crescimento e lucros. E precisam implementar seu plano de investimentos no longo prazo para obter lucratividade, crescimento e sustentabilidade.

Tanto as empresas de capital fechado quanto as empresas de utilidade pública podem se sair muito bem com o planejamento duplo. As empresas de capital fechado são em geral de propriedade familiar, e o plano é passar o negócio adiante para os filhos e os netos. A família evita emitir ações públicas e, portanto, não deve ao público nenhum relatório trimestral ou anual sobre a receita e os lucros da empresa. A empresa familiar é livre para investir fortemente em busca de sucesso no longo prazo e pode até mesmo perder dinheiro em alguns trimestres no curto prazo.

O mesmo pode ser dito a respeito das empresas de serviços de utilidade pública. As companhias de gás, energia elétrica e água estão sujeitas ao escrutínio público e à regulamentação. São configuradas para ser lucrativas no momento, com seus investimentos orientados ao futuro. Precisam aumentar suas instalações e sua produção para atender à demanda futura. Os reguladores concordam que a meta de lucratividade dessas empresas deve ser suficientemente elevada para satisfazer os investidores atuais, mas, ao mesmo tempo, profunda o bastante para garantir crescimento no longo prazo.

As empresas de capital aberto, por outro lado, têm a nítida inclinação para o planejamento e a execução no curto prazo. Presumivelmente, elas entendem as expectativas dos investidores para o período seguinte. Se a corporação deixar de atender às expectativas dos investidores, muitos ficarão propensos a vender suas ações e aplicar seu dinheiro em empresas mais lucrativas. Alguns investidores podem permanecer com uma empresa durante um ou dois anos insatisfatórios, mas não por muito mais tempo.

A direção executiva de uma empresa de capital aberto precisa compartilhar com os investidores o que planeja alcançar no período atual. Eventual déficit no final do período poderá levar a comunidade financeira a rebaixar a classificação das ações da empresa e alterar sua recomendação de uma posição de "comprar" ou "manter" para "vender". A empresa perceberá que seus custos de contratação de empréstimo começam a aumentar. A direção fará praticamente qualquer coisa para não deixar de alcançar suas metas. Os altos executivos ficarão tentados a informar vendas a mais no trimestre atual, embora existam leis que proíbam isso. Podem relatar vendas a menos nas épocas boas a fim de informá-las no trimestre seguinte. A direção deseja mostrar um quadro com aumento suave das vendas e lucros, e não com déficits e aumentos bruscos de um trimestre para outro.

O outro problema é que os mercados de ações estão cada vez mais atraindo investidores e especuladores que entram e saem do mercado de uma hora para outra. Desse modo, o capital, em vez de se deslocar para investimentos no longo prazo, está se voltando mais para ganhos no curto prazo, deixando menos capital disponível para os investimentos no longo prazo.

A QUESTÃO DO INVESTIMENTO NO LONGO PRAZO

Quanto dinheiro as empresas de capital aberto podem planejar gastar para atender às suas necessidades de investimento no longo prazo? A prioridade de uma empresa desse tipo é claramente alcançar sua meta de receita e lucros no curto prazo. Esperançosamente, ela ganhará uma renda excedente suficiente para investir no desenvolvimento de novos produtos e na infraestrutura necessária. Se há pouco dinheiro para os investimentos no longo prazo, a empresa tem a opção de tomar mais dinheiro emprestado emitindo ações e títulos adicionais. Mas os investimentos no longo prazo estão nitidamente à mercê do desempenho do lucro no curto prazo da companhia.

O sucesso do capitalismo em um país é fortemente conduzido pela qualidade de sua infraestrutura física.

Desafortunadamente, o crescimento da economia norte-americana está bastante restringido pela condição desgastada da infraestrutura.

A Sociedade Americana de Engenheiros Civis [American Society of Civil Engineers] (ASCE) emitiu em 2013 um relatório sobre infraestrutura. Patrick Natale, o CEO da ASCE, lamentou: "Realmente não temos tido a liderança ou a vontade de adotar as medidas necessárias a respeito disso. O fator preponderante é que uma infraestrutura deficiente não pode sustentar uma economia próspera."[1]

A ASCE atribuiu notas à condição de 15 entidades de infraestrutura dos Estados Unidos. Por exemplo, as estradas receberam um D-; a água potável, um D-; a rede elétrica nacional, um D+; as estradas de ferro, um C-; as pontes, um C; e o tratamento de resíduos sólidos recebeu a maior nota, um C+. A ASCE estima que os governos e as empresas precisariam investir US$2,2 trilhões ao longo de cinco anos apenas para manter a qualidade existente da infraestrutura. No entanto, com o orçamento atual, os gastos serão de menos da metade desse valor. Natale acrescenta que, "com um investimento inferior ao necessário, o custo aumenta".

Vários países obtiveram notas muito melhores, de acordo com Norman F. Anderson, presidente e CEO da CG/LA Infrastructure. Seu levantamento revelou que "a capacidade [dos Estados Unidos] de desenvolver projetos de infraestrutura [está] bem abaixo da capacidade do Brasil, da Índia e da China, e também de outros países com os quais competimos por escassos dólares de infraestrutura e competência."[2]

A ironia é que existe muita construção de infraestrutura em curso no mundo inteiro, mas não nos Estados Unidos. O único investimento de capital feito no país em infraestrutura que parece pagar as próprias despesas é a infraestrutura digital, porque existe uma receita de serviços proveniente dos clientes. Mas essa corresponde a apenas uma pequena fração da renovação de infraestrutura de que os Estados Unidos precisam.

O falecido professor Hyman P. Minsky apresentou a tese de que a tendência do capitalismo norte-americano de se concentrar em maximizar os lucros no curto prazo exacerbou a inerente instabilidade da demanda de investimentos.[3] Os especuladores são levados a financiar projetos no longo prazo, mas os atrasos e outras preocupações acabam fazendo com que retirem o dinheiro, o que introduz a instabilidade financeira e, com o tempo, a venda causada pelo pânico. O crescimento corporativo no longo prazo é sacrificado por estratégias de sobrevivência no curto prazo. A crescente fragilidade financeira tem tido consequências devastadoras tanto para o Ocidente quanto para as economias emergentes.

GERENCIANDO E MELHORANDO A INFRAESTRUTURA

Vamos recordar os benefícios que a infraestrutura proporciona a uma economia. A infraestrutura de alto nível reduz os custos de abastecimento e confere maior acessibilidade competitiva aos empreendimentos mais produtivos. Gastar em infraestrutura pode aumentar as contratações, promover a migração de empresas, integrar regiões nacionais e apoiar a produtividade e a habitabilidade econômica urbana.

Como a infraestrutura pode ser mantida e melhorada em uma economia concentrada em empreendimentos no curto prazo? Boa parte das iniciativas de infraestrutura vem do governo nos níveis local, estadual e nacional. As estradas, escolas e pontes são geralmente responsabilidade das cidades e dos estados. Lamentavelmente, as cidades e os estados estão sofrendo uma crise orçamentária, e muitos não podem tomar mais nenhum capital emprestado. O governo federal, que precisa consertar a rede elétrica, impedir um ataque cibernético, melhorar os portos, reconstruir a infraestrutura perdida em desastres naturais e assim por diante, está prejudicado por um sistema político disfuncional que diz não a qualquer aumento orçamentário. Adicionemos o fato de que, em uma democracia, os representantes eleitos podem ser afastados por voto em menos de dois anos, o que significa que podem estar ainda menos interessados em apoiar projetos no longo prazo.

Algumas corporações se encontram em boa posição para obter o financiamento necessário para habilitar investimentos em larga escala. Muitas empresas formam parcerias públicas-privadas (PPPs) para construir ou reconstruir infraestruturas necessárias. As PPPs cobrirão o custo dos juros e do reembolso do capital por meio de receitas públicas, subsídios e da dívida pública.

Não apenas a infraestrutura melhorada aumentará a produtividade da nação, como também os próprios projetos produzirão empregos urgentemente necessários. O presidente Obama pediu a cooperação do Congresso para melhorar a infraestrutura e criar empregos, mas a atual política partidária impediu que isso acontecesse.

No passado, o governo dos Estados Unidos conseguiu lançar audaciosos projetos de infraestrutura. Pense no Canal do Panamá, no sistema ferroviário transcontinental, nas rodovias transcontinentais, na Tennessee Valley Authority (TVA) e em outros projetos importantes. Hoje, no entanto, um dos partidos políticos diz, em alto e bom som, que o governo é ruim, que é o principal problema do país e que, portanto, deveria encolher (à exceção das forças armadas). Nesse ínterim, os concorrentes, especialmente a China, são capazes de desenvolver dezenas de novos arranha-céus, portos, aeroportos e até mesmo novas cidades em um piscar de olhos.

Veja o seguinte exemplo. A cidade de Suzhou, na China, decidiu se industrializar na década de 1980 e construir a infraestrutura necessária. Hoje, o Parque Industrial Suzhou cresceu e tem 288 quilômetros quadrados, com várias centenas de empresas multinacionais localizadas no parque, entre elas Siemens, Emerson, Bosch, Panasonic, GE, Bayer, Johnson & Johnson, Nokia e Hydro, bem como muitas importantes companhias chinesas. Existem mais de 15 mil empresas de investimento estrangeiro no Parque Industrial Suzhou. Os planejadores desenvolveram uma zona de educação superior dentro do parque. Hoje, quarenta universidades chinesas e internacionais estão estabelecidas nessa zona e fornecem pessoas incrivelmente talentosas para as empresas que atuam dentro do parque. Isso é o que um planejamento de infraestrutura em larga escala pode fazer.

Uma economia cujas empresas se interessem principalmente por lucros trimestrais e prefiram impor limites ou reduzir os gastos do governo pode, mesmo assim, encontrar um meio de atrair o capital necessário para restaurar a infraestrutura do país e obter todos os benefícios que fluem de uma infraestrutura de alto nível? Essa é a pergunta de US$64 bilhões.

A maneira como, atualmente, os CEOs são remunerados decididamente está bastante relacionada à obsessão das empresas pelos lucros no curto prazo. Os CEOs recebem opções de compra de ações em seu pacote salarial para incentivá-los a aumentar o valor das ações de sua empresa. Como resultado, eles se concentram em aumentar a receita atual e refrear os custos correntes. Mas o verdadeiro indicador de sua contribuição é se seus projetos no longo prazo produzirão uma taxa de retorno mais elevada do que seu custo de capital. Em muitos casos, os preços das ações da empresa aumentaram enquanto os projetos de capital produziram uma taxa de retorno negativa. Com o tempo, isso causará problemas quando a companhia não puder mais pagar dividendos e o preço das ações cair. Além disso, o preço das ações da empresa frequentemente sobe devido ao aumento no mercado como um todo, o que nada tem a ver com o desempenho do CEO. Os conselhos administrativos das companhias precisam de um indicador melhor do verdadeiro valor adicionado pelo CEO, que não seja apenas se o atual preço das ações valorizou.

* * *

Por sorte, algumas corporações foram capazes de evitar a excessiva preocupação com a maximização da riqueza atual dos acionistas e fazer o que é certo para atender aos interesses de seus acionistas no longo prazo. Eis alguns exemplos:

- Jeff Bezos, da Amazon, se ateve firmemente à sua visão de tomar decisões que beneficiariam os interesses dos clientes, mesmo sendo criticado por afirmações de que seria possível ganhar mais dinheiro no curto prazo.
- Jim Sinegal, da Costco, disse não aos consultores financeiros que sugeriram que a empresa deveria

aumentar os preços para ganhar mais dinheiro. Ele não está interessado em trocar o crescimento e a lucratividade no longo prazo por lucro no curto prazo.
- Howard Schultz, da Starbucks, é obsessivo por oferecer uma excelente experiência ao cliente e não cede à realização de lucros no curto prazo.
- Richard Branson do, Virgin Group, fica de olho em aumentar o bem-estar do cliente oferecendo valor, divertimento e inovação.
- Rob Olson, o presidente em exercício da Ikea, anunciou, em 2014, que a empresa de mobília aumentaria seu salário mínimo de US$9,17 por hora para US$10,76 a partir de 1º de janeiro de 2015. O aumento de 17% iria para a metade menos bem-remunerada dos 11 mil funcionários da Ikea nas 38 lojas da empresa nos Estados Unidos. "Essa decisão se baseou em nossa visão de desejar criar uma vida cotidiana melhor para nossos colegas de trabalho", declarou Olson. Esse aumento voluntário também reduzirá a rotatividade de pessoal e reforçará o recrutamento. A Ikea não tem planos para aumentar os preços, reduzir pessoal ou diminuir as contratações.[4]

Essas empresas estão concentradas em estabelecer relacionamentos duradouros no longo prazo com seus clientes, funcionários, acionistas e a comunidade mais ampla, e não se deixam enganar pela maximização de lucros no curto prazo. Oferecem evidências de que as companhias que pagam bem também podem ser altamente lucrativas.

12. Resultados questionáveis do marketing

Se você ficar de olho no lucro, vai economizar no produto. Mas, se você se concentrar em criar produtos realmente excelentes, os lucros se seguirão.

STEVE JOBS

Um dos aspectos notáveis a respeito do capitalismo e da liberdade norte-americanos é que a economia do país produz uma extraordinária variedade de produtos e serviços. As lojas têm um bom estoque de alimentos, eletrodomésticos, mobília, aparelhos eletrônicos e tudo o mais que você possa imaginar ou desejar. Há poucas leis que impeçam a fabricação de quaisquer produtos, mesmo que possam ser nocivos à saúde ou comprometer a segurança.

OS ALIMENTOS SÃO SAUDÁVEIS?

Leve em consideração que, nos últimos anos, os seguintes livros foram publicados:

Sal, açúcar, gordura: Como a indústria alimentícia nos fisgou, de Michael Moss

The Blood Sugar Solution: The Ultra Healthy Program for Losing Weight, Preventing Disease, and Feeling Great Now [*A solução do açúcar no sangue: o programa ultrassaudável para perda de peso, precaução de doenças e sensação de bem-estar*, em tradução livre] de Mark Hyman

A dieta da mente: a surpreendente verdade sobre o glúten e os carboidratos – os assassinos silenciosos do seu cérebro, de David Perlmutter com Kristin Loberg

Esses livros apresentam duas ideias básicas: (1) boa parte da comida que consumimos não é saudável e (2) os fabricantes norte-americanos e estrangeiros estão prontos para nos vender qualquer coisa que faça com que eles ganhem dinheiro. A ironia é que a indústria de alimentos está simplesmente nos vendendo a comida que apreciamos. Acontece que gostamos de alimentos salgados, doces e gordurosos, e as empresas estão apenas satisfazendo nossas necessidades.

Isso também não é verdade com relação à Coca-Cola e ao McDonald's, duas companhias que são ícones norte-americanos? Uma garrafa de Coca-Cola comum contém 170 gramas de açúcar. As pesquisas demonstram um relacionamento direto entre o consumo de bebidas açucaradas e o aumento da obesidade, o que, por sua vez, promove diabetes, doenças do coração, AVC e muitos outros problemas de saúde. Um almoço típico no McDonald's é composto por um hambúrguer, batatas fritas e uma Coca-Cola; essa refeição garante que vamos ingerir muito sal e gordura. O resultado é o crescente nível de obesidade da população norte-americana e mundial. No entanto, repito, essas duas empresas não estão conspirando para nos tornar obesos. Elas estão apenas servindo aquilo que agrada às nossas papilas gustativas. Enquanto acreditarmos na liberdade de produção, não poderemos dizer a essas companhias gigantescas o que devem produzir.

Além disso, essas empresas se destacam em suas contribuições para boas causas. A Coca-Cola não apenas nos vende "felicidade", como também doa muito dinheiro a causas médicas e comunitárias. Quanto ao McDonald's, existem 322 Ronald McDonald Houses em 52 países, nas quais as famílias com crianças hospitalizadas podem ficar sem pagar custos de hotelaria. A maioria dos norte-americanos adora essas companhias e o que elas oferecem.

Houve ocasiões na história dos Estados Unidos em que o governo tentou vetar determinados produtos e serviços. Tentou proibir as bebidas alcoólicas durante a Lei Seca, mas acabou encerrando essa iniciativa, depois de ter criado muitas gangues criminosas e causado muito dano à população. O governo ainda está travando uma Guerra às Drogas, o que está produzindo gangues de drogas e cartéis sem que o uso delas tenha diminuído. A compra de cigarros ou o ato de fumar não foram proibidos (embora haja restrições nos lugares permitidos para isso), mas houve forte tributação dos cigarros e imposição de limitações à sua propaganda.

E AS ARMAS DE FOGO?

Um dos resultados mais problemáticos do marketing no capitalismo é a difundida produção e compra de armas de fogo. A maioria das nações proibiu ou restringiu o porte de armas pelo público, com a gritante exceção dos Estados Unidos. O lobby de armas norte-americano (a National Rifle Association) é poderoso, e a maioria dos legisladores está pronta para aceitar o apoio financeiro da NRA em troca de votarem contra as restrições à compra de armas. Os indivíduos podem comprar não apenas pistolas semiautomáticas, como também armas de assalto de disparo rápido. Em alguns estados, é legal que os proprietários portem uma arma dentro de shoppings, cinemas ou igrejas. Os donos de armas reivindicam o direito constitucional de possuir e portar uma com base na Segunda Emenda, a qual declara vagamente que os cidadãos podem fazê-lo. No entanto, a intenção constitucional era que os membros de uma milícia poderiam portar armas, e não os cidadãos comuns.

Não é nenhuma surpresa que, em decorrência da proliferação de armas, situações trágicas tenham ocorrido, como a de Adam Lanza, de 20 anos, que irrompeu na Sandy Hook Elementary School, em Newtown, Connecticut, no dia 14 de dezembro de 2012, e matou vinte crianças e seis adultos, tirando, em seguida, a própria vida.

Imaginaríamos que a atrocidade de Sandy Hook conduziria a uma enxurrada de leis voltadas ao controle de armas. No entanto, depois desse caso, foi aprovado um número maior de leis a favor das armas do que de leis que determinam o controle delas. Isso está acontecendo apesar do fato de a população norte-americana se mostrar predominantemente favorável ao controle de armas. Numerosas organizações foram formadas — Educational Fund to Stop Gun Violence, Sandy Hook Promise, Moms Demand Action for Gun Sense in America, Mayors Against Illegal Guns, entre outras — para levantar dinheiro e acabar com a violência armada. Essas organizações esperam ser tão eficazes quanto a Mothers Against Drunk Driving (MADD) foi ao tornar as pessoas conscientes das tragédias causadas por motoristas embriagados e ao ajudar a estabelecer políticas mais rígidas com relação às pessoas que dirigem sob a influência de bebidas alcoólicas. Mas os legisladores têm medo de votar a favor do controle de armas, temendo que a todo-poderosa NRA use seu dinheiro para derrotá-los nas próximas eleições.

O PAPEL DA PROPAGANDA NA FORMAÇÃO DE NOSSOS DESEJOS

Muitas influências moldam nossos desejos. Nossa família, nacionalidade, classe social e genes estão entre os fatores mais influentes. Mas o papel da propaganda também deve ser mencionado ao transformar nossas necessidades (digamos, de comida) em desejos (digamos, de comer um bife).

Podemos falar muitas coisas boas a respeito do papel da publicidade. A propaganda chama nossa atenção para muitos produtos e serviços de que podemos precisar ou desfrutar. Ela nos apresentou os benefícios do refrigerador elétrico, quando costumávamos gastar o tempo pegando gelo para a "caixa gelada", e a lava-louças elétrica, quando costumávamos lavar e secar cada prato à mão. A propaganda, portanto, nos leva a gastar algum dinheiro mas, acabamos com um padrão de vida mais elevado. Ela também nos propicia melhor treinamento para avaliar afirmações e contra-afirmações a respeito de atributos e virtudes dos produtos e torna possível que desfrutemos, sem nenhum custo direto para nós, de programas de rádio e televisão de produção cara, graças aos patrocinadores que desejam ter alguns minutos de nossa atenção.

A propaganda, contudo, tem seu rol de críticos, entre eles Thorstein Veblen, John Kenneth Galbraith, Daniel Bell, Vance Packard e outros, que argumentam que essa indústria é excessivamente poderosa e lança mão de todos os truques de que dispõe para nos levar a comprar coisas das quais não necessitamos.

Eis uma citação de um agente publicitário anônimo: "Depois de trabalhar durante muitos anos no setor publicitário, posso afirmar que a fabricação da inveja, do desejo e da devassidão está em plena atividade. Quais são os receios deles? Quais são as esperanças e os sonhos, quais são as dificuldades? O que faz com que se sintam melhor?"

Somos expostos a mais de 5 mil mensagens publicitárias por dia. Novos carros reluzentes, belas roupas, refeições apetitosas e produtos eletrônicos que simplesmente não podemos deixar de ter nos são mostrados todos os dias. Somos informados das sutis diferenças entre produtos na mesma categoria e, com frequência, avisados de que um artigo está em oferta "somente hoje" se fizermos a compra agora. Comerciais de trinta segundos são unilaterais, nunca mencionando os inconvenientes de nenhum produto. Gerações inteiras foram criadas com base nas promessas da indústria da propaganda de nos tornar mais bonitos, mais desejáveis, mais seguros e mais satisfeitos.

A boa notícia hoje em dia é que a internet e os celulares tornaram possível conhecer os dois lados da história. Nossos amigos podem compartilhar suas preferências, experiências e restrições a respeito do que a propaganda afirma. Podemos procurar na internet diferentes avaliações a respeito de produtos e marcas. Podemos até mesmo criar um blog pessoal e enviar mensagens a nossos amigos e outras pessoas a respeito de vendedores, produtos e da qualidade de seus serviços. Livros e informações sobre a vida e o consumo sustentável estão facilmente disponíveis.[1]

Os defensores da publicidade insistem em que não estão nos manipulando e que os consumidores têm livre escolha. Eis a resposta que o crítico Benjamin Barber dá a eles:[2]

> Podemos facilmente argumentar que muitas pessoas estão fazendo escolhas sofríveis porque foram profundamente condicionadas pelos anunciantes. Como é possível justificar que uma pessoa gaste US$50 mil em um carro e o substitua três anos depois quando um carro barato, de boa fabricação, atenderá às necessidades básicas de transporte e poderá durar de cinco a oito anos? Como é possível justificar que uma pessoa gaste dinheiro para comprar água mineral engarrafada quando a água da torneira na maioria das regiões é boa? E como é possível justificar que um consumidor acumule uma dívida de dezenas de milhares de dólares para adquirir todas essas coisas?

Barber continua:

> O seguinte paradigma está profundamente entranhado em nossa sociedade: ter mais dinheiro e mais bens materiais, de alguma maneira, nos fará mais felizes. O problema é que esses desejos nunca podem ser

satisfeitos — existe sempre algo mais, e existe sempre outra pessoa que tem mais. No final, todo esse materialismo deixa as pessoas se sentindo vazias, e o único estímulo que elas conhecem para tentar preencher esse vazio é sair e comprar mais coisas.

Barber se aprofunda e desmembra o processo em dois estágios. Primeiro, as crianças se tornam consumistas devido aos anúncios dirigidos especificamente a elas e pelo fato de serem incluídas em frequentes saídas para compras. Segundo, os adultos são tratados como crianças que precisam de muitos produtos e que se tornam definidos pelas marcas que escolhem. Eles se veem como "Consumo, logo existo".

A propaganda intensa cria outro problema: faz com que as pessoas desejem mais coisas do que sua renda lhes permite comprar. E o setor financeiro está a postos para oferecer empréstimos fáceis e vender a seguinte ideia: "Compre agora, pague depois." Todas as pessoas têm, pelo menos, um cartão de crédito e podem rapidamente comprar um carro, um novo aparelho de televisão e outros produtos apenas assinando na linha pontilhada. Em 2008, uma pessoa com renda anual de US$14 mil era capaz de levantar o dinheiro necessário para comprar uma casa de US$708 mil. Os estudantes universitários têm hoje uma dívida de US$1 trilhão que contraíram para poder cursar a faculdade, cuja anuidade aumenta mais rápido do que a inflação.

Os bancos não precisam se preocupar com suas políticas de empréstimo, porque sempre podem retomar o imóvel ou o carro quando ocorre inadimplência. Podem esperar que o governo os ajude no caso do pagamento dos empréstimos estudantis. De algum modo, fomos seduzidos pela propaganda e pelos bancos a nos tornar uma sociedade de "gratificação instantânea", que contribui para as compras excessivas, as dívidas elevadas e uma economia de bolha, que, com o tempo, explode e dá seguimento à história do ciclo econômico de alta e colapso.

A QUESTÃO DA QUALIDADE DOS BENS E SERVIÇOS PÚBLICOS

Até agora, comentei sobre a qualidade dos bens e serviços privados produzidos na economia norte-americana. Podemos perguntar se os bens e serviços públicos nos Estados Unidos são gerados em um padrão suficientemente elevado. Vamos nos concentrar em duas áreas principais: educação e saúde públicas.

Em primeiro lugar, vamos examinar a educação pública. Nos Estados Unidos, ela é financiada pelos impostos prediais e territoriais locais. A boa notícia é que os cidadãos da localidade podem decidir quais são as necessidades educacionais de sua comunidade, que podem ser muito diferentes de uma para outra. A má notícia é que as crianças que moram em comunidades que pagam impostos mais elevados terão acesso a melhores escolas e a uma instrução de melhor qualidade. Já as crianças que moram em comunidades pobres, especialmente aquelas que são membros de grupos minoritários, ficam em desvantagem do ponto de vista educacional. No país, somente 38% das crianças de 3 anos estão matriculadas nos cursos de educação infantil, que antecedem o ensino fundamental; nas nações da OCDE, 70% estão matriculadas. O número de estudantes no país com dificuldade em Matemática, Ciências, História e Literatura é absurdo. Uma pesquisa realizada em 2012 avaliou as aptidões de norte-americanos na faixa etária de 16 a 65 anos e constatou que eles careciam de conhecimento matemático e tecnológico, e também do nível de leitura e redação, das pessoas no Japão e nos países do Norte da Europa.[3] Os cidadãos mais jovens ficaram perto da extremidade inferior da lista de 23 nações avaliadas pela pesquisa.

Vamos examinar agora o sistema de saúde dos Estados Unidos. O país gasta muito mais dinheiro do que outros na saúde de seus cidadãos e tem muito menos para mostrar. Os Estados Unidos têm 2,5 vezes mais gastos com saúde por pessoa do que a média de 34 outros países avançados da OCDE. Por exemplo, gastam duas vezes mais do que a França, um país que, de modo geral, é considerado como possuidor de serviços de saúde muito bons.[4] Acrescentemos o fato de que, antes da aprovação da Lei de Serviços de Saúde Acessíveis [Affordable Care Act], mais de 45% dos cidadãos norte-americanos não tinham seguro-saúde. Quando comentei esse fato com um professor sueco, meu amigo, ele disse: "A maioria dos europeus se mostra horrorizada com o sistema de saúde norte-americano. A vasta maioria deles considera o seguro-saúde básico um direito humano, e não algo para o livre-mercado. Isso faz parte da infraestrutura necessária para fazer um país funcionar, da mesma forma que as estradas."

* * *

Quais são as alternativas para a obtenção de produtos mais saudáveis e seguros produzidos e consumidos na vigência do capitalismo? Já vimos que as proibições geralmente não funcionam.

A primeira alternativa é sugerida pelo exemplo do cigarro, em que aumentar a tributação sobre esse item reduziu as respectivas vendas. Poderíamos aumentar os impostos sobre itens que são nocivos à saúde ou à segurança. É bastante provável que esses impostos sejam repassados aos consumidores, mas alcançariam o objetivo de reduzir o consumo desses produtos.

A segunda alternativa é aplicar uma estratégia de persuasão que envolve arrumar as escolhas de maneira que provavelmente levará os consumidores a comprar as opções mais saudáveis.[5] Algumas pesquisas mostram que os estudantes dos últimos anos do ensino médio acabarão fazendo refeições mais saudáveis se esse tipo de alimentos for colocado na frente da fila do refeitório. Os alunos geralmente estão com fome depois das aulas e pegam o que veem primeiro. Ampliando um pouco essa ideia, podemos imaginar supermercados como o Whole Foods destinando as melhores posições nas prateleiras às marcas mais saudáveis em cada categoria. Desse modo, os cereais mais saudáveis ficariam no nível dos olhos, enquanto aqueles cheios de gordura e açúcar estariam nas prateleiras inferiores.

Uma terceira alternativa é usar "ferramentas de marketing social" para convencer as pessoas a fazer escolhas mais saudáveis.[6] Os 4Ps (produto, preço, praça e promoção) poderiam ser aplicados para convencer as pessoas a fazerem escolhas mais saudáveis e inteligentes. Os defensores da melhor alimentação descreveriam os benefícios de comer os alimentos corretos e os efeitos nocivos de consumir os insalubres. O prefeito Michael Bloomberg, de Nova York, era o tipo de líder cívico que fazia uma "contracomercialização" ao tentar convencer os supermercados a não venderem refrigerantes de meio litro ou em tamanhos maiores, e determinar que os cigarros ficassem longe dos olhos dos consumidores.

Uma quarta alternativa é educar as crianças desde o início de sua fase escolar a fazer escolhas alimentares saudáveis e enfatizar os problemas causados pela alimentação carregada de sal, açúcar e gordura. Essa é a abordagem por meio da qual a Suécia tipicamente vem tentando ajudar seus cidadãos a crescer com as atitudes e os hábitos corretos no que diz respeito à vida saudável.

Existem muitas tabelas que mostram os ingredientes de uma alimentação bem equilibrada, com quantidade suficiente de hortaliças e frutas, bem como de proteínas e carboidratos. As tabelas recomendam que devemos obter mais proteína do peixe e do frango do que da carne de outros animais. A carne bovina, em particular, é um modo dispendioso de obter proteína porque o gado precisa ser criado em pastos que estão se tornando cada vez mais escassos. Podemos obter proteínas, vitaminas e minerais a um custo muito menor.

13. Estabelecendo a taxa de crescimento correta do PIB

Viver é como andar de bicicleta — para manter o equilíbrio, precisamos permanecer em movimento.

ALBERT EINSTEIN

Paul Polman, o brilhante CEO da Unilever, declarou: "Nossas ambições consistem em duplicar nosso negócio, mas fazer isso ao mesmo tempo que reduzimos o impacto ambiental e a pegada ecológica... Isso precisa ser feito por meio de um consumo mais responsável..."[1]
Se todas as empresas definissem a meta de duplicar seu negócio e fossem bem-sucedidas, seria impossível alcançar a sustentabilidade. Se os países menos desenvolvidos alcançassem, por um milagre, o padrão de vida da classe média, a poluição, os tráfegos rodoviário e aéreo, bem como os apagões, sufocariam nossa qualidade de vida e o planeta.

As médias e grandes empresas, especialmente aquelas com acionistas, quase sempre definem uma meta de crescimento, por várias razões. Em primeiro lugar, os acionistas esperam aumentos anuais na receita e nos lucros, o que indica que a corporação conta com uma boa gestão, que sabe como aumentar a renda do acionista. Segundo, as pessoas, de modo geral, preferem trabalhar em empresas que estão em expansão, criando, desse modo, mais oportunidades de mobilidade vertical. Terceiro, a expansão dos negócios permite que os custos fixos da empresa sejam distribuídos por um volume maior, reduzindo os custos unitários, que podem ser transformados em preços menores ou em lucro maior por unidade. Em quarto lugar, as empresas são classificadas tanto pela mídia quanto pelo mercado de ações em função de quanto estão aumentando sua receita e seu lucro. E, por último, os CEOs de muitas companhias frequentemente são ambiciosos. Eles querem impressionar outras empresas com sua competência nos negócios, o que poderá fazer com que sejam convidados a gerir uma companhia maior e ganhar ainda mais dinheiro.

A maioria dos executivos acredita que a empresa que não crescer inevitavelmente entrará em declínio. A companhia perderá sua fatia do mercado para concorrentes mais agressivos. Estes, por sua vez, desfrutarão de economias de escala adicionais que reduzirão seus custos e aumentarão a sua vantagem competitiva. Ocorrerá, então, um círculo vicioso no qual as empresas não orientadas ao crescimento ficarão cada vez menores.

Uma empresa pode crescer para sempre? Algumas conseguiram crescer durante cem anos ou mais: DuPont, W. R. Grace, Mitsui, Sumitomo, Procter & Gamble, Siemens, Michelin, GE, GM e Campbell Soup. Mas a maioria das companhias afunda em bem menos tempo.

Existem três grupos que consideram que o crescimento está se tornando cada vez mais difícil e até mesmo aconselham as empresas a ter como meta reduzi-lo. Um deles, o Grupo do Crescimento Lento [Slow Growth Group], afirma que muitos fatores prenunciam o permanente arrefecimento no crescimento da maioria das empresas e dos países, mesmo que nenhuma intervenção pública seja realizada para diminuí-lo. Outro grupo, o Grupo do Consumo Sensato [Sane Consumption Group], defende que o governo precisa introduzir políticas e regulamentações para limitar a taxa de crescimento, para que o planeta permaneça funcional. Um terceiro grupo, o Grupo da Economia de Estado Estacionário [Steady-State Growth Group], sustenta que as pessoas ficariam em melhor situação se deixassem de perseguir o consumo e vivessem em uma economia estável.

Vamos examinar mais de perto essas três escolas de pensamento.

GRUPO DO CRESCIMENTO LENTO

Mencionei no Capítulo 4 o prognóstico de Robert J. Gordon, economista da Universidade Northwestern, de que o crescimento do PIB dos Estados Unidos provavelmente será lento e não atingirá os níveis elevados do passado.[2] Ele consideraria que o país está com sorte se seu crescimento chegar a 1% nos próximos anos. Gordon aponta para vários "ventos contrários" que desacelerarão o crescimento: (1) envelhecimento da população norte-americana; (2) estagnação das realizações educacionais; (3) o arrocho fiscal que visa a corrigir o endividamento público e privado; (4) os custos dos cuidados de saúde e de energia; (5) as pressões da globalização e (6) a crescente desigualdade de renda e o ônus do endividamento. Acredita ainda que a geração de norte-americanos hoje na faixa dos 20 anos possivelmente se sairá pior do que seus pais.

Mas a inovação não evitará que tanto a economia nacional quanto as economias mundiais tenham um crescimento mais lento? Períodos de estagnação no passado foram entremeados por importantes inovações, como a máquina a vapor, os trens, o automóvel, o avião, o telefone, o rádio, a televisão e a internet. Isso não poderá acontecer de novo? No que diz respeito a essa questão, não existem informações a que possamos recorrer. O grande economista Joseph Schumpeter disse que nunca podemos saber quando e onde terá lugar uma importante inovação. Se a visão do crescimento lento de Gordon se revelar correta, então os Estados Unidos e o mundo terão de procurar maneiras de gerar bem-estar que não sejam a contínua expansão econômica. No entanto, a ideia persistente é que o bem-estar provém dos empregos, e a maioria desses procede do crescimento das empresas.

GRUPO DO CONSUMO SENSATO

Há outro grupo defendendo que o crescimento deve ser deliberadamente desacelerado para evitar uma calamidade natural. O contínuo crescimento vai fazer com que determinados recursos não renováveis se esgotem e causará terrível dano ao nosso ambiente e ao planeta. Em 1992, Donella H. Meadows, Dennis L. Meadows e Jørgen Randers publicaram uma famosa pesquisa intitulada *The Limits to Growth* [*Limites para o crescimento*, em tradução livre].[3] A pesquisa foi encomendada pelo Clube de Roma e compilada por uma equipe internacional de especialistas. Ela utilizou um modelo em computador chamado World3, baseado na dinâmica de sistemas, para analisar 12 cenários de diferentes possíveis padrões de crescimento e consequências ambientais do desenvolvimento mundial ao longo de dois séculos, de 1900 a 2100. Os cenários usaram diferentes taxas de crescimento populacional e diversas necessidades de recursos naturais para mostrar a possibilidade não apenas do esgotamento de determinados recursos não renováveis e de escassez de terra e comida, mas também de um grave dano ambiental causado pela poluição do ar e da água, bem como pela mudança climática.

Os outputs no computador dos diferentes cenários apontaram para muitos excessos da capacidade biótica da Terra de comportar o nível de consumo e de sustentabilidade do planeta. Mostraram que nossa terra não poderia fornecer os recursos necessários à humanidade e absorver as perigosas emissões de carbono.

A pesquisa *Limits to Growth* foi atualizada em duas ocasiões com novas características adicionadas como loops de feedback e novas variáveis. A cada vez, as constatações iam ficando mais terríveis no que diz respeito à capacidade biótica da Terra de sustentar o crescimento do consumo que estava tendo lugar sem causar grandes danos ao planeta e às expectativas das pessoas. Precisamos enfrentar a crescente escassez de água, as reservas de petróleo declinantes, o desflorestamento, a pesca predatória, a mudança climática global, a extinção das espécies, a poluição, o congestionamento urbano e a crescente competição pelos recursos remanescentes. Parece que o público prefere manter a cabeça enterrada na areia a defender ações que impeçam a ocorrência de crises humanas e planetárias. Os autores de *Limits to Growth* argumentam que muitas medidas poderiam ser adotadas para reduzir o excesso e deixar a humanidade com uma boa chance de levar uma vida feliz e satisfatória.

Chandran Nair, no livro *Consumptionomics: Asia's Role in Reshaping Capitalism and Saving the Planet* [*Consumptionomics: o papel da Ásia em reformar o capitalismo e salvar o planeta*, em tradução livre], adota uma visão ainda mais radical sobre a questão de o capitalismo impulsionado pelo consumo ser ou não um sistema econômico sensato para as nações emergentes. Nair adverte que, "na Ásia, só pode proporcionar riqueza no curto prazo a uma minoria; no longo prazo, só pode proporcionar a miséria para todos".[4] Ele estima que o modelo ocidental aceleraria o dano causado a nossas florestas, água, solo e áreas de pesca. Nair imporia restrições à propaganda direcionada ao consumo e acredita até mesmo que governos autoritários baseados no modelo chinês podem ser necessários para impedir que o consumo se torne excessivo. Defende ainda a redução do setor financeiro, o qual se tornou grande demais e se desviou excessivamente de seu propósito original.

GRUPO DA ECONOMIA DE ESTADO ESTACIONÁRIO

Qual seria o modelo para uma nação, região ou cidade viver de maneira mais simples e acreditar que "está na hora de parar"? A ideia de uma economia de estado estacionário se ergue como alternativa para uma economia voltada ao crescimento. O que é isso? Por que seria uma boa ideia? E como pode uma localização geográfica — cidade, estado, região ou país — mudar sua economia, orientada ao crescimento, para uma economia de estado estacionário?

Herman Daly e sua comunidade de "economia ecológica" defenderam que a sustentabilidade no longo prazo requer a transição para uma economia de estado estacionário em que o PIB total permaneça mais ou menos constante. Daly define um estado estacionário como "uma economia com um sortimento constante de pessoas e artefatos, mantidos em níveis desejáveis e suficientes por meio de taxas de *"throughput"** de manutenção, ou seja, por meio dos mais baixos fluxos de matéria e energia exequíveis a partir do primeiro estágio da produção até o último estágio do consumo... A economia de estado estacionário, portanto, tem por meta níveis estáveis ou moderadamente flutuantes na população e no consumo de energia e materiais. As taxas de natalidade são iguais às de mortalidade, e os índices de produção se equiparam aos de depreciação".[5]

Uma economia de estado estacionário resolveria o problema do esgotamento dos recursos necessários e da poluição do planeta. Seus defensores estão extremamente preocupados com os limites da capacidade biótica da Terra. A economia do estado estacionário procura proporcionar bem-estar a seus cidadãos sem promover consumo mais elevado. Não apenas enfatiza a produção e o consumo sensato, como também incentiva um maior controle da natalidade e uma distribuição de renda mais justa. Os pobres teriam o suficiente para viver e os ricos não desperdiçariam seus recursos adquirindo aviões particulares e grandes mansões ou construindo piscinas.

A ideia do estado estacionário é um tanto utópica. Como ter uma economia desse tipo sem que a maior parte das em-

---

*Termo referente à quantidade de dados transferidos em uma rede. (*N. do E.*)

presas esteja em um estado estacionário? Estamos acabando com a eficiência, a tecnologia, a mudança, a concorrência e o capital privado que se deslocam ao redor do mundo? Como lidar com a migração através das fronteiras, que, hoje em dia, é generalizada? Fechamos as fronteiras? Se as empresas não crescem, de onde viriam os empregos? O governo teria de aceitar receitas de estado estacionário ao mesmo tempo que enfrenta os crescentes custos dos cuidados com a saúde dos idosos. O endividamento público teria de crescer.

Alcançar a estabilização populacional seria um desafio árduo. A China fez isso ao aplicar a política de um filho por casal, embora atualmente esteja afrouxando essa medida. A Tailândia promoveu o uso de preservativos e os direitos das mulheres. A taxa de fertilidade dos etiopianos caiu de 5,4 para 4,3 filhos depois de as pessoas terem passado dois anos assistindo a seriados na televisão, o que as levou a pensar a respeito de quantos filhos queriam ter e nas desvantagens de ter um grande número deles. Economias avançadas como o Japão, a Itália e a Espanha já estão se reproduzindo em uma taxa inferior à taxa de reposição; o mesmo está acontecendo nos Estados Unidos. A maior parte do crescimento populacional nas economias avançadas provém da imigração —, legal e ilegal — e não da fertilidade dos cidadãos nativos.

COMO MUDAR A CULTURA DO CONSUMISMO

Para fazer com que as pessoas se interessem menos por perseguir incessantemente o consumo, é preciso promover outros estilos de vida: o valor dos relacionamentos, a alegria proveniente da natureza e o prazer de uma boa comunidade precisam ser enfatizados. Mas como realizar esse tipo de mudança cultural? Como a cultura do consumo levou um século sendo inculcada, é possível que leve um século para ser anulada. Não tenho a menor ideia de como, o que ou quem conduziria essa mudança. Mao Tsé-Tung, da China, realizou uma mudança cultural em um breve intervalo de tempo por meio da autocracia e de uma violenta Revolução Cultural. Muitas medidas precisam ser consideradas e debatidas, as quais poderão acabar exigindo uma economia autoritária planejada. Eis algumas delas:

- Estabelecer limites para a extração de recursos.
- Estabelecer limites para a poluição total.
- Definir limites na propaganda.
- Preferir empresas de médio e pequeno porte e organizações sem fins lucrativos.
- Aumentar as propriedades comuns locais e apoiar as abordagens participativas na tomada de decisões comunitárias.
- Reduzir as horas de trabalho e promover o trabalho voluntário.
- Reutilizar as moradias e os espaços comunitários vazios.
- Introduzir uma garantia básica e um teto para a renda.
- Limitar a exploração dos recursos naturais e preservar a biodiversidade e a cultura por meio de regulamentações, impostos e compensações.
- Fazer a transição da cultura baseada no automóvel para uma cultura que incentive as pessoas a andarem a pé e de bicicleta.

Apesar de todas as questões sérias levantadas a respeito da economia de estado estacionário, permanece um forte movimento de "decrescimento", o qual exige mais do que apenas o consumo sensato. Esse movimento é anticapitalista e anticonsumista. Os pensadores e ativistas do decrescimento defendem a redução em escala da produção e do consumo, argumentando que o consumo exagerado reside na raiz das questões ambientais no longo prazo e das desigualdades sociais. Acreditam que o decrescimento não precisa diminuir o bem-estar do indivíduo. Os defensores desse movimento visam a maximizar a felicidade e o bem-estar de maneiras que não envolvam o consumo — em outras palavras, compartilhando o trabalho e consumindo menos enquanto dedicamos mais tempo à arte, à música, à família, à cultura e à comunidade.

É importante assinalar que o decrescimento é uma prescrição para as economias avançadas, não para as economias pobres. Estas não têm espaço para uma redução adicional no consumo. Para elas, o crescimento econômico é apropriado e necessário.

Aqueles que defendem o decrescimento ou o declínio administrado encorajam as pessoas a levar uma vida mais simples, aquela satisfação é proporcionada em maior grau pelos relacionamentos, pela natureza e pela vida comunitária do que pelo consumo. Por exemplo, nos círculos católicos, um grupo conhecido como Detachers [Separatistas] iniciou um movimento na década de 1940, cujos participantes decidiram que iriam viver de maneira mais simples. Entre os membros do grupo, estavam o Senador Eugene McCarthy e sua esposa, o poeta Robert Lowell e Dorothy Day, do movimento Catholic Worker. Segundo as palavras de Eugene McCarthy: "Havia um movimento ascético na Igreja... que tinha ideias como 'Não tenha um automóvel', 'Não tenha um rádio', 'Durma no chão'". Essa simplificação extrema é praticada por certos grupos religiosos, como os Amish, mas a ideia nunca se cristalizou na população como um todo. As pessoas podem adotar medidas bem mais brandas do que dormir no chão para ajudar a salvar o planeta de uma catástrofe.

DUAS QUESTÕES IMPORTANTES NÃO RESOLVIDAS

Para que possamos abandonar a mentalidade da economia de crescimento, duas questões importantes precisam ser abordadas. A primeira tem a ver com os empregos. A segunda, com a responsabilidade social corporativa de praticar a sustentabilidade.

A questão dos empregos

Se limitarmos o consumo, limitaremos também o número de empregos. Já é bem desagradável que empregos não qualificados e qualificados estejam sendo destruídos pelo avanço da tecnologia. Para piorar a situação, a população continua a crescer. Em muitos países, de 20% a 30% dos jovens com idade para trabalhar não conseguem emprego. Se os gastos dos consumidores e das empresas diminuírem, isso apenas aumentará o índice de desemprego. Normalmente, deveríamos criar um número suficiente de empregos para acompanhar o crescimento populacional e compensar a melhora na produtividade.

Nas economias altamente industrializadas, a concorrência estimula melhoras na tecnologia que aumentam a produtividade do trabalho para reduzir os custos. À medida que a produtividade do trabalho aumenta, um número menor de pessoas é necessário para produzir os mesmos produtos. Se o crescimento for interrompido, o desemprego aumentará, a renda das unidades familiares cairá, a demanda diminuirá e o sistema avançará rumo à recessão ou à depressão.

Por essa razão, estamos diante de um dilema de crescimento impossível. O crescimento em sua forma atual é insustentável. No entanto, o decrescimento nas condições de hoje reduzirá a demanda do consumo, aumentará o índice de desemprego e conduzirá à recessão.

Uma das possibilidades é redirecionar os investimentos e afastá-los dos bens de consumo. Já estamos observando certo declínio entre os fabricantes desses bens e as cadeias varejistas, como Sears, J.C. Penney, Best Buy e outras. Mais investimentos precisam se voltar à criação de soluções para os problemas de água e energia, bem como para a reconstrução da infraestrutura física necessária de pontes, estradas, portos e redes de esgoto.

Apoio corporativo para a sustentabilidade

Hoje em dia, espera-se que as empresas prestem mais atenção no modo como suas atividades afetam o ambiente. Alguns críticos do PIB dizem que ele está exagerado. Precisamos deduzir os resíduos, a poluição e outros "males" que as empresas criaram, mas pelos quais não pagaram. O PIB líquido poderia acabar sendo a metade do que é oficialmente declarado.

No mínimo, uma empresa não deveria causar nenhum dano por meio da poluição do ar ou da água. Isso, por si só, poderia exigir que as empresas tivessem grandes gastos com mecanismos de controle da poluição. Além disso, a empresa deveria escolher fornecedores e distribuidores que também conduzissem seus negócios de maneira ecologicamente amigável. A companhia poderia até mesmo defender mais regulamentações federais que exigissem que todas as empresas fossem ecologicamente amigáveis, para que nenhum concorrente pudesse tirar vantagem ao evitar esses custos de sustentabilidade. Mas o que poderia ser feito a respeito dos concorrentes estrangeiros que estão negligenciando a sustentabilidade? Não existe nenhuma autoridade internacional que possa igualar, de forma universal, as condições.

Vimos anteriormente que Paul Polman, CEO da Unilever, tinha a intenção de duplicar os negócios da empresa, mas queria fazê-lo desde que, simultaneamente, o impacto e a pegada ambiental da companhia fossem reduzidos. Ele está certo ao achar que as metas empresariais de "crescimento" e "empresa verde" são compatíveis? Provavelmente, desde que os ganhos verdes sejam provenientes de atividades da empresa voltadas à redução do desperdício e ao aumento da reciclagem, o que resultaria em uma economia real.

Até agora, Polman teve êxito em seu propósito de alcançar as metas de crescimento da Unilever e praticar a sustentabilidade. A Unilever está reduzindo os gases de efeito estufa na fabricação, no transporte e na refrigeração; o desperdício e o consumo de energia em seu setor de fabricação; e os resíduos do empacotamento por meio da reciclagem.

Empresas voltadas à sustentabilidade, como a Unilever, introduzem critérios claros na coordenação de seus novos programas de desenvolvimento de produtos, investem mais na reutilização e na reciclagem e convencem seus *stakeholders* — funcionários, canais de distribuição, fornecedores e investidores — a reduzir o desperdício e aceitar alguns limites ao crescimento. Essas empresas poderão ter de modificar seu pacote de remuneração para encorajar os dirigentes a estabelecerem maior equilíbrio entre as metas de crescimento e a sustentabilidade. O CEO precisa receber uma remuneração com base no alcance da taxa de crescimento planejada e, ao mesmo tempo, na redução dos custos ambientais de acordo com um percentual programado.

* * *

De modo realista, cada empresa precisa definir sua própria meta de crescimento, levando em consideração a taxa de crescimento do setor, a do país e outros fatores. Cada companhia elaborará um plano de negócios para alcançar essa meta. Entretanto, isso levanta uma questão básica: por que uma empresa precisa planejar sempre o crescimento? Ela não pode ficar satisfeita em permanecer do mesmo tamanho e, ainda assim, obter bons lucros?

Na realidade, existem muitas pequenas e médias empresas que não adotam uma meta de crescimento. Certa vez, jantei em um excelente pequeno restaurante. Cumprimentei o dono e perguntei se ele pensava em abrir um restaurante semelhante em outro bairro. "Não, estou satisfeito em operar um único restaurante. Dois representariam uma dor de cabeça e três, um desastre", respondeu ele. Esse dono de restaurante é a favor da solução do estado estacionário, não de uma solução de crescimento.

As pequenas empresas precisam ser cautelosas a respeito de se comprometer com uma meta de crescimento agressiva. Essas empresas, em geral, têm profundo conhecimento de seu mercado local atual. Para se expandir em novos mercados, essas empresas precisarão contratar mais pessoal e arcar com pesquisas de mercado e custos de propaganda mais elevados. Acabarão enfrentando concorrentes de maior porte, com um orçamento maior. Talvez seja mais sensato usar o dinheiro para encontrar melhores maneiras de servir e se expandir em seus mercados locais.

14. Criando felicidade além de produtos

A vida não examinada não merece ser vivida.

SÓCRATES

Suponhamos que uma economia consiga produzir taxa alta e constante de crescimento do PIB. Isso soa como uma economia ideal. Significaria que a produtividade *per capita* está aumentando e que existem mais produtos e serviços em potencial para os cidadãos. Mas estes seriam necessariamente felizes? Alcançariam um nível mais elevado de bem-estar?

O economista francês Daniel Cohen, da Universidade Dauphine, levanta a seguinte questão: "Por que está cada vez mais difícil ser feliz, apesar da crescente riqueza dos países desenvolvidos? Por que o dinheiro não nos torna pessoas felizes?" Ele ressalta que os cidadãos franceses são um terço menos felizes hoje do que eram em 1950, embora sua renda atual seja duas vezes mais elevada. Cohen responde à própria pergunta dizendo que a economia faz com que nos concentremos na *competição*, enquanto são a *cooperação* e a generosidade que nos trazem felicidade. Ele se pergunta se não teria chegado a hora de as economias desenvolvidas desistirem da ideia do crescimento.

Temos de distinguir o impacto do crescimento econômico sobre a *felicidade* e, separadamente, seu impacto sobre o *bem-estar*. A condição mais difícil de medir é a felicidade. Ela pode flutuar dia a dia. A felicidade é adversamente afetada por eventos importantes, como perda do emprego, um divórcio ou um grave problema de saúde. A felicidade melhora positivamente quando temos bons amigos, estamos envolvidos em uma atividade significativa e fazemos diferença na vida dos outros.

Podemos pedir às pessoas que indiquem sua felicidade em uma escala de 5 pontos, em que 1 equivale a ser muito infeliz e 5, muito feliz. "Você se descreveria como, de modo geral, uma pessoa muito infeliz (1), uma pessoa muito feliz (5) ou algo intermediário (2, 3 ou 4) na maior parte do tempo?" Depois, podemos tentar avaliar como o nível de felicidade das pessoas se correlaciona com vários fatores pessoais, como sua origem, religião, ocupação, idade, renda e assim por diante.

O economista Richard Easterlin publicou uma famosa dissertação em 1974 intitulada "O crescimento econômico melhora o destino humano?"[1] Depois de comparar a renda *per capita* e os níveis de felicidade autodeclarados entre vários países, Easterlin não encontrou nenhuma correlação. Ele até mesmo constatou que certos países mais pobres eram os mais felizes. Em pesquisas posteriores, descobriu que, em determinadas sociedades, os muito pobres são, em geral, infelizes e os muito ricos são bastante felizes, mas encontrou pouca correlação nos níveis intermediários. A felicidade em nível nacional não continua a aumentar com o acréscimo da riqueza, uma vez que as pessoas tenham dinheiro suficiente para satisfazer às suas necessidades básicas.

Em primeiro lugar, a felicidade é parcialmente condicionada pelos genes, com algumas pessoas nascendo com uma perspectiva positiva em relação à vida e outras com um modo negativo ou deprimido de encará-la.

Segundo, a felicidade é, em parte, condicionada pelo caráter religioso e cultural do país. Uma perspectiva positiva em relação à vida pode ter algo a ver com o fato de a pessoa ser católica, protestante, judia, hindu, muçulmana ou de pertencer a alguma outra religião. A perspectiva também pode depender do grau de dificuldade de encontrar emprego ou ganhar a vida em determinada sociedade.

À medida que a renda de uma família norte-americana se aproxima de US$75 mil anuais, a felicidade aumenta. As pessoas se preocupam menos com ter renda suficiente para adquirir os alimentos, roupas e abrigo necessários. À medida que a renda se eleva acima de US$75 mil, contudo, o nível provável de felicidade deixa de estar correlacionado com a renda. Um milionário pode ser infeliz porque deseja alcançar um nível de renda muito mais elevado. Um bilionário pode ser infeliz porque precisa passar muito tempo administrando seu dinheiro e certificando-se de que não está sendo enganado por seus assistentes.

Avaliar o *bem-estar* de alguém em vez de sua *felicidade* coloca a questão em um terreno bem mais sólido. O bem-estar de uma pessoa depende de ela ter um nível suficiente de alimentos, roupas e abrigo; ser saudável; ter instrução; e ter um emprego e qualificações. Uma vez que as variáveis sejam especificadas, é mais simples medir objetivamente seu bem-estar.

Poderíamos esperar que pessoas com um nível elevado de bem-estar também exibissem um nível elevado de felicidade. Mas pode haver qualificações:

- Pessoas com um nível elevado de bem-estar podem ser infelizes porque se tornam invejosas ao se compararem a outras pessoas. Thorsten Veblen, famoso economista, falou a respeito da dor de invejar a posição social ou o consumo ostensivo de outras pessoas.[2]
- Pessoas com um nível elevado de bem-estar podem ser infelizes por não terem encontrado um propósito mais elevado na vida, por não terem desenvolvido certas habilidades que almejavam ou por não terem conseguido iniciar determinados relacionamentos que buscavam.

O motivo para estabelecer essa distinção entre bem-estar e felicidade é que os cidadãos precisam decidir o que consideram a principal meta do desenvolvimento econômico. É criar cada vez mais produtos e serviços? Criar uma coletividade de cidadãos felizes? Ou criar um nível elevado de bem-estar na sociedade?

A maioria dos economistas prefere evitar essas escolhas e simplesmente recorre ao expediente de aferir o desempenho de uma economia em função da taxa de crescimento de seu PIB. No entanto, descrevo a seguir os principais problemas de se interpretar o crescimento do PIB como indicativo de melhora na felicidade ou no bem-estar das pessoas.

1. O crescimento do PIB não diz nada a respeito de como os benefícios do crescimento mais elevado são distribuídos. Podemos imaginar o crescimento do PIB com os pobres se tornando mais pobres, e os ricos, mais ricos. Somente se o crescimento do PIB consistisse em um aumento de renda para todos poderíamos afirmar que o benefício está bem distribuído.
2. O crescimento do PIB significa que a produção de bens e serviços colocada no mercado aumentou, mas nada diz a respeito da qualidade da produção. O economista John Kenneth Galbraith assinalou que "o aumento na oferta de serviços educacionais ocupa uma posição no todo que não é de um tipo diferente do aumento na produção de aparelhos de televisão".[3] O aumento do consumo de cigarros e de álcool não significa um aumento do bem-estar, embora possa, às vezes, significar um aumento temporário da felicidade. O aumento do número de processos judiciais na sociedade não significa necessariamente um aumento líquido na soma da felicidade, pois o ganho de uma das partes representa a perda da outra. O crescimento do número de transações financeiras pode significar que uma grande quantidade de riqueza está sendo transferida para proprietários. O aumento do número de marcas em uma categoria não significa maior satisfação se todas as marcas forem essencialmente iguais. O aumento na produção e no estoque de material bélico normalmente não melhora a vida de ninguém e é

semelhante a construir pirâmides. A questão é que muitas atividades do PIB não contribuem para mais felicidade ou bem-estar.
3. O crescimento do PIB desconsidera os custos agregados a esse crescimento. Considere que um PIB maior provavelmente aumenta o nível de poluição do ar e da água e gera mais congestionamento no trânsito. Considere que esse poderia ser o resultado de um número maior de pessoas estar trabalhando mais horas e tendo menos tempo para o lazer.

Precisamos nos lembrar de que uma média não diz nada a respeito da distribuição em torno dela. Seria interessante avaliar o desempenho da economia em função do nível e da tendência da desigualdade de renda. Se o 1% mais rico da população dos Estados Unidos recebe 28% da renda nacional norte-americana, podemos questionar se essa distribuição é equitativa.

Podemos avaliar o desempenho de uma economia examinando o nível de pobreza em um país. Hoje, 15% dos cidadãos estão abaixo do nível de pobreza definido nos Estados Unidos. Uma família de três pessoas (pai, mãe e um filho) teria de ganhar mais de US$19.530 por ano para não se incluir na classe pobre. Na Suécia, um percentual muito menor da população está abaixo do nível de pobreza definido no país. Poderíamos presumir que os cidadãos suecos se sintam, em média, em melhor situação do que os norte-americanos.

FELICIDADE INTERNA BRUTA

Em 1972, o rei Jigme Singye Wangchuck, da pequena nação do Butão, propôs a necessidade de se adotar uma nova medida chamada Felicidade Interna Bruta (FIB), a ser examinada junto com o indicador PIB.[4] O FIB recebeu muita publicidade e, hoje, países como Inglaterra, França, Dinamarca, Brasil e outros estão envolvidos no desenvolvimento de um indicador FIB.

O rei Wangchuck adotou o ponto de vista de que a felicidade tem lugar quando o desenvolvimento material e o espiritual ocorrem simultaneamente, reforçando-se um ao outro. Ele postulou quatro pilares do FIB: desenvolvimento sustentável, preservação e promoção de valores culturais, conservação do ambiente natural e instituição de boa governança. Vários outros pesquisadores sugeriram detalhes adicionais à teoria do Butão. Em 2006, Med Jones, então presidente do International Institute of Management, propôs o monitoramento de sete áreas de bem-estar:[5]

1. *Bem-estar econômico*: aferido por meio do levantamento direto e da medição estatística de indicadores econômicos como o endividamento do consumidor, a razão entre a renda média e o índice de preços e a distribuição de renda.
2. *Bem-estar ambiental*: aferido por meio do levantamento direto e da medição estatística de indicadores ambientais, como poluição, ruído e trânsito.
3. *Bem-estar físico*: aferido por meio de medições estatísticas de indicadores da saúde física como doenças graves, obesidade etc.

4. *Bem-estar mental*: aferido por meio do levantamento direto e da medição estatística de indicadores de saúde mental, como o uso de antidepressivos e o aumento ou declínio do número de pacientes em psicoterapia.
5. *Bem-estar no local de trabalho*: aferido por meio do levantamento direto e da medição estatística de indicadores trabalhistas, como reivindicações dos desempregados, mudança de emprego, queixas no local de trabalho e ações judiciais.
6. *Bem-estar social*: aferido por meio do levantamento direto e da medição estatística de indicadores sociais como discriminação, segurança, taxas de divórcio, queixas relacionadas a conflitos domésticos, ações judiciais familiares, ações judiciais públicas e índice de criminalidade.
7. *Bem-estar político*: aferido por meio do levantamento direto e da medição estatística de indicadores políticos como qualidade da democracia local, liberdade individual e conflitos externos.

A constatação mais desalentadora seria se, à medida que o PIB de uma nação aumentasse, sua felicidade diminuísse. Isso poderia acontecer se as pessoas tivessem de trabalhar mais horas, se o pai e a mãe tivessem de trabalhar fora e se houvesse menos tempo para a família e o lazer.

Em algum momento, muitas pessoas compreendem que estão em uma "competição destrutiva" por uma renda mais elevada. Elas querem ter uma casa maior, um carro maior e outros indícios de sucesso. São continuamente estimuladas por comparações invejosas com vizinhos que estão em melhor situação e pelo incessante poder da publicidade de massa das enormes companhias que nos exortam a comprar cada vez mais.

O PAPEL DO MATERIALISMO COM RELAÇÃO À FELICIDADE

O materialismo é uma orientação intensamente promovida pelos economistas e pelas empresas. Ele desempenha um papel importante no incentivo a mais gastos de consumo. Descrevemos as pessoas como "materialistas" quando têm uma forte inclinação para adquirir e possuir bem materiais. Não chamaríamos de materialista alguém que simplesmente adquirisse alimentos básicos, roupas e abrigo. Estes são essenciais para a vida. No entanto, se as pessoas passam muito tempo comprando uma quantidade incomum de objetos materiais, como muitos vestidos e pares de sapatos, nós as rotularíamos de materialistas. Se passam muito tempo procurando e comprando produtos adicionais, embora seus armários estejam cheios de tudo que podem precisar, diríamos que elas têm um vício materialista. Se estão muito conscientes dos bens de seus vizinhos e desejam adquirir os mesmos bens ou outros ainda melhores, elas são materialistas.

O poeta inglês William Wordsworth captou o espírito do materialismo em seu soneto: "O mundo é demais conosco; tarde e cedo, / Recebendo e gastando, destruímos os nossos poderes; / Pouco vemos na Natureza que seja nosso; / Entregamos o nosso coração, uma bênção sórdida!".

Contam a história de Abd Al-Rahman III, um rico emir do século X que reinou durante cinquenta anos e tinha todos os bens materiais possíveis, fama e riqueza. Então, perguntaram a ele quanto tinha sido feliz. Ele respondeu que só conseguia se lembrar de 14 dias em que sentira uma pura e genuína felicidade! Psicólogos que estudaram a felicidade e a infelicidade apontam para a seguinte conclusão: as pessoas que classificam metas materialistas como a riqueza (além da fama e do sexo) "como as principais prioridades pessoais têm probabilidade significativamente mais elevada de serem mais ansiosas, mais deprimidas e usuários mais frequentes de drogas, e até mesmo de contraírem mais doenças do que aquelas que têm como meta valores mais intrínsecos".[6]

Isso significa que os consumidores materialistas são tipicamente infelizes? Não necessariamente. Uma mulher pode acordar com a sensação de que todas as peças de seu guarda-roupa não são mais adequadas ou não são apropriadas para um evento vindouro, de modo que ela passa um dia inteiro percorrendo lojas em busca de um novo vestido. Ela começou o dia infeliz. Envolveu-se na busca sem pensar se estava feliz ou infeliz, comprou um vestido bonito e agora está feliz, pelo menos por algum tempo.

Vimos anteriormente que medir a felicidade é algo complicado. A felicidade de alguém pode aumentar e diminuir durante o dia. Precisamos de uma medida do estado mais permanente de "bem-estar", "contentamento" ou "satisfação com a vida" de uma pessoa. Podemos medir toda a população ou uma subamostra. Seria um bom sinal se o nível divulgado de "bem-estar", "contentamento" ou "satisfação com a vida" aumentasse com o tempo.

ALCANÇANDO A FELICIDADE SEM O MATERIALISMO

Existem outros estilos de vida além do materialista que podem oferecer às pessoas uma constante satisfação. Entre eles estão os seguintes:

- Conectar-se profundamente com a arte, a cultura ou a religião.
- Ajudar os outros e melhorar o mundo.
- Decidir levar uma vida mais simples, com menos haveres e necessidades.

Vamos examinar esses três caminhos rumo a uma satisfação relacionada com um propósito mais elevado.

Conectar-se profundamente com a arte, a cultura ou a religião

O mundo é um lugar melhor porque, em toda sociedade, existem pessoas com profundo sentimento pela arte, pela cultura ou pela religião. Algumas são artistas como Michelângelo ou Leonardo da Vinci, que desejam criar belas ou impressionantes obras de arte. Há os arquitetos que querem criar estruturas físicas sensacionais para as pessoas morarem, governarem ou prestarem culto. Há compositores como Beethoven, Mozart ou Verdi, que despertam nossos sentimentos com suas sublimes composições musicais. Existem líderes religiosos que nos inspiram a ter sentimentos mais espirituais a respeito da vida e do mundo, bem como de seu significado. Todas essas pessoas dedicadas ajudam a construir o que chamamos de civilização e cultura.

Muitas pessoas criativas não seriam capazes de prosperar se não fosse o número muito maior daquelas que não produzem arte mas que a apreciam e desejam apoiá-la. Sem patrocinadores e compradores, os artistas não teriam os recursos financeiros necessários para se dedicar a uma vida artística. O amante da arte é tão importante quanto aquele que a produz. A cultura sofre quando menos pessoas na sociedade têm os recursos ou o desejo de apoiar os artistas.

Ajudar os outros e melhorar o mundo

Entre as pessoas mais admiradas estão aquelas que demonstram e oferecem um comportamento compassivo para com os outros, inclusive desconhecidos. Louvamos Madre Teresa, Mahatma Gandhi e Nelson Mandela, que dedicaram a vida a melhorar a vida dos outros. Admiramos pessoas que exibem um comportamento pró-social, ou seja, um comportamento voluntário destinado a beneficiar outras pessoas por meio de doações, compartilhamento, ajuda, cooperação e trabalho voluntário. Essas são as pessoas que reagem aos desastres naturais trabalhando intensamente para salvar ou ajudar os outros. E, de pequenas maneiras, seu elevado nível de empatia conduz a uma generosa doação sempre que existe uma verdadeira necessidade.

O comportamento pró-social é fundamental para o bem-estar dos grupos. Encorajar esse comportamento nas crianças e nos jovens adolescentes é benéfico para a sociedade, assim como desencorajar o comportamento antissocial.

Certa dose de egoísmo ou interesse pessoal pode atuar no comportamento pró-social. O doador obtém um sentimento de autoestima por ter praticado uma boa ação. A pessoa generosa ou dedicada pode esperar alguma reciprocidade em determinadas circunstâncias. Nada disso diminui o valor positivo adicionado à vida das pessoas que receberam os cuidados e a ajuda.

Levando uma vida mais simples

Outro caminho não materialista consiste em simplificar a vida. Confúcio disse que o homem admirável seria aquele que vivesse em uma rua pobre e estreita, apenas com um prato de bambu em que comer, e não permitisse que sua felicidade fosse afetada.

Na antiga Atenas, o filósofo Epicuro defendia que a vida livre de perturbações é a fonte da felicidade, e que o transtorno de manter um estilo de vida extravagante anula o prazer de participar dele.

Há uma longa história de pessoas famosas que propuseram uma vida mais simples como a chave da felicidade. Entre elas estão Gautama Buda, João Batista, São Francisco de Assis, Leão Tolstoi, Henry David Thoreau, Albert Schweitzer e Mahatma Gandhi. Alguns grupos religiosos, como os Amish, os Shakers e os Menonitas, rejeitaram a busca da riqueza — e a utilização da tecnologia.

Um dos pensadores mais influentes sobre a simplificação da vida foi o economista E. F. Schumacher, que escreveu *O negócio é ser pequeno*, em 1973. Schumacher acreditava que a concentração dos economistas na produção e na tecnologia era degradante. Ele se opunha às ideias de que "o que é grande é melhor" e que "o crescimento é bom". As pessoas eram mais importantes para ele, e a natureza era inestimável. Ele defendia o desenvolvimento sustentável e se tornou um dos heróis do movimento ambientalista. Questionava a adequabilidade de usar o PIB para medir o bem-estar humano. Ele achava que a meta das pessoas deveria ser obter o máximo de bem-estar com o mínimo de consumo. Ele usava a frase "menos é mais".

No entanto, buscar uma vida mais simples representa um ataque direto à economia e ao marketing modernos, que consideram o consumo e o crescimento como o único fim e propósito da atividade econômica. John Kenneth Galbraith acreditava que o armazenamento de bens de consumo resultava da propaganda e da "máquina para a criação da demanda do consumidor",[7] e não algo baseado em uma necessidade efetiva.

Aqueles que defendem a vida simples exortam as pessoas a reduzir o consumo e a abandonar o jogo do consumo elevado. Preconizam uma mudança radical do crescimento para o "decrescimento". Ao fazer isso, as pessoas reduziriam o tempo necessário para ganhar dinheiro, podendo usá-lo para outros interesses, como buscar atividades criativas ou ajudar os outros. Ao gastar menos, elas poderiam aumentar sua poupança, o que poderia levá-las a se tornar financeiramente independentes e, possivelmente, a se aposentar mais cedo. Esse tipo de pensamento deu origem a uma série de movimentos do tipo "Viva de maneira mais simples":

- A National Downshifting Week no Reino Unido encoraja as pessoas a viverem com menos. Seu slogan: "Desacelere e torne-se verde".
- A 100 Thing Challenge é um movimento de base que visa a reduzir os haveres para meros cem itens, com o objetivo de desatravancar e simplificar a vida das pessoas.

- O movimento das pequenas casas inclui pessoas que optam por viver em moradias pequenas, livres de hipotecas e que causam pouco impacto no ambiente, como cabanas de toras de madeira ou barracas de praia.

Nenhuma dessas campanhas se tornou um movimento predominante. No entanto, elas oferecem uma plataforma para aqueles que desejam abandonar a "competição destrutiva". Também sugerem um modo importante de lidar com o desafio do crescente índice de desemprego.

Conscientizando-se do consumo

Gostaria de citar meu bom amigo Jagdish Sheth, professor da Universidade Emory, com referência ao impacto do marketing em nossa vida. "O marketing tem sido frequentemente acusado de promover o consumo excessivo, aumentando, assim, os desafios econômicos, ambientais e de sustentabilidade social do mundo", afirma. "Existe um reconhecimento difundido da necessidade de se adotar uma abordagem de sustentabilidade centrada no cliente e educar os consumidores ao mesmo tempo que comercializamos produtos que evitam o consumo excessivo e facilitam o descarte. As culturas tradicionais tipicamente praticam a filosofia de que quem poupa tem, inculcada nos anos de dificuldades econômicas. É obrigatório vender jornais, garrafas e objetos de metal velhos para um garrafeiro, que depois os reutiliza ou revende, fazendo, por exemplo, sacos de papel com os jornais. À medida que essas sociedades adotam as normas ocidentais, as tradições locais podem ser esquecidas e precisam ser reavivadas".[8]

A FELICIDADE E A DESIGUALDADE DE RENDA

Embora a maioria das pessoas tenha conhecimento da renda extremamente elevada dos artistas de cinema famosos, dos atletas, dos CEOs e dos empresários, parece que a massa não fica indignada. O fato de o CEO da Boeing, James McNerney, ter tido uma renda líquida de US$27,5 milhões em 2013 só foi notado pelos empregados da Boeing quando a empresa insistiu em reduzir as pensões de seus funcionários em vez de reduzir a remuneração da alta diretoria da companhia. O fato de um super-rico poder ganhar em uma hora o que uma pessoa comum ganha em um ano não conduz a movimentos de protesto em massa.

Na China, há cerca de quinhentas manifestações por dia exigindo melhores salários e/ou condições de trabalho. Parece que, lá, as pessoas são menos infelizes com relação à desigualdade de renda do que com o fato de terem ou não o suficiente para viver. Essas pessoas deixam de perceber a conexão entre concentração de renda e o fato de não terem o suficiente. Seu maior ressentimento é contra as autoridades e os funcionários corruptos que se apossam de terras, cobram multas e exigem propinas.

Não ouvimos falar muito na redistribuição como uma solução para elevar a renda das pessoas comuns. A maioria dos legisladores do governo deve favores aos ricos porque precisa deles para levantar o dinheiro necessário para ser eleito ou reeleito. Além disso, eles acham que os ricos impulsionam a economia e concluem que fragmentar a concentração de riqueza prejudicaria o investimento nela ou faria com que a riqueza a abandonasse. Poucas alusões são feitas na mídia noticiosa — que também é controlada pelos ricos — a respeito dos pródigos rendimentos e dos gastos dos super-ricos. E sempre há um número suficiente de sonhadores entre os pobres e a classe trabalhadora que acredita que poderá ficar rico com um bilhete de loteria e levar uma vida luxuosa e despreocupada.

* * *

A redistribuição tem um papel a desempenhar na manutenção de uma sociedade democrática. As revoluções norte-americana e francesa foram motivadas pela ideia de criar uma Sociedade de Iguais, em que todos os cidadãos compartilhariam direitos políticos e econômicos universais. É um modo de melhorar a participação de mais cidadãos nos benefícios do capitalismo e da democracia e de evitar o deslizamento em direção à crescente desigualdade, que pode resultar em protestos, crises e em uma revolução adicional em vez de uma evolução.[9]

Resumo aqui minhas ideias a respeito do que é uma visão viável acerca dos componentes de um capitalismo saudável:

- O propósito de uma sociedade capitalista deve ser criar um sistema econômico cuja operação conduza a um nível de felicidade e bem-estar mais amplo em seus cidadãos.
- A missão de uma economia capitalista é usar seus recursos para permitir que todas realizem seu potencial e obtenham as necessidades básicas da vida. A meta é eliminar a pobreza.

- A função do marketing em uma economia capitalista é criar um desejo saudável em seus cidadãos de adquirir bens materiais além dos básicos, que são alimentação, vestuário e abrigo. Isso poderia ser chamado de Sonho Americano.
- Como resultado do desejo do público de adquirir mais produtos, as pessoas trabalharão arduamente. Seus empregos produzirão uma renda que lhes permitirá viver de maneira adequada e gastar livremente para adquirir os produtos que desejarem. E um sistema de crédito responsável possibilitará que adquiram uma quantidade ainda maior de bens do que aqueles que podem comprar com sua renda vigente dentro de certos limites.
- À medida que as unidades familiares passam a receber uma renda adequada, seu bem-estar aumenta. Além desse nível, uma variedade de fatores afetará seu nível de felicidade.
- O capitalismo desenvolve produtos de alta qualidade e de luxo para incentivar os cidadãos a trabalhar arduamente para ter um nível de vida elevado. A classe média abastada mantém a economia em funcionamento.
- A esperança é que os ricos e os super-ricos assumam maior responsabilidade social e compartilhem sua boa sorte com aqueles que são menos afortunados.

Epílogo

O passado não existe mais. O amanhã ainda não chegou.
Temos apenas o dia de hoje. Vamos começar.

MADRE TERESA

Escrevi este livro para entender melhor o papel do capitalismo na economia mundial de hoje. Ele é o principal modo de operação na maioria das economias do mundo. Promete fomentar melhor desempenho econômico, inovação e criação de valor do que qualquer sistema concorrente, como o comunismo ou o fascismo. Isso não significa desconsiderar suas principais deficiências. Acredito que estas possam ser abordadas por meio de soluções que trarão melhora para a vida das pessoas.

As 14 deficiências não são independentes umas das outras. Ao contrário, estão estreitamente inter-relacionadas. O problema da pobreza é parte do problema da desigualdade de renda, o qual conduz a uma baixa demanda, que, por sua vez, leva a um desemprego excessivo, que gera um conflito entre a austeridade e o estímulo como soluções potenciais, o que é dificultado pela ação de lobby político que faz com que os legisladores votem a favor das causas que os manterão no poder e, portanto, não votem a favor da regulamentação financeira e de mais proteção ambiental, por exemplo.

Tudo isso significa que, quando trabalhamos em qualquer problema, como um salário mínimo mais elevado, muitas outras questões entram em jogo, como algumas empresas possivelmente sendo obrigadas a fechar as portas, o que faz com que menos empregos sejam criados, incentivando as empresas a importarem mais produtos do exterior, o que causa um índice de desemprego ainda maior no país.

Os legisladores de uma democracia tendem a votar em um problema crucial de cada vez, negligenciando essas vastas interconexões. Além disso, tendem a preferir soluções no curto prazo, em vez de trabalhar em soluções mais difíceis, no longo prazo. Deixar de encontrar soluções no longo prazo é a causa de tantos problemas no curto prazo.

Algumas pessoas podem levantar os braços em desespero, tendo em vista a baixa probabilidade de que a maioria das deficiências do capitalismo seja resolvida. Eu sou otimista. Acredito que há um número suficiente de pessoas inteligentes, talentosas e dedicadas que desejam falar a respeito desses problemas e criar e concordar com soluções razoáveis. Menciono soluções para cada um desses problemas como um estímulo ao raciocínio, sabendo que quaisquer propostas finais demandarão uma grande quantidade de trabalho. Tenho esperança de que você, leitor, compartilhe de meu desejo de melhorar a vida das pessoas ajudando o capitalismo a funcionar com mais eficácia a fim de promover mais bem-estar material e espiritual para o mundo.

Notas

INTRODUÇÃO: A CRIAÇÃO DE UM CAPITALISMO DE ALTO DESEMPENHO

1. "Survey Highlights a Troubling Divergence in the U.S. Economy. Message for Business Leaders and Policy Makers: A Coordinated Strategy Is Needed to Lift Living Standards for the Average American", *Harvard Business School Press Release*, 8 de setembro de 2014.
2. Hugo Dixon, "Britain Faces a Lose-Lose General Election", *New York Times*, 29 de setembro de 2014.
3. Palash Ghosh, "How Many People Did Joseph Stalin Kill?" *International Business Times*, 5 de março de 2013.
4. Consulte Milton Friedman, *Capitalismo e liberdade* (Rio de Janeiro: LTC, 2014) e Allan Meltzer, *Why Capitalism?* (Nova York: Oxford University Press, 2012).
5. Consulte www.sharing.org/information-centre/articles/multinational-corporations-ourview#keyfacts. Veja também Philip e Milton Kotler, *Winning Global Markets: How Businesses Invest and Prosper in the World's High-Growth Cities* (Hoboken, NJ: Wiley, 2015).
6. Bjorn Lomborg, ed., *How Much Have Global Problems Cost the World: A Scorecard from 1900 to 2050* (Nova York: Cambridge University Press, 2013).
7. Winston Churchill, House of Commons Speech, 11 de novembro de 1947.

8. Gar Alperovitz, "The Rise of the New Economy Movement", *Huffington Post*, 12 de julho de 2014. Consulte também Alperovitz, *America Beyond Capitalism: Reclaiming Our Wealth, Our Liberty, and Our Democracy*, 2ª ed. (Takoma Park, MD: Democracy Collaborative Press, 2011).

1. A PERSISTÊNCIA DA POBREZA

1. John Parker, "The 9 Billion-People Question", *Economist*, 24 de fevereiro de 2011.
2. Thomas Robert Malthus, *An Essay on the Principle of Population*, 1798.
3. Donella H. Meadows, Dennis L. Meadows, Jørgen Randers e William W. Behrens III, *The Limits to Growth: A Report for the Club of Rome's Project on the Predicament of Mankind* (Nova York: Universe Books, 1972).
4. Paul Collier, *The Bottom Billion: Why the Poorest Countries Are Failing and What Can Be Done About It* (Nova York: Oxford University Press, 2007).
5. Jeffrey D. Sachs, *O fim da pobreza* (Rio de Janeiro: Companhia das Letras, 2005).
6. William Easterly, *The White Man's Burden: Why the West's Efforts to Aid the Rest Have Done So Much Ill and So Little Good* (Oxford, Reino Unido: Oxford University Press, 2006).
7. C. K. Prahalad, *A riqueza na base da pirâmide: como erradicar a pobreza com o lucro* (Porto Alegre: Editora Bookman, 2010).
8. Peter Edelman, *So Rich, So Poor: Why It's So Hard to Reduce Poverty in America* (Nova York: New Press, 2013).
9. "Census: U.S. Poverty Rate Spikes, Nearly 50 Million Americans Affected", CBS.com, 15 de novembro de 2012.
10. Tavis Smiley e Cornell West, *The Rich and the Rest of Us: A Poverty Manifesto* (Nova York, Smiley Press, 2012).
11. Edelman, *So Rich, So Poor*.

12. Consulte Philip Kotler e Nancy R. Lee, *Up and Out of Poverty: The Social Marketing Solution: A Toolkit for Policy Makers, Entrepreneurs, NGOs, Companies, and Governments* (Upper Saddle River, NJ: Pearson Education, Wharton School Publishing, 2009).

2. A DESIGUALDADE DE RENDA EM ASCENSÃO

1. Vilfredo Pareto (1848-1923) foi sociólogo, economista e filósofo italiano.
2. Consulte http://givingpledge.org.
3. http://givingpledge.org.
4. http://patrioticmillionaires.org.
5. Thomas B. Edsall, artigo opinativo sobre *Capital no século XXI*, de Thomas Piketty, *The New York Times*, 28 de janeiro de 2014. http://www.nytimes.com/2014/01/29/opinion/capitalism-vs-democracy.html?nl=todaysheadlines&emc=edit_th_20140129&_r=0.
6. Edsall, "Capitalism vs. Democracy". Piketty diz que os donos do capital absorveram uma série de golpes pesados, entre os quais a perda de credibilidade quando os mercados sofreram um colapso e a perda de bens patrimoniais nas duas guerras mundiais. Eles foram pesadamente tributados para financiar as duas guerras, sofreram com a inflação elevada, que desgastou o valor de seus bens, perderam algumas indústrias importantes que foram nacionalizadas pela Inglaterra e pela França, e também indústrias e propriedades que foram apropriadas nos países pós-coloniais. Além disso, o movimento dos sindicatos trabalhistas era forte durante o New Deal de Franklin Roosevelt e no período pós-Segunda Guerra Mundial, possibilitando que o trabalho participasse dos ganhos de produtividade da economia.
7. Tyler Cowen, "Wealth Taxes: The Future Battleground", *The New York Times*, 21 de julho de 2013, p. 6.

8. Paul Vigna, "What's a CEO Really Worth? Too Many Companies Simply Don't Know", *Wall Street Journal*, 21 de novembro de 2014.
9. Ezra Klein, "10 Startling Facts About Global Wealth Inequality", *Washington Post*, 22 de janeiro de 2014.
10. Annie Lowrey, "Even Among the Richest of the Rich, Fortunes Diverge", *The New York Times*, 11 de fevereiro de 2014, p. F2.
11. Consulte Paul Krugman, "Inequality, Dignity, and Freedom", *The New York Times*, 14 de fevereiro de 2014, p. A25.
12. Christopher S. Rugaber, "Struggle Shows Up in Label", *Herald-Tribune*, 3 de abril de 2014.
13. Jeffrey D. Sachs, *O fim da pobreza* (Rio de Janeiro: Companhia da Letras, 2005).
14. Tom Worstall, "Six Waltons Have More Wealth Than the Bottom 30% of Americans", *Forbes*, 14 de dezembro de 2011. http://www.forbes.com/sites/timworstall/2011/12/14/six-waltons-have-more-wealth-than-the-bottom-30-of-americans/.
15. Gretchen Morgenson, "Invasion of the Supersalaries", *The New York Times*, 13 de abril de 2014, p. B1.
16. Larry Ellison, da Oracle, teve uma renda líquida de US$96,2 milhões em 2011, mas o conselho administrativo da Oracle reduziu sua remuneração para US$78,4 milhões em 2012. Ellison é dono de 25% da Oracle, e é incomum que um proprietário pague tanto a si próprio. Seu pacote de remuneração aumenta e diminui de acordo com o valor da Oracle no mercado de ações e também é influenciado pelo fato de a Oracle superar ou não em desempenho a concorrência. Consulte Steven M. Davidoff, "Vote Against Executive Pay Rings Hollow", *The New York Times*, 7 de novembro de 2013, p. 16.
17. Michael Dorff, *Indispensable and Other Myths: Why the CEO Pay Experiment Failed and How to Fix It* (Berkeley: University of California Press, 2014).
18. Jesse Westbrook, "Pay for Top-Earning U.S. Hedge Fund Managers Falls 35%", *Bloomberg*, 30 de março de 2012.

19. Paul Krugman, "Now That's Rich", *The New York Times*, 8 de maio de 2014.
20. Spencer Stuart Board Index 2013, pp 33-34.
21. Morgenson, "Invasion of the Supersalaries".
22. Sam Polk, "Op-Ed: For the Love of Money", *The New York Times*, 19 de janeiro de 2014.
23. Annie Lowrey, "The Rich Get Richer Through the Recovery", *New York Times*, 10 de setembro de 2013.
24. Mark Gongloff, "Median Income Falls for 5th Year, Inequality at Record High", *Huffington Post*, 17 de setembro de 2013. http://www.huffingtonpost.com/2013/09/17/medianincome-falls-inequality_n_3941514.html.
25. "Growing Apart", *Economist*, 21 de setembro de 2013, pp 12-14.
26. Nicholas D. Kristof, "Why Let the Rich Hoard All the Toys?", *The New York Times*, 3 de outubro de 2012.
27. "Inequality v Growth", *Economist*, 1º de março de 2014, p. 76.
28. Adam Withnall, "Pope Francis Tells Davos: 'Ensure Humanity Is Served by Wealth, Not Ruled by It'". *The Independent*, 22 de janeiro de 2014, p. 1.
29. Consulte Philip Kotler e Nancy R. Lee, *Up and Out of Poverty* (Filadélfia: Wharton School Publishing, 2009), pp 14-18.
30. Nafeez Ahmed, "Inclusive Capitalism Initiative Is Trojan Horse to Quell Coming Global Revolt", *Guardian*, 28 de maio de 2014.
31. Dominic Barton, "Capitalism for the Long Term", *Harvard Business Review*, março de 2011.
32. Ibid.
33. Joe Klein, "The Populist Mirage", *Time*, 20 de janeiro de 2014.
34. Allan Sloan, "Positively Un-American Tax Dodges", *Fortune*, 7 de julho de 2014, pp. 62-70.
35. Ver http://www.irishtimes.com/business/economy/us-wants-law-to-clamp-down-on-firmsmoving-overseas-1.1867990.
36. Jacques Leslie, "A Piketty Protégé's Theory of Tax Havens", *The New York Times*, 15 de junho de 2014.

37. "Companies Keep Piling Up Cash Overseas", *Bloomberg BusinessWeek*, 2014, pp 51-52.
38. "The Real Internal Revenue Scandal", *The New York Times*, 5 de julho de 2014, p. 10.
39. Eduardo Porter, "In New Tack, IMF Aims at Income Inequality", *The New York Times*, 9 de abril de 2014, p. B1
40. Belinda Luscombe, "Do We Need $75,000 a Year to Be Happy?", *Time*, 6 de setembro de 2010.
41. Douglas K. Smith, "A New Way to Rein in Fat Cats", *The New York Times*, 3 de fevereiro de 2014, p. A19.
42. "EU Proposes New Shareholder Powers over Executive Pay", BBC.com, 9 de abril de 2014.
43. Kay Bell, "Tax Loopholes That Mainly Benefit the Rich". http://www.bankrate.com/finance/taxes/tax-loopholes-mainly-benefit-rich-1.aspx#ixzz2hpYhsMmV.
44. Chris Isidore, "Buffett Says He's Still Paying Lower Tax Rate than His Secretary", CNN Money, 4 de março de 2013.
45. "Carried interest", definição encontrada em http://www.investopedia.com/terms/c/carriedinterest.asp.
46. Gretchen Morgenson, "When Taxes and Profit Are Oceans Apart", *The New York Times*, de julho de 2014.
47. Ron Wyden, "We Must Stop Driving Businesses Out of the Country", *Wall Street Journal*, 9 de maio de 2014.
48. Zaid Jilani, "How Unequal We Are: The Top 5 Facts You Should Know About the Wealthiest One Percent of Americans", *Think Progress*, 3 de outubro de 2011.
49. Fabian T. Pfeffer, Sheldon Danziger, and Robert F. Schoeni, "Wealth Levels, Wealth Inequality, and the Great Recession", Russell Sage Foundation, junho de 2014.
50. David Gilson, "Charts: How Much Have the Kochs Spent on the 2012 Election?" *Mother Jones*, 5 de novembro de 2012.
51. Stephen Gandel, "Buffett: Coke Exec Compensation Plan Was Excessive", *The New York Times*, 23 de abril de 2014.

52. Joe Nocera, "Buffett Punts on Pay", *The New York Times*, 25 de abril de 2014.
53. Stephen Gandel, "Buffett: Coke Exec Compensation Plan Was Excessive," *The New York Times*, abril 23, 2014.
54. James B. Stewart, "A Bonus Is Declined: A Problem Remains", *The New York Times*, 21 de fevereiro de 2014.
55. Paul Krugman, "Paranoia of the Plutocrats", *The New York Times*, 27 de janeiro de 2014.
56. "Little Tax Haven on the Prairie", *BusinessWeek*, 13-19 de janeiro de, 2014, páginas 38-39.
57. Consulte John Cassidy, "Forces of Divergence", *New Yorker*, 31 de março de 2014, pp. 69-73.
58. Peter Coy, "An Immodest Proposal", *Bloomberg BusinessWeek*, 12 de abril de 2014, pp. 10-11.
59. Paul Krugman, "The Piketty Panic", *The New York Times*, 24 de abril de, 2014.

3. TRABALHADORES SITIADOS

1. Steven Greenhouse, "In Florida's Tomato Fields, a Penny Buys Progress", *The New York Times*, 24 de abril de 2014.
2. "Exploitative Labor Practices in the Global Palm Oil Industry", relatório preparado pela Accenture for Humanity United, 2012.
3. Timothy Egan, "How to Kill the Minimum Wage Movement", *The New York Times*, 24 de abril de 2014.
4. Nancy DuVergne Smith, "MIT Living Wage Calculator: Why Higher Wages Help Everybody", *Slice of MIT* (blog), 6 de fevereiro de 2014.
5. Stanley F. Stasch, "The Creation and Destruction of the Great American Middle Class (1930-2010)," *School of Business Faculty Publications and Other Works*. Paper 5. http://ecommons.luc.edu/business_facpubs/5.

6. Sheila Bair, "Corporate America Needs to Raise Wages. Why? It's Good for Business", *Fortune*, 21 de julho de 2014, p. 43.
7. Alan Pyke, "Republican Millionaire Has a Compelling Case for a $12 Minimum Wage, and He's Taking It Directly to California Voters", *Think Progress*, 13 de janeiro de 2014.
8. Egan, "How to Kill the Minimum Wage Movement".
9. Um dos argumentos mais convincentes contra o aumento do salário mínimo é encontrado em Gary Will, "Raise Minimum Wage? If ...", *Washington Post*.
10. "Poll Results, IGM Forum", *Igmchicago.org*, 23 de fevereiro, 2013, acessado em 20 de março de 2013.
11. Egan, "How to Kill the Minimum Wage Movement".
12. Paul Krugman, "Better Pay Now", *The New York Times*, 1º de dezembro de 2013.
13. Guy Standing, "About Time: Basic Income Security as a Right", in Guy Standing, *Promoting Income Security as a Right: Europe and North America*, 2ª ed. (Londres: Anthem Press, 2005), p. 18.
14. Annie Lowrey, "Switzerland's Proposal to Pay People for Being Alive", *New York Times Magazine*, 17 de novembro de 2013.
15. "New Research Findings on the Effects of the Earned Income Tax Credit", Center on Budget and Policy Priorities, acessado em 30 de junho de 2010.
16. "Minimum Wages Only in Some Economic Branches in Germany", *Statistisches Bundesamt*, acessado em 9 de maio de 2010.
17. Jonathan Cowan and Jim Kessler, "Capitalize Workers!", *The New York Times*, 6 de abril de 2014, p. SR 7.
18. Tony Hsieh, *Satisfação garantida – Delivering Happiness: No caminho do lucro e da paixão* (São Paulo: Thomas Nelson Brasil, 2012).
19. "Testing the Happiness Factor", The Drucker Institute, 2 de janeiro de 2014.
20. Adam Davison, "A Ready-to-Assemble Business Plan", *It's the Economy*, 5 de janeiro de 2014, pp. 12-13.
21. "Do Workplace Wellness Programs Save Employers Money?" Research Brief, Rand Health, 2014.

22. Shai Oster, "In China, 1,600 People Die Every Day from Working Too Hard", *Bloomberg BusinessWeek*, 3 de julho de 2014.
23. Tanya Mohn, "U.S. the Only Advanced Economy That Does Not Require Employers to Provide Paid Vacation Time, Report Says", *Forbes*, 13 de agosto de 2013.

4. A GERAÇÃO DE EMPREGOS FACE À CRESCENTE AUTOMATIZAÇÃO

1. http://www.pbs.org/newshour/rundown/more-than-200-million-people-were-unemployed-in-the-world-in-2013/.
2. Afirmação de Geoff S. Jones, Bennington, Vermont, *MIT Technology Review* 116, n°. 5 (setembro-outubro de 2013), p. 8.
3. Simon Head, *Mindless: Why Smarter Machines Are Making Dumber Humans* (Nova York: Basic Books, 2014).
4. Ver "The Emporium Strikes Back", *Economist*, 13 de julho de 2013, pp. 23-25.
5. Jerry Mander, *The Capitalism Papers: Fatal Flaws of an Obsolete System* (Berkeley, CA: Counterpoint Press, 2012).
6. "Putting Released Prisoners Back to Work", *BusinessWeek*, 6 de fevereiro de 2014. Além disso, em um editorial do *New York Times* de 24 de maio de 2014, intitulado "End Mass Incarceration Now", as principais soluções apresentadas foram assim resumidas: "Reduzir substancialmente a duração das penas. Oferecer mais oportunidades de reabilitação dentro da prisão. Remover as barreiras que impedem as pessoas de reingressar na sociedade depois que são libertadas. Usar alternativas de encarceramento para os infratores, viciados em drogas e doentes mentais não violentos. Libertar os prisioneiros idosos ou enfermos, que são os que apresentam menos probabilidade de cometer novas infrações. Classificar as prisões de acordo com o seu sucesso em evitar o retorno de antigos reclusos".

7. Jeremy Rifkin, *O fim dos empregos* (São Paulo: M. Books, 2004).
8. Consulte Erik Brynjolfsson e Andrew McAfee, *The Second Machine Age* (Nova York: W. W. Norton, 2014). Consulte também Tom Malone, *The Future of Work* (Boston: Harvard Business School Publishing, 2004).
9. "Briefing the Future of Jobs. The Oncoming Wave", *Economist*, 18 de janeiro de 2014.
10. Robert J. Gordon, "Is U.S. Economic Growth Over? Faltering Innovation Confronts the Six Headwinds", NBER Working Paper #18315, agosto de 2012.
11. Esse número foi extraído de "Game Plan for a Future-Ready Workforce", *Futurist*, novembro-dezembro de 2013, uma entrevista com Ed Gordon, autor de *Future Jobs: Solving the Unemployment and Skills Crisis*, conduzida por Rick Docksai.
12. Philip Kotler, Hermawan Kartajaya e David Young, *Attracting Investors: A Marketing Approach to Finding Funds for Your Business* (Hoboken, NJ: Wiley, 2004).
13. Consulte Sean Higgins, "U.S. Ranks Below Rwanda, Belarus, and Azerbaijan in Ease of Creating New Businesses, World Bank Says", *Washington Examiner*, 22 de janeiro de 2014. Essa classificação foi incluída na pesquisa conjunta realizada pelo Banco Mundial e a International Finance Corp., em *Doing Business 2014: Understanding Regulations for Small and Medium-Size Businesses* (Washington, DC: World Bank Group, 2013).
14. Jonathan Berr, "Billionaire Carlos Slim Argues for a 3-Day Work Week", *Money Watch*, julho de 2014.

5. AS EMPRESAS NÃO ESTÃO COBRINDO SEUS "CUSTOS SOCIAIS"

1. Dale W. Jorgenson, Richard J. Goettle, Mun S. Ho e Peter J. Wilcoxen, *Double Dividend: Environmental Taxes and Fiscal Reform in the United States* (Cambridge, MA: MIT Press, 2013).

6. A EXPLORAÇÃO DO MEIO AMBIENTE

1. Justin Gillis, "U.N. Panel Warns of Dire Effects from Lack of Action over Global Warming", *The New York Times*, 2 de novembro de 2014, p. 1.
2. Paul Hawken, *The Ecology of Commerce: A Declaration of Sustainability*, edição revista (Nova York: HarperCollins, 2010).
3. Rachel Carson, *Primavera silenciosa* (São Paulo: Editora Gaia, 2010).
4. Donella H. Meadows, Dennis L. Meadows, Jørgen Randers e William W. Behrens III, *The Limits to Growth: A Report for the Club of Rome's Project on the Predicament of Mankind* (Nova York: Universe Books, 1972).
5. "World Nuclear Association, Plans for New Reactors Worldwide", março de 2013. Em http://www.world-nuclear.org/info/current-and-future-generation/plans-for-new-reactors-worldwide/.
6. Paul Vitello, "Ray Anderson, Businessman Turned Environmentalist, Dies at 77", *The New York Times*, 10 de agosto de 2011.
7. Jacquelyn Smith, "The World's Most Sustainable Companies of 2014," *Forbes.com*, 22 de janeiro de 2014. http://www.forbes.com/sites/jacquelynsmith/2014/01/22/the-worlds-most-sustainable-companies-of-2014/.
8. Peter Barnes, *Capitalism 3.0: A Guide to Reclaiming the Commons* (São Francisco: Berrett-Koehler Publishers, 2006).
9. Tim Jackson, *Prosperidade sem crescimento: vida boa em um planeta finito* (São Paulo: Planeta Sustentável, 2013).
10. Tim Jackson, "Prosperity Without Growth?", *Policy Innovations*, 31 de agosto de 2009.
11. Donella Meadows, Jørgen Randers e Dennis Meadows, *Limites do crescimento: a atualização de 30 anos* (Rio de Janeiro: Qualitymark, 2007).
12. Jonathan Foley, diretor do Institute on the Environment.

13. David Kashi, "Study Finds 37 Countries Face Severe Water Shortages: Study Suggests Water Shortages Affects Economy", *International Business Times*, 13 de dezembro de 2013.
14. Daniel C. Esty e Andrew S. Winston, *Green to Gold: How Smart Companies Use Environmental Strategy to Innovate, Create Value, and Build Competitive Advantage* (New Haven, CT: Yale University Press, 2006).
15. Michael Grunwald, "The (Slow) Greening of America", *Time*, 23 de junho de 2014.

7. OS CICLOS ECONÔMICOS E A INSTABILIDADE ECONÔMICA

1. U.S. Business Cycle Dates, National Bureau of Economic Research, www.nber.org/cycles.html. O NBER define as datas dos mínimos e máximos fazendo uma avaliação inteligente com base na evolução de vários indicadores, como o PIB real, a renda pessoal real, o nível de emprego e as vendas.
2. Consulte Kimberly Amadeo, "Business Cycle". http://useconomy.about.com/od/glossary/g/business-cycle.htm.
3. Charles Kindleberger, "Manias, Panics, and Crashes: A History of Financial Crisis".
4. Atif Mian and Amir Sufi, *House of Debt: How They (and You) Caused the Great Recession, and How We Can Prevent It from Happening Again* (Chicago: University of Chicago Press). Consulte também Peter Coy, "Sharing the Pain", *Bloomberg BusinessWeek*, pp. 12-13.
5. Consulte Philip Kotler e John A. Caslione, *Chaotics: The Business of Managing and Marketing in the Age of Turbulence* (Nova York: AMACOM, 2009). O conteúdo deste capítulo foi extraído dessa fonte.
6. Alan Greenspan, *The Age of Turbulence* (Nova York: Penguin Press, 2007).

7. "Business turbulence", *BNET Business Dictionary*. http://dictionary.bnet.com/index.php?d=turbulence.
8. Andy Grove, *Só os paranoicos sobrevivem* (Gradiva, 2007).
9. Joseph Schumpeter, *Capitalism, Socialism and Democracy*, 3ª ed. (Nova York: Harper & Row, 1950).
10. Clayton M. Christensen, *O dilema da inovação: quando as novas tecnologias levam as empresas ao fracasso* (São Paulo: Editora M. Books, 2011); Clayton M. Christensen e Michael E. Raynor, *O crescimento pela inovação: como crescer de forma sustentada e reinventar o sucesso* (Rio de Janeiro: Editora Campus, 2003).
11. "The Blood of Incumbents", *Economist*, 28 de outubro de 2004.
12. Harold L. Vogel, "Disruptive Technologies and Disruptive Thinking", *Michigan State Law Review*, nº 1, 2005. https://www.msu.edu/~michstlr/Symposium_2005/Vogel.pdf.
13. Fareed Zakaria, *O mundo pós-americano* (São Paulo: Companhia das Letras, 2008).
14. Ver Nirmalya Kumar e Jan-Benedict E. M. Steenkamp, *Brand Breakout: How Emerging Market Brands Will Go Global* (Basingstoke, Reino Unido: Palgrave MacMillan, 2013).
15. "A Bigger World", *Economist*, 18 de setembro de 2008.
16. "Hypercompetition", *Wikipedia*. http://en.wikipedia.org/wiki/Hypercompetition.
17. Richard A. D'Aveni, *Hypercompetition: Managing the Dynamics of Strategic Maneuvering* (Glencoe, IL: Free Press, 2004).
18. D'Aveni, *Hypercompetition*.
19. "Sovereign wealth fund", *Wikipedia*. http://en.wikipedia.org/wiki/Sovereign_wealth_fund.
20. 2008 Sovereign Wealth Fund Institute Inc. http://www.swfinstitut.org/funds.php.
21. "A Bigger World", *Economist*.
22. "The End of Arrogance: America Loses Its Dominant Economic Role", *Spiegel Online*, 30 de setembro de 2008.
23. "Sovereign Funds Become Big Speculators", *Washington Post*, 12 de agosto de 2008.

24. "A Bigger World", *Economist*.
25. "From Risk to Opportunity", *McKinsey Quarterly*, outubro de 2008.
26. "How Climate Change Could Affect Corporate Valuations", *McKinsey Quarterly*, outubro de 2008.
27. Peter F. Drucker, *Managing in Turbulent Times* (Oxford, Reino Unido: Butterworth-Heinemann, 1981).

8. OS RISCOS DO AUTOINTERESSE LIMITADO

1. John Micklethwait and Adrian Wooldridge, "The State of the State". *Foreign Affairs*, julho-agosto de 2014.
2. R. Edward Freeman, *Strategic Management: A Stakeholder Approach* (Cambridge, Reino Unido: Cambridge University Press, 2010).
3. Philip Kotler e Nancy Lee, *Corporate Social Responsibility: Doing the Most Good for Your Company and Your Cause* (Hoboken, NJ: Wiley, 2005).
4. Philip Kotler, David Hessekiel e Nancy Lee, *Good Works!: Marketing and Corporate Initiatives That Build a Better World... and the Bottom Line* (Hoboken, NJ: Wiley, 2012).
5. Philip Kotler e Milton Kotler, *Market Your Way to Growth: Eight Ways to Win* (Hoboken, NJ: Wiley, 2013).
6. "Simon Anholt: Which Country Does the Most Good for the World?", YouTube video, 17:54, from TEDSalon Berlin, 2 de julho de 2014.
7. Emily Ekins, "Reason-Rupe Poll Finds 24 Percent of Americans Are Economically Conservative and Socially Liberal, 28 Percent Liberal, 28 Percent Conservative, and 20 Percent Communitarian", *Reason Magazine*, 29 de agosto de 2011.

9. O ÔNUS DO ENDIVIDAMENTO E A REGULAMENTAÇÃO FINANCEIRA

1. Parte desta seção sobre a economia norte-americana antes da Grande Recessão segue as opiniões expressadas por Richard Wolff em uma série de palestras que ele proferiu em várias conferências que podem ser assistidas pela internet.
2. Arthur Laffer, citado em Michael Bastasch, "Analysis: Real Stimulus Spending Is at Least $2.5 Trillion Since 2008", *Daily Caller*, 6 de agosto de 2012. http://dailycaller.com/2012/08/06/analysis-real-stimulus-spending-is-at-least-2-5-trillion-since-2008/.
3. Gallup Daily: U.S. Employment. http://www.gallup.com/poll/125639/gallup-dailyworkforce.aspx36.
4. Interest Expense on the Debt Outstanding. http://www.treasurydirect.gov/govt/reports/ir/ir_expense.htm.
5. Jeanne Sahadi, "Washington's $5 Trillion Interest Bill", CNNMoney.com, 12 de março de 2012. http://money.cnn.com/2012/03/05/news/economy/national-debt-interest.
6. "Budget sequestration". Wikipedia. http://en.wikipedia.org/wiki/Budget_sequestration_in_2013.
7. Mark Gongloff, "Median Income Falls for 5th Year, Inequality at Record High", *Huffington Post*, setembro 17, 2013. http://www.huffingtonpost.com/2013/09/17/median-income-falls-inequality_n_3941514.html.
8. http://www.globalpost.com/dispatch/news/afp/130918/fed-cuts-2013-2014-us-economic-growth-forecast-0.
9. "The U.S. Economy from 1970-2010, in 3 Charts." http://tipstrategies.com/blog/2011/08/a-tale-of-two-charts-employment-by-sector-1970-2010/.
10. "Income in the United States", Wikipedia. http://en.wikipedia.org/wiki/Income_in_the_United_States.

11. Tim Chen, "American Household Credit Card Debt Statistics: 2014". http://www.nerdwallet.com/blog/credit-card-data/average-credit-card-debt-household/.
12. "Household debt", Wikipedia. http://en.wikipedia.org/wiki/Household_debt.
13. Jessica Silver-Greenberg and Michael Corkery, "In a Subprime Bubble for Used Cars, Borrowers Pay Sky-High Rates", *The New York Times*, 19 de julho de 2014.
14. Editorial Board, "Payday Lenders Set the Debt Trap, *The New York Times*, 19 de julho de 2014.
15. Gary Hart, "The New Debate About Capitalism", *Blog*, 12 de janeiro de 2012.
16. "Economy of the United States", Wikipedia. wikipedia.org/wiki/Economy_of_the_United_States#Finance.
17. Ralph Nader, *Unstoppable: The Emerging Left-Right Alliance to Dismantle the Corporate State* (Nova York: Nation Books, 2014).
18. Luigi Zingales, *A Capitalism for the People: Recapturing the Lost Genius of American Prosperity* (Nova York: Basic Books, 2012).
19. Robert J. Shiller, *The New Financial Order: Risk in the 21st Century* (Princeton, NJ: Princeton University Press, 2003).
20. Ibid.
21. Robert Creamer, "The Dominance of the Financial Sector Has Become a Mortal Danger to Our Economic Security", *Blog*, 12 de outubro de 2009.
22. Jesse Eisinger, "Soothing Words on 'Too Big to Fail', but with Little Meaning", *The Trade*, 11 de dezembro de 2013.
23. Zingales, *Um capitalismo para o povo*.
24. "Back from the Dead: The Return of Securitisation", *Economist*, 11 de janeiro de 2014, pp. 59-60.
25. Adaptado de Rana Foroohar, "The Myth of Financial Reform", *Time*, 23 de setembro de 2013, pp 32-35.
26. Gretchen Morgenson, "Big Banks Still a Risk", *The New York Times*, 3 de agosto de 2014.
27. Peter Eavis, "Wall St. Wins a Round in a Dodd-Frank Fight", *The New York Times*, 12 de dezembro de 2014.

28. Martin Wolf, *As transições e os choques* (São Paulo: Companhia das Letras, 2015).
29. *Economist*, 31 de maio de 2014.
30. "A Better Model for Paying Bankers", *BusinessWeek*, 23 de outubro de 2014.

10. COMO A POLÍTICA CORROMPE A ECONOMIA

1. Gar Alperovitz, *America Beyond Capitalism* (Hoboken, NJ: John Wiley, 2005).
2. Francis Fukuyama, "The Decay of the American Political Institutions", *American Interest*, 8 de dezembro de 2013.
3. Richard D. Wolff, "How the Rich Soaked the Rest of Us", *Guardian*, 1º de março de 2011. Consulte também *Democracy at Work A Cure for Capitalism* de Wolff (Chicago: Haymarket Books, 2012).
4. Lawrence Lessig, *Republic, Lost: How Money Corrupts Congress — and a Plan to Stop It* (Nova York: Twelve/Hachette Book Group, 2011).
5. "Lobbying", Wikipedia. http://en.wikipedia.org/wiki/lobbying#cite_note-twsNovZ111-22.
6. http://en.wikipedia.org/wiki/lobbying#cite_note-23.
7. "Corruption Perceptions Index." http://cpi.transparency.org/cpi2012/#sthash.5W0Oh7Nn.dpuf.
8. John Kenneth Galbraith, *The Affluent Society* (Nova York: Houghton Mifflin, 1958).

11. A ORIENTAÇÃO NO CURTO PRAZO DO CAPITALISMO

1. Robert L. Reid, "The Infrastructure Crisis", *Civil Engineering — ASCE* 78, nº 1 (janeiro de 2008).

2. "New Infrastructure Survey Reveals U.S. Weakness and Need for Clear Vision", CG/ comunicado à imprensa da LA Infrastructure LLC, em 4 de outubro de 2011.
3. L. Randall Wray, "Developing the 'Financial Instability Hypothesis': More on Hyman Minsky's Approach", *EconoMonitor*, 11 de abril de 2012.
4. Paul Davidson, "IKEA to Raise Its Minimum Wage", *USA Today*, 26 de junho de 2014.

12. RESULTADOS QUESTIONÁVEIS DE MARKETING

1. Consulte a excelente discussão em Robert e Edward Skidelsky, *How Much Is Enough?* (Nova York, Other Press, 2012).
2. Benjamin R. Barber, *Consumed: How Markets Corrupt Children, Infantilize Adults, and Swallow Citizens Whole* (Nova York: W. W. Norton, 2007).
3. "Economic Survey of the United States 2012", Organization for Economic Cooperation and Development, 2012. A Organização para Cooperação e Desenvolvimento Econômico (OCDE) é uma organização econômica internacional de 34 países, fundada em 1961, para estimular o progresso econômico e o comércio mundial. Os países-membros estão comprometidos com a democracia e a economia de mercado.
4. "Why Is Health Spending in the United States So High?" OECD Health at a Glance, 2011.
5. Richard H. Thaler e Cass R. Sunstein, *Nudge: Improving Decisions About Health, Wealth, and Happiness* (Nova York: Penguin Group, 2009).
6. Nancy R. Lee and Philip Kotler, *Social Marketing: Influencing Behaviors for Good*, 4ª ed. (Thousand Oaks, CA: Sage, 2011).

13. ESTABELECENDO A TAXA DE CRESCIMENTO CORRETA DO PIB

1. http://www.worldofCEOs.com/dossiers/paul-polman.
2. Robert J. Gordon, "Is U.S. Economic Growth Over? Faltering Innovation Confronts the Six Headwinds", NBER Working Paper #18315, agosto de 2012.
3. Donella H. Meadows, Dennis L. Meadows, Jørgen Randers e William W. Behrens III, *The Limits to Growth: A Report for the Club of Rome's Project on the Predicament of Mankind* (Nova York: Universe Books, 1972).
4. Chandran Nair, *Consumptionomics: Asia's Role in Reshaping Capitalism and Saving the Planet* (Oxford, Reino Unido: Infinite Ideas Limited, 2011).
5. Herman Daly, *Steady-State Economics*, 2ª ed. (Washington, DC: Island Press, 1991), p. 17.

14. CRIANDO FELICIDADE ALÉM DE PRODUTOS

1. Richard Easterlin, "Does Economic Growth Improve the Human Lot?" Texto que circulou na Universidade da Pensilvânia, 1971-1972 e foi publicado em 1974.
2. Thorsten Veblen, *The Theory of the Leisure Class* (Nova York: B. W. Huebsch, 1924).
3. John Kenneth Galbraith, *The Affluent Society* (Nova York: Houghton Mifflin, 1958).
4. Anne Muller e Tashi Wangchuk, *Gross National Happiness of Bhutan* (Jackson, WY: Pursue Balance, 2008).
5. Med Jones, "The American Pursuit of Unhappiness: Gross National Happiness (GNH) — A New Socioeconomic Policy," iim-edu.org, 15 de janeiro de 2006, acessado em 7 de novembro de 2012.

6. Ver Arthur Brooks, "Love People, Not Pleasure", *The New York Times*, 18 de julho de 2014.
7. Galbraith, *The Affluent Society*.
8. Jagdish Sheth, correspondência pessoal com o autor.
9. Pierre Rosanvallon, *The Society of Equals*, traduzido por Arthur Goldhammer (Cambridge, MA: Harvard Business Press, 2013).

Índice remissivo

3M, 154

A dieta da mente (Perlmutter), 153
A doutrina do choque (Klein), 20
A era da turbulência (Greenspan), 163
A nascente (Rand), 184
A nova ordem financeira (Shiller), 215
A revolta de Atlas (Rand), 185-186
A riqueza das nações, 27, 187
A riqueza na base da pirâmide (Prahalad), 38
A segunda era das máquinas, 119
A teoria dos sentimentos morais, 187
abordagem de planejamento de baixo para cima, 38
Accenture, 66
acordos coletivos, 93-94
Adelson, Sheldon, 239
Admati, Anat, *The Bankers' New Clothes*, 218
administração científica, 113
administradores de fundos hedge, renda em 2011 dos, 52

África do Sul, índice de criminalidade da, 60
Agência de Proteção Ambiental [Environmental Protection Agency] (EPA), 146
agricultura, 31, 111, 152-3
água, 134, 136
ajuda externa, 37
ajudando os outros, 290-291
Alemanha, 57, 62, 198
alimentos, saúde dos, 253-254
Allegretto, Sylvia, 50
Alperovitz, Gar, 26
Al-Rahman, Abd, 287
altos executivos
    razão entre a remumeração dos, e a dos trabalhadores, 72-73
    remuneração dos, 46, 52-53, 82, 200, 249-250
    rendimento líquido anual, 51, 84
Amazon, 250
ambiente/ambiental, 142-155
    ascensão do movimento, 146-147

dez principais preocupações, 154-155
e a turbulência, 175-177
problemas constantes, 149-151
América Latina, índice de criminalidade da, 60
American Society of Civil Engineers (ASCE), 246
Anderson, Norman F., 246
Anderson, Ray C., 148-9
Andreessen, Marc, 115
Angola, PIB e a pobreza em, 33
Anholt, Simon, 194-5
Apple, 67, 77
área de pesca de bacalhau no Atlântico Norte, 151
áreas de bem-estar, 285-286
Argentina, 20
armas, 255-256
arte, 289-90
As transições e os choques (Wolf), 222
As vinhas da ira (Steinbeck), 91
AstraZeneca, 78
AT&T, 73
ativos negociáveis, pobres carecem de, 32
AudubonSociety, 146
Austrália, abertura de um novo negócio na, 124
autointeresse, 183-196
automatização
 geração de empregos e a, 110-129

grupos afetados pela, 118-120
autossuficiência, 184-188
Avon, 193

Ballmer, Steve, 53
bancos, 216-222
Barber, Benjamin, 258-259
Barclays, 68
Barnes, Peter, *Capitalism 3.0*, 149
barreirasao ingresso, 137-141
barreiras de custo à entrada no mercado, 138
Barton, Dominic, 60-61
BASF, 149
bem-estar, avaliação, 282-283
bem-estar no local de trabalho, 105-108
bem-estar público, 11
benefícios do desemprego, 63
bens dos pobres, 31-32
bens públicos, 131
 proteção dos, 135-137
Bermudas, 65, 67
Bezos, Jeff, 114-115, 250
bilhetes de loteria, 209
Blood Sugar Solution (Hyman), 253
Bloomberg, Michael, 70, 262
BMW, 149
boca a boca, 178
Boeing, 294
Bolívia, 12
bombas nucleares, 116
Bombardier, 149

boompontocom, 159
Bowling Alone (Putnam), 189
Branson, Richard, 251
Buffett, Warren, 44, 75, 81
Bush, George W., 65

calculador do salário digno, 94
Califórnia, salário mínimo na, 96
Canadá, abertura de um novo negócio no, 124
capital morto, 32
capital, para empreendedores, 123-124
Capital no século XXI (Piketty), 8, 45
Capitalism Papers (Mander), 20
capitalismo, 15-19
  componentes de um, saudável, 295-296
  críticos do, 19-22
  deficiências do, 22-27, 297-8
  e o militarismo, 116
  Marx sobre o, 89
  melhoras no, moderno, 22
  orientação no curto prazo, 243-251
  qualidades, 18
  questão principal, 19
  sucesso do, 13-15
capitalismo autoritário, 15
Capitalismo Consciente, 25-26
Capitalismo Corporativo, 10, 224-225
Capitalismo Cowboy, 9, 20

Capitalismo de Cassino, 58
capitalismo de livre-mercado, 16
capitalismo desregulado, 12
capitalismo do desastre, 21
capitalismo globalizado, 10
"capitalismosentimental", 12
capitalistas do *laissez-faire*, 15
Caribe, 236
Carney, Mark, 223
Carson, Rachel, *Primavera silenciosa*, 146
cartéis, 139
cartões de crédito, 59, 207-208
carvão mineral, 144, 145
Caslione, John, *Vencer no caos*, 165
Cathay Pacific, 114
CEOs, *consulte* altos executivos
Chile, 20
China, 14-5, 147, 235, 294
  fundos de investimentos de propriedade do Estado, 174
  mercados, 10
  restrições à procriação, 31
Christensen, Clayton M., 168
Churchill, Winston, 19, 24
ciclos econômicos, 156-182
  fases, 157
  problema dos, 157-162
Cidadãos Unidos versus Comissão Eleitoral Federal [*Citizens United v. Federal Election Commission*], 81, 229]
Cingapura, 124, 174

Citicorp, 214
classe média, 48-49, 97, 205
  e a desigualdade de renda, 57
classe trabalhadora, 49-50
clientes/consumidores
  conhecimento da empresa dos, 16
  fortalecimento e turbulência, 177-179
Coalition of Immokalee Workers, 92
Coca-Cola, 82, 253
codeterminação, 103
Cohen, Daniel, 279
Collier, Paul, *The Bottom Billion*, 35-36
colonialismo na África, 34
Comissão de Déficit Bowles-Simpson, 284
Comissão Europeia, 73
comportamento pró-social, 290
compras de imóveis, 59
computação cognitiva, 119
comunidade, argumento em defesa da, 188-192
comunismo, 14, 89, 188-189
comunitarismo, 190-192
concorrência, 18, 137
Conferência sobre o Capitalismo Inclusivo (2014), 60-61
Congresso dos Estados Unidos, e as alíquotas de impostos, 71

consumismo, mudando a cultura do, 271-274
consumo, 199, 201, 207
  redução, 292-293
contratos, 15
Cook, Tim, 51
Coreia do Sul, 34, 39, 147
Corporate Social Responsibility (Lee e Kotler), 193
corporatismo, 139
corrupção, 231-237
cortiços, 28
Costco, 250-251
Cote, David M., 51
crédito fiscal para o rendimento do trabalho, 29, 78
crédito fiscal restituível, 103
créditos de carbono, 133
crescimento da população mundial, 152
crescimento econômico
  forças que refreiam o, 121
  nos Estados Unidos, 1945 a 1970, 198
  taxa de, 45-46, 120-121
  versus desenvolvimento econômico, 33
crianças, na pobreza, 30
crise financeira, 222
Cuba, 12
cultura, 289-290
  das empresas, 25-26
custo total, 132
custos sociais, 130-141

Dakota do Sul, fundos fiduciários de dinastias de, 83
Dalio, Ray, 52
Daly, Herman, 270
D'Aveni, Richard, *Hipercompetição*, 172
deBlasio, Bill, 63
De Soto, Hernando, *O mistério do capital*, 32
decrescimento, 273-274
demanda de produtos, e pagamento do trabalhador, 96-97
demanda do consumidor, 159
democracia, 47, 80, 224
desempenho, pagamento pelo, 51
desempregados, 21, 126-130
desemprego dos jovens, 56
desigualdade de renda, 43-88
　crescimento da, 205-208
　e a felicidade, 294-295
　perigos da, 56-61
　políticas para reduzir a, 61-88
Detachers, 273
Dharavi, Mumbai, 28
Dickens, Charles, 89
Dinamarca, salário mínimo, 62
direitos de propriedade, 32
direitos individuais, 195
dívida das unidades familiares, 160, 208-213
dívida dos empréstimos estudantis, 59, 126, 209-211, 259

dívida federal, pagamento de juros sobre a, 202
Dorff, Michael, 51
Drucker, Peter, 180-181
Dubai, fundos de investimento de propriedade do Estado, 174
Dudley, William, 223
Dust Bowl, 144

Easterlin, Richard, 280
Easterly, William, *The White Man's Burden*, 37
Eaton Corporation, 66
Ecoimagination, 176
economia de mercado, 8, 10
economia de mercado socialista, 11
economia do bem-estar social, 11
economia mista, 11
economias de escala, 16
economias de escopo, 17
educação, 61, 122-123
educação pública, 260
Egan, Timothy, 101
Egito, 34
egoísmo ético, 185
Einstein, Albert, 264
eleições, influência nas, 80
elite governante, ganância e pobreza, 32
Ellison, Larry, 51, 302
em escolhas alimentares saudáveis, 263

emissões de carbono, impostos sobre, 132-133
empreendedorismo, incentivo ao, 123-125
emprego, salário mínimo e o, 100
empregos
  consumo e os, 274-275
  criação, automatização e os, 110-129
  redução do número dos, 115-118
  treinamento, 122
empresas/companhias
  localização da sede, 66
  práticas ecológicas, 143, 147-149
  responsabilidades comunitárias, 25
Empresas Autodirigidas dos Trabalhadores (WSDEs), 103
empresas de capital aberto, planejamento no curto prazo, 244
empresas de utilidade pública, 243-244
empresas estatais, na África, 34
empresas multinacionais, 17
endividamento dos consumidores, 199
energia nuclear, 147
Engels, Friedrich, 22
Equador, 12
equilíbrio, 164
Era do Iluminismo, 186

Escandinávia, filosofia tributária da, 68-69
ESOP Plano de Propriedade Acionária dos Empregados [Employee Stock Ownership Plan], 103
Espanha, 85
estabilização da população, 271
Estados Unidos
  abertura de um novo negócio nos, 124
  alíquotas de impostos em 2013 nos, 64
  consumo de energia e de materiais nos, 150
  crescimento econômico nos, 1945 a 1970, 198
  distribuição da renda nos, 48
  e a mudança climática, 155
  educação pública nos, 49
  financeirização do sistema econômico nos, 213-217
  gastos com a segurança nacional nos, 115
  imposto corporativo nos, 65-66
  índice de Gini nos, 57
  infraestrutura física, 245
  mercados nos, 10-11
  Orçamento da Receita Federal nos, 68
  plano para reduzir a pobreza mundial nos, 29
  prisões nos, 116-117
  problemas nos, 21

redistribuição e os, 182
riqueza mediana nos, 47
salário mínimo nos, 62
sistema de saúde nos, 261
estímulo aos gastos, 162
estratégia de persuasão, 262
Etzioni, Amitai, 190
Europa, redistribuição e a, 182
expansão, no ciclo econômico, 156-157
externalidades negativas, 131, 132, 134
externalidades positivas, 135
Exxon Mobil, 84

falha de mercado, 131, 140
Farr, David N., 51
Federal DepositInsurance Corporation (FDIC), 219
felicidade, 279-296
   e a desigualdade de renda, 294-295
   e a renda, 281
   e o materialismo, 287-293
felicidade interna bruta (FIB), 285-287
feriados, 107
férias, 108, 127
financiamento de campanha, 227-235
Forbes, 79
força de trabalho, egresso de trabalhadores da, 58
Ford, Henry, 96, 113

Foster, John Bellamy, 143
França, 69, 127
Francisco (papa), 58
Franklin, Benjamin, 156
fraturamento hidráulico, 147
Freeman, R. Edward, 192
Friedman, Milton, 8, 15, 19, 141, 187-188
Fundo Monetário Internacional (FMI), 69, 216
fundos de campanha políticos, 220
Fundos Soberanos de Riqueza (FSRs), 173-175
Fukuyama, Francis, 225

Galbraith, John Kenneth, 237, 283, 292
ganância, 53, 186
Gandhi, Mahatma, 7, 224, 243
gastos do consumidor, 95, 205
gastos militares, 115
Gates, Bill, 33
Gemeinschaft, 190
General Electric, 73, 176
General Motors, 200
Gesellschaft, 190
Gingrich, Newt, 239
globalização, 61, 163
Good Works!, 194
Gordon, Robert J., 120, 266-267
governança, 36
governo Clinton, 38-40, 65
Grã-Bretanha, 11, 62

Grande Depressão da década de 1930, 161
Grande Política, e Grandes Empresas, 44
Grande Recessão de 2007-2011, 38-41, 49, 74, 95, 201-204
condições antes da, 198-201
Greenspan, Alan, 95, 183
Greve da Pullman, 93
greves, 93
Grove, Andy, *Só os paranoicos sobrevivem*, 164
Grupo da Economia de Estado Estacionário [Steady-State-Economy Grou], 266, 269-271
Grupo do Consumo Sensato [Sane Consumption Group], 266, 267-269
Grupo do Crescimento Lento [Slow Growth Group], 266-267
Guerra às Drogas, 116
guerras civis na África, 34, 35

Hart, Gary, 213-217
Harvard Business School, 9, 58
Hawken, Paul, 143
Hayek, Friedrich, 19, 187-188
Head, Simon, *Mindless*, 113-114
Hester, Stephen, 83
hipercompetição, 172
hipoteca, 59
  dívida, 209
  juros como dedução de imposto, 76-77
  responsabilidade compartilhada, 162
hipotecas de responsabilidade compartilhada, 162
Hofstede, Geert, 188
Holanda, 67
Hollande, François, 69
Hong Kong, 124
HSBC, 68
Hsieh, Tony, 106
Huffington Post, 80
Hugo, Victor, 24

IBM, 67
Icahn, Carl, 52
Iger, Robert A., 52
Ikea, 105, 251
imperialismo na África, 34-35
imposto de renda negativo, 102
impostos, 237-239
  brechas, 74-78
  crédito fiscal para o rendimento do trabalho, 29, 78
  imposto corporativo americano, 125
  sistema progressivo, 63-65
  sobre emissões de carbono, 132
  sobre ganhos de capital, 44, 214
  sobre itens insalubres, 262
impostos sobre ganhos de capital, 44, 74-76, 214-5
impostos sobre o espólio, 81
incerteza, na tomada de decisões empresarial, 156

inclinada para a comunidade, 189
Índia, 11, 136, 232, 235
indicadores coincidentes, 160
indicadores de atividades econômicas, 160
indicadores de resultados [*lagging indicators*], 160
indicadores de tendências [*leading indicators*], 160
índice de Gini, 557
Índice de Bom País [Good Country Index], 195
Índice de Desenvolvimento Humano, 33
Índice de Percepção da Corrupção, 234-235
individualismo, 183, 184-188
indústria do dia do pagamento, 212
inflação, 204
informação, capitalismo e a, 130-131
infraestrutura, 245-246, 247-250
infraestrutura digital, 246-247
ING, 68
inovação, 267
inovação disruptiva, 168-169
Instagram, 119
Instituto de Política Econômica, 101
Instituto de Recursos Mundiais, 152
Intel, 164
internet, 131, 167

inversão, 66, 78
investigação da situação econômica, para pagamentos de transferência, 79
investimento no longo prazo, 245-247
Irlanda, 10, 67
irmãos Koch, 80-81, 239

Jackson, Tim, *Prosperidade sem crescimento*, 149
Japão, 188, 198
Jenkins, Antony, 83
Jobs, Steve, 252
Johnson, Lyndon, 28
Jones, Geoff S., 112
Jones, Med, 285
Jorgenson, Dale, 133
justiça social, 50, 57

Keynes, John Maynard, 19, 117, 197
Kibera, Nairóbi, 28
Kindleberger, Charles, 160
Klein, Naomi
    A doutrina do choque, 20
    This Changes Everything, 150
Kleiner Perkins Caufield & Byers, 83
Kodak, 119, 140
Krugman, Paul, 52, 86, 101, 203
Kuwait, fundos de investimentos de propriedade do Estado, 173

Lafley, A. G., 53
Lagarde, Christine, 69
laissez-faire, 19
Lampert, Edward S., 53
Lee, Nancy, 193
Lei Americana de Recuperação e Reinvestimento de 2009 [American Recovery and Reinvestment Act of 2009], 162, 201
Lei de Conformidade Tributária de Contas no Exterior [Foreign Account Tax ComplianceAct], 67
Lei de Práticas Corruptas Estrangeiras [Foreign Corrupt Practices Act], 236
Lei de Serviços de Saúde Acessíveis [Affordable Care Act], 261
Lei Glass-Steagall, 95, 214, 218
Lei Sarbanes-Oxley, 222
leis de zoneamento, 137
Lessig, Lawrence, *Republic, Lost*, 229
Liberalism (Von Mises), 187
Limites do crescimento: a atualização de 30 anos, 151
linha de montagem, 113
lobistas, 44, 225-231
Locke, John, 186
Lockheed, 233
Los Angeles, *smog*, 144
lucro, 18

lucros recebidos no exterior, 67
luditas, 111
Luxemburgo, 67

maldição dos recursos naturais, 35
Malthus, Thomas, 31
Mander, Jerry, *Capitalism Papers*, 20
mãoinvisível, 18
Mao Tsé-Tung, 14
Market Your Way to Growth, 194
marketing, 8, 293, 296
marketing social, 41, 262-263
Marx, Karl, 89
  O Capital, 21
materialismo, 258-259
  e a felicidade, 287-293
máximo no ciclo econômico, 158
McGuire, William, 52
McNerney, James, 294
Meadows, Dennis L., *The Limits to Growth*, 31, 146, 267-269
Meadows, Donella H., *The Limits to Growth*, 31, 146, 267-269
Meltzer, Allan, 15
mercados de ações, 245
mercados inexistentes, 215
meta de crescimento, 264-266, 277-278
Metas de Desenvolvimento do Milênio (MDM), 29
Mian, Atif, 162
Microsoft, 33, 67

Milanovic, Branko, 86
Miliband, Ed, 11
Mindless (Head), 113
mínimo, no ciclo econômico, 157
Minsky, Hyman P., 247
Missing Wealth of Nations (Zucman), 67
MIT Technology Review, 112
mobilidade, 130
monopólio, 131, 137-141
monopólio natural, 138
monopólio privado, 139
Morrison, Shiloh, 130
motivação, dos executivos corporativos, 71-72
Movimento da Nova Economia, 26
movimento das pequenas casas, 293
movimento dos parques nacionais, 146
movimento verde, 175
Mubarak, Hosni, 34
mudança climática, 32
  e necessidades de energia, 144-145
Mugabe, Robert, 36
Muir, John, 146
Murdoch, Rupert, 51
Muro de Berlim, 13-15

Nader, Ralph, 7, 214
Nair, Chandran, *Consumptionomics*, 269

Natale, Patrick, 246
National Downshifting Week (Reino Unido), 292
National Rifle Association, 255
necessidades de energia, e a mudança climática, 144-145
negócios, no capitalismo, 16
neoliberalistas, 19
Nova Zelândia, abertura de um novo negócio na, 124

O caminho da servidão (Hayek), 187-188
O capital no século XXI, 8, 45
O fim dos empregos (Rifkin), 117
O mistério do capital (De Soto), 32
O mundo pós-americano (Zakaria), 170
O negócio é ser pequeno (Schumacher), 191
Obama, Barack, 57, 72-73, 81, 202, 248
objetivismo, 184
obrigação moral, 192
Occupy Wall Street, 72, 217
oligopólios, 17, 139
Oliver Twist, 28
Olson, Rob, 251
ônus de endividamento, 197-223
opções de compra de ações, 82
oportunidade a partir da turbulência, 165
Oracle, 73, 302
Orangi, Paquistão, 28

Organização Internacional do Trabalho (OIT), 91, 110
Organização Mundial do Comércio, 134
Organização para Alimentação e Agricultura da ONU, 151
orientação no curto prazo do capitalismo, 243-251
otimismo de Pareto, 44, 131
Oxfam, 47

pacotes de indenização por rescisão, 52
padrão de vida, 33
Painel Intergovernamental sobre Mudanças Climáticas, 142
pais que trabalham fora, 59
países sem acesso ao litoral, 36
papel do governo, no capitalismo, 19
paraísos fiscais no exterior, 65, 77
parcerias públicas-privadas (PPPs), 248
Pareto, Vilfredo, 44
Patagonia, 148
Patriotic Millionaires, 45
pequenas empresas, 10, 17
pequenos aviões teleguiados, 115
período de contração no ciclo econômico, 157, 159-161
Perkins, Tom, 83
pessoa, corporação como pessoa, 81
Pew Research Center, 49

Pfizer, 77-78
Phelps, Edmund S., 139
PIB (produto interno bruto), 17, 208, 264-278, 282-284
Piketty, Thomas, 84
Place Branding and Public Diplomacy, 194
planejamento de cima para baixo, problema do, 38
planejamento duplo, 243
plano de poupança universal, 104
plano estratégico para as empresas, 180
Platão, *República*, 241
pobreza, 49-50
  abordagens recomendadas para a, 36-38, 41
  causas da, 30-36
  impacto da, 59-60
  nos Estados Unidos, 38-41
  persistência da, 27-41
política, 224-242
  e a economia, 87
  financiamento de campanha, 227-231
  lobistas, 44, 225-172
  regulamentação do governo, 237-239
  ricos e a, 71
  suborno e corrupção, 231-235
política do governo, e recessão, 161-162
políticas de comércio exterior, 238

políticas que limitam a remuneração, 73
Polk, Sam, 53
Polônia, 20, 39
Polman, Paul, 264, 276
poluição, 132
Porter, Michael, 9
Portland, Oregon, salário mínimo de, 97
poupança, 205, 209
Prahalad, C. K., *A riqueza na base da pirâmide*, 38
Pravda (jornal da URSS), 14
Previdência Social, 104
primado da lei, 15
Primavera silenciosa (Carson), 146
prisões, 116, 307
privatização, 20
Procter & Gamble, 17
produtividade, 113
produto interno bruto (PIB), 17, 208, 264-278, 282-284
profissionais do conhecimento, 117
programa de vales-alimentação, 63, 211
programas antipobreza, 28-9
programas de guerra contra a pobreza, 42
programas de pagamentos de transferência, 78-79
proletários, 21
projetos de trabalho, 102
Promessa de Doação [Giving-Pledge], 45
propaganda/publicidade, 256-260
propriedade privada, 15
prosperidade, necessidade de estratégia, 9
Prosperidade sem crescimento (Jackson), 149
Putnam, Robert, *BowlingAlone*, 189

qualidade dos bens e serviços públicos, 260-261
qualificações STEM (ciências, tecnologia, engenharia e matemática), 122
Rand, Ayn
Reagan, Ronald, 19, 39, 64
recessão, 18, 158
recuperação, fatores que contribuem para a, 161-162
Redford, Robert, 142
redistribuição dos pagamentos, 57
redução da semana de trabalho, 127
regras da Reforma Dodd-Frank, de Wall Street, 219
religião, 289-190
remuneração, razão de executivo para trabalhador, 72-73
renda
  crescimento da, 46
  distribuição da, 47-56

e a felicidade, 281
opiniões sobre a, 54-55
renda básica, 102
renda mediana, 47
   das unidades familiares mais ricas, 56
renda mínima garantida, 102-103
rendimentos decrescentes, lei dos, 71
rendimentos no exterior das empresas norte-americanas, impostos, 77-78
Republic, Lost (Lessig), 229
República (Platão), 241
responsabilidade social corporativa, 192-195
responsabilidade social, versus direitos individuais, 191
retorno sobre o investimento, da ação de lobby, 229-230
Revolução Cultural, na China, 14
revolução da informação, 166-167
Revolução Industrial, 28, 90
ricos, 48
   dominância dos, 47-48
   e os políticos, 72
   esforços para limitar a acumulação dos, 84-86
   impostos sobre os, 64-65
   opiniões dos, 54-55
   Piketty sobre os, 46
   reação a uma alíquota de imposto mais elevada, 69-70

unidade familiar mediana dos, 80
Rifkin, Jeremy, *O fim dos empregos*, 117
risco, na tomada de decisões empresarial, 156
Rivkin, Jan, 9
robótica, 112
Rometty, Virginia, 82-83
Romney, Mitt, 44, 75
Roosevelt, Theodore, 146
Rubin, Robert, 214
Russell Sage Foundation, 80
Rússia, 20, 39, 147

Sachs, Jeffrey, 50
   O fim da pobreza, 37
Sal, açúcar, gordura (Moss), 253
salário digno, propostas para, 101-104
salário mínimo, 62-63, 94-98
salários sociais, 128
Samsung, 149
Samuelson, Paul, 8
satisfação, 44
satisfação no emprego, 105-109
Schultz, Howard, 251
Schumacher, E. F., *O negócio é ser pequeno*, 291
Schumpeter, Joseph, 167-168, 267
Schwarzman, Stephen, 83
Sculley, John, 110
Seattle, salário mínimo de, 97
securitização, 215

setor de serviços, 114, 129
setor financeiro, 206
  empregos, 206-207
  medidas para regularmentar o, 217-222
setor industrial, 110-111, 125, 206
setor privado, e a pobreza, 41
setor profissional, 207
setor varejista, automatização e o, 114
Sheth, Jagdish, 293
Shiller, Robert, *A nova ordem financeira*, 215
Siemens, 149
Simons, James, 52
simplicidade na vida, 291-293
Sinclair, Upton, *The Jungle*, 90
sindicatos, 92-94, 198
sindicatos abertos, 93
sindicatos fechados, 93
sindicatos trabalhistas, 108-109
Sinegal, Jim, 250-251
sistema de limitar e negociar, 133-134
Sistema do Federal Reserve, 95
sistema jurídico
  barreiras ao ingresso no mercado, 137-138
  e o capitalismo, 15
sistemas de controle digital cognitivos, 114
sistemas econômicos, tipos de, 12
sites de varejo, 114

Slim, Carlos, 127
Smiley, Tavis, 39
Smith, Adam, 18, 113
Só os paranoicos sobrevivem (Grove), 164
socialismo, 34, 189
socialismo rigoroso, 12
sociedade coletivista, *vs.*
Sócrates, 279
Solow, Robert, 8
solução de austeridade, 161
sonegação fiscal, 67
stakeholders, 25
Stalin, Joseph, 14
Standard Chartered, 68
Starbucks, 251
Steinbeck, John, *As vinhas da ira*, 91
Stiglitz, Joseph, 43
Stravinsky, Igor, 24
subemprego, 202
suborno, 231-236
subsídios de petróleo, 84
Suécia, 11, 58
Sufi, Amir, 162
Suíça, 62, 67, 236
superpopulação, e a pobreza, 31
super-ricos, 48, 50, 239-241, 295
Suprema Corte dos Estados Unidos, 81, 229
sustentabilidade, 149, 155, 275-277
Suzhou, China, 249

Taiwan, 147
taxa de juros, 161
taxa de performance, 75-76
taxa de retorno do capital, 46
Taylor, Frederick Winslow, 113
Tea Party, 204, 217
tecnologia, 61, 139-140, 163
   disruptiva, 167-170
   e a revolução da informação, 166-167
   impacto, 111-115
teoria "trickle down", 44
Thatcher, Margaret, 19
The Bankers' New Clothes (Admati), 218
The Ecology of Commerce (Hawken), 148
The Jungle (Sinclair), 90
The Limits to Growth, 31, 146, 267
The New York Times, 55
Thoreau, Henry David, 145, 183
Timberland, 148
Ton, Zeynep, 106
trabalhadores, 89-109, 198
   aquisição de qualificações, 122-123
   exploração dos, 90-92
   Marx sobre os, 21
   na União Soviética, 13
   organização sindical, 92-94
   propostas de um salário digno para os, 101-104
   renda a partir da década de 1940, 95
   satisfação no emprego dos, 105-106
trabalhadores adolescentes, salário para os, 100
tragédia dos comuns, 131, 136
trabalhadores migratórios, 90
Transparência Internacional, 234
turbulência, 163-166
   fontes de, 166-182
turbulência empresarial, 164
turbulência no mercado, 163-166
   fontes, 166-167

Unilever, 276
Um capitalismo para o povo (Zingales), 217
União Europeia, 107
União Soviética, 13, 179
Unz, Ron, 96

valor-trabalho, teoria do, 89
Veblen, Thorsten, 282
Vencer no caos (Caslione), 165
Venezuela, 235
vetocracia, 225
Vidal, Gore, 186
Virgin Group, 251
visão do bem-estar social, 19
Volcker, Paul, 219
Von Mises, Ludwig, *Liberalism*, 187
vulnerabilidade devido à turbulência, 164

Wall Street (filme), 186
Wal-Mart, 96
Walton, Sam, 51
Wangchuck, Jigme Singye (rei do Butão), 285
Webb, Sidney e Beatrice, 28, 190
Welch, Jack, 52
West, Cornel, 39
Whitman, Walt, 146
Wolf, Martin, *As transições e os choques*, 222
Wolff, Richard, 313

Woodward, Helen Beal, 186
Wordsworth, William, 287

Zak, Paul, 106
Zakaria, Fareed, *O mundo pós-americano*, 170
Zappos, 106
Zimbábue, 36
Zingales, Luigi, *Um capitalismo para o povo*, 217
Zucman, Gabriel, *The Missing Wealth of Nations*, 67

best.
business

Este livro foi composto na tipologia Palatino LT Std Roman,
em corpo 10,5/15, e impresso em papel off-set 75g/m² no Sistema
Cameron da Divisão Gráfica da Distribuidora Record.